Les RECETTES FACILES de la CUISINE CHINOISE de KEN HOM

Les RECETTES FACILES de la CUISINE CHINOISE de KEN HOM

HACHETTE

Ken Hom, Américain d'origine chinoise, est considéré comme l'un des plus grands spécialistes de la cuisine chinoise. Conseiller culinaire dans de nombreux restaurants en Asie et en Europe, Ken Hom est également connu pour ses émissions de cuisine chinoise diffusées en Angleterre par la BBC et dans d'autres pays.
Sa renommée internationale fait qu'il partage désormais son temps entre les Etats-Unis, l'Europe, l'Asie et l'Australie. Collaborateur régulier de nombreux magazines gastronomiques, il est également l'auteur de plusieurs ouvrages destinés au grand public.
Son restaurant, *Imperial City*, situé en plein cœur de Londres, a été consacré «Restaurant de l'Année» par le grand quotidien anglais, *The Independent*.

Avis au lecteur

L'orthographe des mots et des noms de lieu chinois utilisée dans ce livre fait appel au *pinyin*, méthode de transcription des idéogrammes chinois en alphabet latin – qui suit étroitement la prononciation du mandarin – officiellement adoptée par la République populaire de Chine en 1979. J'ai employé la nouvelle transcription dans la quasi-totalité du présent ouvrage ; seuls certains plats très célèbres (tels que les *dim sum*) et certains ingrédients d'origine cantonaise échappent à cette règle. Dans la désignation des noms géographiques, parmi les plus connus, j'ai fait suivre la transcription en *pinyin* par l'ancienne orthographe – ainsi, par exemple, Guangzhou (Canton).

Remerciements

Je souhaite remercier de son aide le personnel de BBC Books, et plus particulièrement Heather Holden-Brown, Julian Flanders, Wendy Hobson, Frank Phillips et Doug Young, pour leur travail de conception graphique et de révision éditoriale, ainsi que Graham Kirk pour ses superbes photographies. Je voudrais aussi exprimer ma reconnaissance envers Gordon Wing, Megan Jenks, Gerry Cavanaugh, Stephen Tuggle, Chris Farwell, Eva Harris et Erika Maurer.

L'édition originale de cet ouvrage a été publiée en 1993 sous le titre de *Ken Hom's illustrated Chinese Cookery* par BBC Books, un département de BBC Worldwide Limited.

Traduit de l'anglais par Nicolas Blot
Illustration de couverture : Fanny Ruelle

Maquette : Bill Mason
Photographies : Graham Kirk
Stylisme : Helen Page
Illustrations : Graham Rosewarne et Kate Simunek

Sommaire

INTRODUCTION

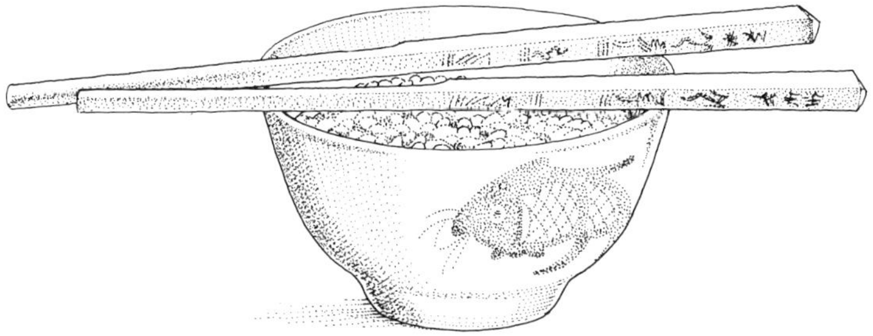

Depuis ma plus tendre enfance, la bonne nourriture joue un rôle essentiel dans ma vie. Je me souviens fort bien des interminables discussions autour de la table familiale, qui toujours prenaient pour thème ce que nous allions manger, la façon dont seraient préparés les plats, nos mets préférés et les meilleures façons de les accommoder... À dire vrai, cela n'a rien d'étonnant pour la plupart des Chinois : la cuisine est notre sujet de conversation favori. Plus qu'une passion, la nourriture est chez nous une obsession, et nous estimons que pour bien vivre il est indispensable de bien manger. Il est une expression chinoise, *« Chi fan le mei you ? »*, qui signifie littéralement « Avez-vous déjà mangé ? » et que l'on emploie en guise de salutation – elle correspond parfaitement à « Comment allez-vous ? ». Cette adresse est également un souhait de bonne santé et de bonheur, car pour les Chinois la nourriture représente depuis toujours bien autre chose que le seul fait de s'alimenter. La culture, le choix, la préparation et la consommation des aliments sont des processus profondément ancrés dans la culture chinoise. Comme tous les enfants chinois, j'ai acquis de nombreuses connaissances culinaires en écoutant simplement mes proches discuter autour d'une table. Toutefois, ma véritable formation a eu pour cadre le restaurant de mon oncle à Chicago, où j'ai commencé à travailler à temps partiel à l'âge de onze ans. À cette époque, évidemment, les tâches les plus routinières et les plus déplaisantes m'étaient allouées. Je me souviens d'avoir décortiqué des quintaux de crevettes – corvée aussi pénible que fastidieuse – et nettoyé des montagnes d'énormes coquillages, livrés en cuisine dans d'immenses sacs en toile. J'accomplissais ces travaux entouré des merveilleux arômes que dégageaient les mets succulents préparés par des cuisiniers de grand talent. Progressivement, ceux-ci m'apprirent pourquoi telle épice se mariait parfaitement bien avec telle viande, telle sauce avec tel légume, en bref l'essence même des techniques propres à la cuisine chinoise.

Bien que ma famille fût originaire de la province méridionale de Guangdong, mon oncle employait des cuisiniers venus de différentes régions de Chine. On pense souvent que la cuisine chinoise est partout la même, ce qui est compréhensible dans la mesure où les cuisiniers chinois possèdent des techniques communes et où les restaurants établis en Occident ont tendance à atténuer les distinctions entre les styles régionaux ; la Chine est cependant un vaste pays caractérisé par une diversité des climats, des traditions agricoles et des denrées disponibles. On ne s'étonnera donc pas des multiples variantes des styles culinaires qui existent. Ces styles peuvent être répartis en quatre grandes catégories régionales.

L'ÉCOLE MÉRIDIONALE

La cuisine cantonaise, de la région de Guangdong, est probablement la plus connue en Occident, car au XIXe siècle de nombreuses familles chinoises émigrèrent de cette région vers l'Europe, l'Australie et les États-Unis. La cuisine cantonaise est souvent considérée comme la « haute cuisine » de Chine, ce que d'aucuns attribuent à l'influence des excellents chefs de cuisine de la cour impériale, qui s'enfuirent pour Guangzhou (Canton) à la chute de la dynastie Ming, en 1644. Les Cantonais s'intéressent tout spécialement à des mets aussi singuliers que le chien, le serpent, les cuisses de grenouille et la tortue. Leur région est réputée pour ses plats aigres-doux – tels que le porc aigre-doux –, ses *dim sum* – assortiments de délicieux amuse-gueule servis en guise de petit déjeuner tardif ou de déjeuner léger – et pour l'emploi généreux que l'on y fait des sauces de soja, hoisin et d'huître.

Les Cantonais apprécient une cuisson très rapide, qui préserve les saveurs et les coloris naturels des aliments : cela explique leur goût pour les plats sautés ou cuits à la vapeur. Ils évitent de recourir trop abondamment aux piments, aux épices ou aux huiles les plus lourdes, et s'efforcent, au contraire, de mêler de façon aussi subtile qu'harmonieuse les couleurs, les consistances, les arômes et les saveurs. Le riz est la base de l'alimentation des Cantonais, dont la région est l'un des « bols de riz » de la Chine.

L'ÉCOLE SEPTENTRIONALE

Les grands styles culinaires de la région qui s'étend du Yangzi (Yang-Tseu) à la Grande Muraille de Chine sont ceux du Shandong (Shantung), du Henan et de Beijing (Pékin). Les denrées de base de cette cuisine sont les céréales – en particulier, le blé, le maïs et le millet – que les habitants du nord de la Chine consomment sous forme de pain, de nouilles, de boulettes et de galettes. En raison de la dureté du climat, les légumes frais ne sont disponibles qu'à certaines époques de l'année. Pour pallier ce manque, les Chinois du nord ont appris à préserver les denrées afin de pourvoir à leurs besoins durant les longs hivers. Patates douces, navets, oignons,

choux et autres légumes qui se conservent bien figurent couramment au menu ; en outre, la région se spécialise dans l'emploi d'ingrédients tels que les champignons séchés, les viandes séchées et fumées, les fruits et légumes macérés. La viande est beaucoup moins répandue que dans les autres régions de Chine, même si l'on trouve du bœuf, du mouton, de la chèvre, ainsi que du porc. Nombre des quatre millions de musulmans que compte la Chine vivent dans le nord du pays. La présence de ces populations qui ne consomment pas de porc produit des effets très nets sur les habitudes alimentaires de ces contrées.

La cour impériale de Chine avait pour siège Pékin : son influence sur le style culinaire de la région se reflète encore dans certains plats complexes et spectaculaires, dont le fameux canard laqué. La subtilité et la délicatesse élaborées de ce qui est, sans conteste, le plus prestigieux des mets de banquet chinois contrastent fortement avec la puissante saveur des mets caractéristiques de la cuisine septentrionale, qui font usage sans retenue d'ail, de ciboule, de poireaux, de graines et d'huile de sésame…

L'ÉCOLE ORIENTALE

Cette région, qui s'étend de la côte est à la Chine centrale, englobe les styles culinaires du Fujian, du Jiangxi, du Zhejiang et surtout de Shanghai, premier port de Chine et ville la plus peuplée du pays. Cette partie de la Chine comprend certaines des terres les plus fertiles, qui procurent des fruits et légumes frais très variés. La cuisine végétarienne y est tout à fait remarquable. L'importance du somptueux Yangzi et du littoral se traduit par l'abondance des poissons et des fruits de mer.

Les cuisiniers de l'est aiment à exalter la saveur naturelle de leurs ingrédients frais au moyen d'assaisonnements légers et délicats. Les techniques de cuisson les plus appréciées sont la cuisson à feu vif en remuant – sautés –, à la vapeur, la cuisson rouge – qui consiste à faire mijoter les denrées dans une sauce de soja foncée – et une brève cuisson à l'eau bouillante destinée à blanchir les aliments. Cette région, dont la sauce de soja a la réputation d'être la meilleure de Chine, se signale aussi par certains ingrédients tels que le vinaigre noir – utilisé pour la cuisson mais aussi pour y tremper des aliments –, le vin de riz de Shaoxing et le jambon du Zhejiang – qui rappelle la poitrine fumée crue. Le sucre s'emploie, tout comme l'huile, avec générosité dans la cuisson des viandes et des légumes, ce qui vaut à cette cuisine d'être considérée comme très riche.

L'ÉCOLE OCCIDENTALE

La Chine occidentale, entièrement continentale, comprend les provinces du Sichuan et du Hunan – où naquit Mao Zedong. Cette « terre d'abondance », comme on la nomme parfois, est presque totalement ceinte de montagnes, de sorte qu'elle demeura pratiquement coupée du reste du pays jusqu'au début du XXe siècle. Aujourd'hui, la cuisine du Sichuan est particulièrement appréciée dans les pays occidentaux. L'ouest de la Chine connaît des étés chauds et lourds, des hivers doux. Les fruits et les légumes y sont aussi abondants que le porc, les volailles et les poissons d'eau douce. La cuisine de cette région se distingue par ses saveurs très puissantes et son emploi d'épices, d'assaisonnements et de condiments tels que piment rouge, poivre du Sichuan, gingembre, ail et oignon. Certains esprits chagrins avaient coutume de dire que ces ingrédients servaient à masquer la saveur d'aliments avariés sous l'effet de la chaleur humide. Les cuisiniers de la région sont toutefois éloquents dans la défense de leur art et de leurs assaisonnements, habilement associés dans des plats à la fois épicés, aigres, sucrés et salés.

LA CUISINE CHINOISE HORS DE CHINE

La révolution de 1949 et ses lendemains ont eu des conséquences culinaires aussi bien que politiques et sociales. La grande tradition culinaire fut un temps presque moribonde. Les révolutionnaires jugeaient cet art élitiste et réactionnaire ; ils y voyaient un rappel de l'époque impériale, qu'il convenait de réprimer.

Au cours des années 1980, pourtant, les dirigeants de la Chine populaire décidèrent d'autoriser et même d'encourager la résurrection de la grande cuisine de leur pays, dans le cadre, notamment, d'un nouvel essor du tourisme. Depuis lors, ce domaine d'activité a connu une spectaculaire transformation. Les résultats matériels des réformes économiques – dans l'agriculture et les transports, entre autres – ainsi que le changement d'atmosphère dans le domaine politique ont conduit à la réouverture d'écoles de cuisine traditionnelle et à la réapparition de restaurants et d'étals privés. Des ingrédients autrefois exportés ou indisponibles sont de nouveau proposés à des prix raisonnables. Les Chinois se sont remis à célébrer les saisons, les grands événements et les anniversaires par des festins et des banquets. Désireux de mettre sur pied un nationalisme d'un type nouveau, le régime communiste avait interdit les spécialités culinaires traditionnelles et surtout régionales, qui font toutes, aujourd'hui, un retour en force. La relative aisance d'une grande partie de la population urbaine est à l'origine d'un renouveau dans le secteur économique de la restauration : grâce à l'initiative privée, les clients retrouvent, dans les restaurants ou sur les étals des marchands ambulants, les saveurs jadis élaborées par leurs grands-mères dans la cuisine familiale.

Alors qu'il était pratiquement impossible, encore récemment, de trouver un restaurant correct ou de faire un repas fin, la Chine avance à pas de géant sur le chemin qui mène aux trésors de sa merveilleuse gastronomie. Il existe désormais d'excellents restaurants privés dans les grandes villes comme dans les petits villages ; on découvre des mets délicieux sur les étals et des repas succulents faits maison aux quatre coins de la Chine. Il reste encore beaucoup à faire, et les déceptions sont fréquentes, mais le peuple chinois est en passe de regagner son glorieux héritage culinaire.

À Taiwan et Hongkong, la grande tradition de la cuisine chinoise a non seulement survécu, mais elle s'est même élevée vers les hauteurs de l'excellence. Gourmets et critiques gastronomiques sont nombreux à juger que Hongkong est aujourd'hui le plus grand foyer de l'art culinaire chinois. Les meilleurs et les plus traditionnels des ingrédients traversent la frontière – la Chine est le premier fournisseur de denrées de Hongkong. Dans son empressement à se procurer des devises, la Chine a favorisé l'essor d'un commerce grâce auquel la cuisine traditionnelle a pu perdurer, et même s'épanouir sous l'effet de la prospérité économique de Hongkong. L'exubérante colonie britannique compte plus de quarante mille restaurants et éventaires, qui tous rivalisent pour s'attirer les faveurs de la clientèle (de très nombreuses personnes prennent la plupart de leur repas à l'extérieur). Aucun autre peuple n'attache autant d'importance à la table. Les plus modestes des étals présentent des mets de haute qualité. Quant aux grands restaurants, ils figurent parmi les meilleurs du monde.

J'ai assisté à l'apparition de ce que j'appelle la nouvelle cuisine de Hongkong : ce style culinaire léger, moderne et imaginatif, qui conjugue le meilleur de la cuisine chinoise traditionnelle et les influences les plus favorables des gastronomies étrangères, suscite un engouement bien mérité de par le monde.

Les améliorations fulgurantes apportées dans le domaine des transports et des voyages, des communications et du marketing, ont rapproché peuples et cultures. Cela ne va pas toujours sans heurts, mais l'on peut affirmer que l'un des résultats les plus positifs de cette évolution a été de mettre à la disposition de gens du monde entier les denrées, ingrédients, techniques et styles culinaires propres aux cuisines exotiques. La cuisine chinoise n'échappe évidemment pas à ce phénomène : il suffit de pénétrer dans n'importe quel supermarché européen, australien ou américain pour acheter, par exemple, du gingembre frais, du *bok choi* (chou blanc chinois) et un petit assortiment de sauces et de condiments chinois.

Le présent ouvrage contient des recettes appartenant à toutes les traditions culinaires de Chine et quelques-unes venues de Hongkong. Il comprend aussi un chapitre consacré aux techniques (page 43), où sont présentées diverses méthodes de cuisson – les aliments peuvent être braisés, frits, cuits à la vapeur ou sautés. Si vous faites vos premiers pas dans le monde de la cuisine chinoise, ne vous sentez pas obligé de préparer un repas entièrement constitué de mets provenant d'une même région, choisissez plutôt les plats de façon à obtenir une grande diversité de couleurs, de consistances et de saveurs. Vous trouverez dans les pages 55 à 60 quelques conseils sur la manière d'élaborer un repas chinois, ainsi que des suggestions de menus plus ou moins complexes.

Lorsque sera venu le moment de cuisiner votre premier repas entièrement chinois, sélectionnez deux ou trois plats et servez-les avec du riz blanc cuit à la vapeur. N'accumulez pas les plats sautés car il vous serait très difficile d'obtenir que tout soit à point au même moment. Associez plutôt un plat braisé, un plat froid (ou pouvant être préparé à l'avance et simplement réchauffé) et un mets sauté. Votre repas sera d'autant plus authentique s'il réunit harmonieusement diverses techniques de cuisson, et vous y gagnerez progressivement la confiance nécessaire pour vous attaquer à des recettes plus ambitieuses.

Très saine, l'alimentation des Chinois recourt à des modes de cuisson qui préservent les vitamines ; la viande n'y figure qu'en petites quantités et les produits laitiers en sont absents, quoiqu'ils fassent actuellement une timide apparition. La cuisine chinoise repose sur l'antique théorie du *yin* et du *yang*, étroitement liée aux croyances chinoises en matière de santé. En Chine, tous les aliments sont répartis en trois groupes : yin (qui rafraîchissent), yang (qui réchauffent), et yin yang (neutres). L'étranger ne perçoit guère de logique dans la façon dont les denrées sont rangées dans telle ou telle catégorie. Les aliments yin comprennent aussi bien la bière que le crabe, le canard que l'eau gazeuse ; parmi les produits yang figurent le cognac, le bœuf, le café et le poisson fumé ; quant aux denrées neutres, elles incluent notamment le pain, le riz à la vapeur, les carottes, le pigeon et les pêches. Tous les aliments sont ainsi répertoriés. Il en va de même avec les êtres : un individu yin est calme et introverti, une personne yang est plus active et ouverte. L'effet produit sur chacun par les différents aliments dépend de l'action qu'ils exercent sur sa personnalité, qu'ils la complètent ou entrent en conflit avec elle. Les repas et l'alimentation de chaque personne doivent être élaborés de façon à obtenir un équilibre, une harmonie.

Outre la sage association des mets yin et yang, l'art de la cuisine chinoise réside aussi dans le mariage harmonieux des coloris, des consistances, des arômes et des saveurs. Un repas chinois typique est constitué de deux parties : le *fan,* ou céréale de base (riz, nouilles, boulettes de pâte...), et le *cai,* qui englobe le reste des plats (viandes, volailles, poissons et légumes). En règle générale, un repas comprend trois ou quatre plats cai, un plat fan et une soupe. Les mets cai doivent tous avoir pour base des ingrédients principaux différents – une viande, un poisson et un légume, par exemple –, cuits selon des techniques diverses – si le poisson est cuit à la vapeur, la viande peut être braisée et les légumes sautés. Le repas est pensé pour que chaque plat apporte un élément de variété tout en complétant les autres en termes d'aspect, de consistance et de saveur : un plat épicé, un plat doux ; un plat pâteux, un autre croquant... L'effet d'ensemble doit séduire tous les sens. Les mets sont placés au centre de la table afin que les convives puissent se servir eux-mêmes et s'offrir mutuellement de petites portions de ceci ou de cela. Se nourrir est pour les Chinois une expérience collective, et le repas partagé est vécu comme la manifestation visible de l'harmonie qui devrait présider aux rapports entre membres de la famille et amis.

Cet ouvrage fait la part belle aux recettes végétariennes, dont les intitulés sont contenus dans des cartouches grisés. La cuisine et les restaurants végétariens sont très en vue dans la Chine d'aujourd'hui – en accord avec une tradition née dans les six premiers siècles de l'ère chrétienne, la vénération pour toute forme de vie animale propre au bouddhisme. Si les denrées non animales existaient avant l'essor du bouddhisme, celui-ci conféra du prestige aux produits tels que le soja, les haricots mung et le tofu, sur lesquels repose une grande partie de la cuisine chinoise et qui lui donnent sa saveur subtile et caractéristique.

Certaines des recettes présentées requièrent des ingrédients typiquement chinois difficilement trouvables en Occident. Chaque fois que cela est possible, je suggère des solutions de remplacement. Toutefois, pour atteindre l'authenticité, il est impératif de dénicher une source d'approvisionnement sûre. Fort heureusement, nombre d'ingrédients essentiels deviennent de plus en plus faciles à trouver dans les grandes surfaces, et les épiceries chinoises se multiplient dans maintes régions du monde. Le chapitre consacré aux ingrédients (page 14) dresse la liste de tous les produits que j'ai employés et vous aidera à savoir que chercher et demander.

En Occident comme en Orient, nous pouvons tous désormais goûter les plaisirs infinis de la gastronomie chinoise, notre époque est propice à cette universalisation culinaire. Alors cuisinez bien, et régalez-vous.

LES INGRÉDIENTS

L'immensité de la Chine et la diversité de ses climats offrent une profusion de produits comestibles. Ajouté à une tradition culinaire vieille de quatre millénaires, cela explique que la cuisine chinoise soit sans égale en termes de variété, de sensibilité, d'ingéniosité et de technique. Nulle autre civilisation n'est parvenue à exploiter de façon si délicieuse les ressources alimentaires à sa disposition.

En dépit de l'étendue du pays et de l'hétérogénéité de ses climats, on note l'existence d'une philosophie commune dans la manière d'aborder la nourriture et sa signification, d'affinités culturelles et techniques, qui font de la cuisine chinoise un tout susceptible d'être cerné et défini. Les dissemblances sont indéniables pourtant, en théorie comme en pratique, la cuisine chinoise présente une identité commune au nord, au sud, à l'est et à l'ouest, fondée sur l'emploi d'ingrédients particuliers, de techniques partagées, des mêmes ustensiles traditionnels.

Vous trouverez ci-après la liste des ingrédients employés dans ce livre et de ceux auxquels je n'ai pas fait appel mais qui figurent à la carte de nombreux restaurants chinois. J'ai ajouté quelques notes concernant les légumes et des renseignements sur le riz, les nouilles et la farine. Un ingrédient couramment utilisé en Chine – au Japon et dans l'industrie agro-alimentaire occidentale – n'est pas cité dans ces pages : le glutamate de sodium (extrait cristallin de céréales et de légumes, de couleur blanche), qui sert à exalter la saveur naturelle de certains aliments, les viandes notamment. Le glutamate provoque chez certaines personnes des maux de tête, une soif intense et des palpitations ; cette réaction allergique est parfois appelée syndrome du restaurant chinois. J'estime que les ingrédients les meilleurs et les plus frais n'ont besoin d'aucun « coup de pouce », c'est pourquoi je ne me sers jamais de glutamate.

LES AIGUILLES D'OR

Commercialisées sous l'appellation fleurs de lis tigré, cueillies en bouton et séchées, les aiguilles d'or sont un ingrédient des plats *muxi (mu shu)* et des soupes aigres-douces. Elles donnent aux mets de la consistance et une saveur terreuse. Faites ramollir les boutons dans de l'eau chaude environ 30 minutes, ôtez les extrémités coriaces, puis émincez ou coupez en deux selon les recettes. Peu coûteuses, les aiguilles d'or s'achètent dans les épiceries chinoises. Conservez-les dans un bocal, en un lieu sec.

L'AIL

L'ail entre depuis des millénaires dans l'assaisonnement des mets chinois, à tel point que la cuisine chinoise serait méconnaissable sans sa saveur et son arôme particuliers. Les Chinois utilisent l'ail de multiples façons : entier, finement haché, écrasé et macéré. Il sert à parfumer des huiles aussi bien que des sauces épicées, et se trouve fréquemment associé à des ingrédients tout aussi relevés, tels que la ciboule, les haricots noirs et le gingembre frais.

Choisissez de l'ail frais, ferme et de préférence légèrement rose. Conservez-le dans un local frais et sec, pas au réfrigérateur, où il moisit et germe rapidement.

L'AILERON DE REQUIN

L'aileron de requin est, avec le nid d'hirondelle, le mets le plus singulier de la cuisine chinoise. Les restaurants du sud de la Chine, ainsi que les établissements de prestige dans d'autres régions du pays, proposent de nombreux plats à base d'aileron de requin. Extrêmement onéreux, cet ingrédient est un parfait symbole de luxe et de prodigalité. Il s'agit, en fait, des cartilages des nageoires dorsale ou ventrales de diverses espèces de squales. Leur préparation consiste à les faire longuement dessaler et cuire dans des eaux et des fumets renouvelés à plusieurs reprises. On sert généralement les ailerons de requin dans de riches bouillons (soupe d'aileron de requin), en guise de farce de diverses volailles ou avec des œufs brouillés et du crabe.

LES AUBERGINES

Il existe plusieurs variétés de ce légume, des plus grosses, que l'on trouve dans les épiceries et les supermarchés, aux plus petites et fines, que les Chinois préfèrent pour leur saveur délicate. Choisissez les légumes à la peau parfaitement lisse et sans tache.

Les Chinois se dispensent habituellement de peler les aubergines afin d'en conserver la consistance, le goût et la forme. Coupez les grosses aubergines selon les indications de la recette, saupoudrez-les de sel et laissez reposer pendant 20 minutes avant de les rincer et de les sécher avec du papier absorbant. Ainsi dégorgées et débarrassées de leur amertume avant la cuisson, les aubergines absorberont moins d'eau et dégageront toute leur saveur. Cette opération est inutile si l'on utilise des aubergines chinoises.

LA BADIANE

Les graines aromatiques de la badiane doivent leur surnom d'anis étoilé à leur forme. Elles offrent une saveur et un parfum comparables à ceux de l'anis commun, mais plus vigoureux, rappelant la réglisse. Ingrédient essentiel de l'épice aux cinq parfums, la badiane est couramment utilisée dans les plats braisés, auxquels elle confère un goût et une fragrance d'une grande richesse. On la trouve dans les épiceries chinoises et les pharmacies, vendue dans des sachets en plastique. Conservez-la dans un bocal hermétique, dans un local frais et sec.

LE BLANC D'ŒUF

Le blanc d'œuf est un ingrédient clé en cuisine chinoise, en ce qu'il sert à enrober des aliments destinés à être plongés dans l'huile chaude pour en préserver la saveur et les sucs. Il revêt une importance particulière dans la cuisson des mets veloutés. Le blanc d'un gros œuf correspond à 2 cuillerées à soupe. Les blancs d'œuf se congèlent très bien, en portions d'une cuillerée à soupe, dans un bac à glaçons.

LES BROCOLIS CHINOIS

Les brocolis chinois sont très croquants, légèrement amers. Leur saveur musquée rappelle celle de la bette poirée. Les feuilles, d'un beau vert olive, sont parfois piquetées de fleurs blanches. Choisissez des brocolis aux tiges fermes et aux feuilles bien vertes et fraîches. Leur préparation est exactement semblable à celle des brocolis ordinaires – que l'on peut utiliser si l'on ne trouve pas la variété chinoise. Ils se conservent plusieurs jours dans un sac en plastique dans le bac à légumes du réfrigérateur.

LES CACAHUÈTES

Les cacahuètes fraîches s'emploient fréquemment pour leur goût et leur consistance croustillante. Elles sont excellentes marinées ou incorporées à des sautés. Elles sont vendues dans les bons supermarchés, les magasins d'alimentation diététique et les épiceries chinoises. La membrane rouge doit être enlevée avant utilisation : pour ce faire, plongez simplement les cacahuètes dans de l'eau bouillante, environ 2 minutes, égouttez et laissez refroidir : les peaux se détacheront alors sans difficulté.

LA CANNELLE

Les bâtons de cannelle sont de minces copeaux d'écorce de cannelier, qui prennent la forme de petits tuyaux. Les bâtons de cannelle chinoise sont plus épais et plus puissamment aromatiques que ceux que l'on trouve généralement en Occident. Si vous ne pouvez vous en procurer, remplacez-les par la variété habituelle. Ingrédient majeur de l'épice aux cinq parfums, la cannelle apporte une saveur rafraîchissante aux plats braisés. Conservez-la dans un bocal hermétique pour en préserver l'arôme et le goût. La cannelle en poudre n'offre pas une solution de remplacement appropriée.

LES CHAMPIGNONS

Les champignons sont abondamment utilisés, frais ou séchés. Il existe de multiples variétés, dont les plus courantes sont les suivantes :

CHAMPIGNONS CHINOIS SÉCHÉS OU CHAMPIGNONS PARFUMÉS : on trouve toutes sortes de champignons séchés, de couleur noire ou brun foncé, qui donnent une saveur et un arôme particuliers aux mets chinois. Les plus gros, de couleur plus claire et à l'aspect craquelé, sont les meilleurs, mais aussi les plus coûteux (recourez-y avec parcimonie). Ils s'achètent, en boîte ou en sachet plastique, dans les épiceries chinoises. Conservez-les dans un bocal hermétique.

Préparation des champignons chinois

Faites tremper les champignons dans un bol d'eau tiède pendant une vingtaine de minutes, jusqu'à ce qu'ils soient souples. Exprimez l'eau en excédent puis rincez-les, coupez et jetez les pieds ligneux – seuls les chapeaux sont cuisinés.

L'eau de trempage peut servir pour des soupes ou pour faire cuire du riz, après filtrage.

LES CHAMPIGNONS DE BOIS OU LES CHAMPIGNONS NOIRS : ces minuscules feuilles séchées, de couleur noire, sont également appelées oreilles de nuage. Faites-les tremper 20 à 30 minutes dans de l'eau chaude pour les faire gonfler et ramollir. Rincez soigneusement et ôtez les parties coriaces. Ces champignons sont appréciés pour leur consistance croquante et leur parfum légèrement fumé. On les trouve dans les épiceries chinoises, emballés dans des sachets en plastique ou en Cellophane. Ils se conservent indéfiniment dans un bocal entreposé dans un lieu frais et sec.

LES CHAMPIGNONS DE PAILLE : ces champignons sont parmi les plus savoureux de tous les champignons chinois. Frais, ils présentent un chapeau brun foncé enserrant le pied. En Occident, on ne les vend qu'en conserve, dans les épiceries fines et chinoises. Égouttez-les et rincez-les à l'eau froide avant emploi.

LES OREILLES D'ARBRE : ces champignons de bois, d'une variété de plus grande taille que les oreilles de nuage (voir ci-dessus), se préparent de la même manière. Le trempage multiplie leur volume par 4 ou 5. Vendus dans les épiceries chinoises, ils se conservent indéfiniment dans un bocal hermétique, en un lieu frais et sec.

LES CHÂTAIGNES D'EAU

Les châtaignes d'eau sont les tubercules d'une plante aquatique ; elles sont blanches, croquantes et sucrées, de la grosseur d'une noix. En Chine, on les consomme à toute heure, bouillies dans leur peau ou pelées et mijotées dans du sucre jaune en morceaux. On les emploie aussi dans des plats cuisinés, en Chine méridionale surtout.

On trouve parfois des châtaignes d'eau fraîches – plus savoureuses qu'en conserve – dans les épiceries de produits orientaux. Elles se conservent jusqu'à 2 semaines, non épluchées, dans un sac en papier placé au réfrigérateur. Pelez-les avant emploi, et, s'il en reste, remettez-les au réfrigérateur dans de l'eau. Les châtaignes d'eau en conserve s'achètent en grandes surfaces et dans les épiceries chinoises. Leur consistance est agréable mais elles restent assez fades. Rincez-les soigneusement à l'eau froide avant usage et conservez celles que vous n'avez pas utilisées dans un bocal d'eau froide. Changez celle-ci quotidiennement pour les garder pendant plusieurs semaines au réfrigérateur.

LE CHOU À FLEURS CHINOIS

Le chou à fleurs chinois, ou *choi sum,* se trouve désormais dans certains supermarchés ; il présente des feuilles vertes et parfois des petites fleurs jaunes, que l'on déguste avec les feuilles et les tiges. En Chine, c'est l'un des légumes verts les plus courants, délicieux en plat sauté.

LE CHOU BLANC CHINOIS

Il existe plusieurs variétés de chou blanc chinois, ou *bok choi,* mais la plus courante est celle qui présente une longue tige lisse d'un blanc laiteux et de grandes feuilles ridées vert foncé. Plus la plante est petite et plus elle est tendre. Le chou blanc chinois possède une saveur fraîche et délicate évoquant la moutarde. Il ne nécessite qu'une brève cuisson. On le trouve désormais dans de nombreux supermarchés. Les tiges doivent être fermes et croquantes, les feuilles sans taches. Il se conserve dans le bac à légumes du réfrigérateur.

LE CHOU CHINOIS

Il existe des choux chinois de tailles et de formes variées : certains sont longs et denses, d'autres sont courts et rebondis. Leurs feuilles serrées, fermes et de couleur vert pâle ou jaunâtre, sont froissées. Ce légume se prête à des usages multiples, dans des soupes ou des plats de viande sautés. Sa capacité d'absorption des parfums ainsi que sa saveur et sa consistance fort agréables en font un ingrédient apprécié des cuisiniers, qui lui associent des ingrédients très riches. Délicieusement croquant, le chou chinois a un goût discret mais bien caractéristique. Il se conserve comme un chou ordinaire.

LE CINQ PARFUMS

L'épice aux cinq parfums est un mélange aromatique ; elle figure désormais en bonne place dans les rayons des supermarchés, ainsi, évidemment, que dans les épiceries chinoises. Cette poudre brune se compose de badiane, de poivre du Sichuan, de fenouil, de clou de girofle et de cannelle. Bien dosée, l'épice aux cinq parfums est à la fois puissamment odorante, épicée et légèrement douceâtre. Le parfum qu'elle confère aux plats vaut bien l'effort consenti pour trouver un mélange de qualité. Elle se conserve indéfiniment dans un bocal hermétique.

LA CORIANDRE

La coriandre fraîche, également appelée persil chinois, est l'une des rares herbes aromatiques employées en cuisine chinoise. Son aspect évoque celui du persil, mais son parfum prononcé, musqué et citronné est tout à fait caractéristique. Ses jolies feuilles servent souvent de garniture, mais elles peuvent aussi être hachées et intégrées à des sauces ou des farces. On trouve le persil chinois – que le persil ordinaire ne remplace pas – dans certaines grandes surfaces, ainsi que dans les épiceries chinoises ou orientales. Si vous achetez de la coriandre fraîche, choisissez les brins aux feuilles d'un vert soutenu.

Pour conserver la coriandre (plusieurs jours dans le bac à légumes du réfrigérateur), lavez-la à l'eau froide, égouttez-la soigneusement et faites-la sécher dans une essoreuse à salade, puis emballez-la dans du papier absorbant.

LA COURGE

La courge chinoise, ou *okra,* longue et mince, dont une extrémité est fuselée, présente d'étroites et profondes nervures. Choisissez des fruits fermes, sans taches, vert foncé. Ôtez les nervures en les grattant avec un couteau. Si la courge est jeune, vous pouvez conserver une partie de la peau ; si elle est plus mûre, il est préférable de la peler entièrement. La saveur de la chair, qui devient tendre à la cuisson, évoque à la fois le concombre et la courgette. La courge a la particularité d'absorber les parfums de la sauce ou des ingrédients avec lesquels on la fait cuire. On peut la remplacer par des gombos.

LA CRÉPINE

La crépine est une membrane graisseuse et transparente qui entoure les viscères du veau et du porc. Elle est souvent utilisée par les cuisiniers européens et chinois pour envelopper les farces et éviter que les ingrédients ne se dessèchent, car elle fond à la cuisson. La crépine est périssable, aussi faut-il l'acheter en petites quantités et s'en servir rapidement. Si vous souhaitez la conserver plus longtemps, emballez-la soigneusement et congelez-la. Pour la décongeler, rincez-la à l'eau froide. J'ai remarqué que plonger la crépine dans l'eau froide permettait de séparer facilement le gras sans déchirer les fragiles réseaux membraneux. La crépine s'achète chez le boucher, sur commande.

L'ÉCHALOTE

En Chine, l'échalote, au goût moins prononcé que celui de l'oignon, se trouve fraîche ou macérée (comme les pickles). On la consomme avec des œufs en conserve entre les repas. La saveur des échalotes se communique aux autres ingrédients d'une préparation. Conservez-les dans un local frais et sec, non au réfrigérateur, et coupez-les en rondelles ou émincez-les comme des oignons.

LES ÉPINARDS

Les variétés occidentales d'épinards sont différentes de celles que l'on trouve en Chine, mais elles les remplacent de façon tout à fait satisfaisante. Parce qu'on les fait généralement sauter, il n'est guère possible d'employer des épinards surgelés, trop humides. Les épinards d'eau chinois – les plus couramment cuisinés en Chine – présentent des côtes creuses, des feuilles délicates et pointues d'un vert plus clair que celui de l'épinard commun occidental ; leur saveur est assez discrète. Ces épinards doivent être cuits très frais, le jour même de l'achat de préférence.

LA FARINE

LA FARINE DE RIZ : cette farine de riz cru sert à la confection des nouilles de riz fraîches. Elle se conserve comme de la farine de froment ordinaire.

LA FARINE DE RIZ GLUANT : cette farine, qui confère une consistance élastique à la pâte, est abondamment utilisée en Chine comme ingrédient des *dim sum*. Elle ne convient pas pour les recettes à base de farine de riz ordinaire.

LES GALETTES DE RIZ

Ces galettes de riz, fines comme du papier, servent à envelopper les germes de soja et autres ingrédients qui entrent dans la préparation des rouleaux de printemps. Ces feuilles d'environ 15 à 20 centimètres de côté sont faites avec une pâte molle à base de farine et d'eau. Puisqu'on les trouve facilement et à bas prix, inutile de les préparer soi-même. Achetez-les par paquets de 20 ou 30 dans une épicerie chinoise ou votre supermarché habituels ; elles se conservent très bien au congélateur, enveloppées dans du film étirable. Avant utilisation, posez les galettes sèches sur un torchon humide plié en quatre et tamponnez-les avec un coton mouillé.

LES GERMES DE SOJA

Désormais très répandus en Occident, les germes de soja sont soit des pousses de haricots mung, soit des germes de soja jaune, beaucoup plus gros. Ils se conservent quelques jours dans le bac à légumes du réfrigérateur, dans un sac en plastique. Choisissez toujours des germes de soja très frais et croquants.

LE GINGEMBRE

Le gingembre frais est un ingrédient indispensable de toute cuisine chinoise authentique. Sa saveur puissante, fraîche et épicée, parfume avec une subtilité non dénuée de vigueur soupes, viandes et légumes. Le gingembre est, en outre, un assaisonnement important des poissons et fruits de mer, dont il neutralise les odeurs trop entêtantes. Les rhizomes de gingembre, qui mesurent 7 à 15 cm de long, sont recouverts d'une peau desséchée, brun pâle, que l'on ôte généralement avant emploi. Choisissez du gingembre bien frais et ferme. Bien enveloppé dans du film étirable, il se conserve jusqu'à 2 semaines au réfrigérateur. Le gingembre frais (ou gingembre vert) se vend dans la plupart des supermarchés et chez les marchands de primeurs, ainsi que dans les épiceries de produits orientaux. Le gingembre séché, en poudre, a un goût assez différent de celui du gingembre frais, qu'il ne devrait pas remplacer en cuisine.

Le jus de gingembre : le jus de gingembre frais s'emploie dans les marinades afin de donner aux autres ingrédients une saveur délicate moins piquante que celle du gingembre émincé. Pour extraire le jus : coupez du gingembre frais non épluché en dés de 2 à 3 cm ; broyez-les à l'aide d'un robot ménager, puis mettez le hachis obtenu dans un linge propre et exprimez le jus au travers du linge. Si vous préférez, réduisez du gingembre frais en pulpe avec un maillet de cuisine, ou le plat d'un hachoir, de façon que la majeure partie des fibres se détachent, puis exprimez le jus au travers d'un linge.

LES HARICOTS GÉANTS

Ces haricots d'origine asiatique, qui atteignent parfois 1 mètre de long, ne sont pas apparentés aux haricots verts. Il en existe deux variétés, l'une vert pâle et l'autre vert foncé, plus fine. Choisissez des haricots frais, de couleur éclatante, sans taches sombres. Les haricots géants se vendent en bottes. Il n'est pas nécessaire d'ôter les fils, il suffit de couper l'extrémité coriace. Les saveur et consistance de ces haricots rappellent celles des haricots verts, mais leur cuisson est plus rapide. Conservez les haricots frais dans un sac en plastique au réfrigérateur, 4 jours au plus.

LES HARICOTS NOIRS

Ces petites graines de soja noires sont conservées par fermentation dans un mélange de sel et d'épices qui leur donne une saveur caractéristique légèrement salée et un parfum aussi riche qu'agréable. Ainsi préparés, ils s'associent fort bien à l'ail ou au gingembre frais dans la confection d'assaisonnements. On les trouve dans les épiceries chinoises, en boîte ou en sachet plastique. Rincez-les avant usage. Personnellement, je préfère les hacher légèrement afin de libérer leur puissante saveur. Les haricots noirs et le jus restant éventuellement se conserveront indéfiniment au réfrigérateur, dans un bocal hermétique.

LES HUILES

Les huiles végétales – et en particulier l'huile d'arachide – sont les matières grasses les plus utilisées pour la cuisson des aliments dans la cuisine chinoise. Les graisses animales – saindoux et graisse de volaille, surtout – s'emploient également dans certaines régions, notamment dans le nord de la Chine. J'utilise toujours de l'huile d'arachide car je considère que les matières grasses d'origine animale sont trop lourdes.

Lorsqu'une huile de cuisson peut resservir, je ne manque pas de le signaler. Laissez-la simplement refroidir, puis filtrez-la et versez-la dans un bocal, que vous refermerez hermétiquement et conserverez en un lieu frais et sec. L'huile placée au réfrigérateur se trouble, mais elle retrouvera sa clarté une fois placée à température ambiante. Il est préférable de ne réutiliser l'huile qu'une fois, pour des raisons de goût mais aussi de diététique (une huile cuite et recuite voit s'accroître sa teneur en acides gras saturés).

L'HUILE D'ARACHIDE : c'est l'huile que j'emploie le plus volontiers car son goût est agréable et discret. Bien qu'elle contienne plus d'acides gras saturés que d'autres huiles, le fait qu'elle puisse être portée à des températures élevées sans brûler la rend parfaite pour les sautés et les fritures. Vous pouvez éventuellement la remplacer par de l'huile de maïs.

L'HUILE DE MAÏS : cette huile convient assez bien en cuisine chinoise car elle supporte des températures élevées, mais je trouve son goût un peu fade et son odeur légèrement désagréable. Sa forte teneur en acides gras polyinsaturés en fait l'une des huiles les plus saines.

L'HUILE DE SÉSAME : cette huile riche, épaisse et dorée, élaborée à partir des graines de sésame, possède une saveur et un arôme caractéristiques évoquant la noisette. Couramment utilisée en cuisine chinoise dans les assaisonnements, elle n'est que rarement employée comme huile de cuisson car elle chauffe rapidement et brûle facilement. On l'ajoute souvent au dernier moment pour apporter la touche finale d'un plat. On la trouve dans toutes les épiceries chinoises et dans certaines grandes surfaces.

LES HUILES VÉGÉTALES (AUTRES) : parmi les autres huiles végétales les moins coûteuses, mentionnons l'huile de tournesol, ainsi que l'huile de soja, et l'huile de carthame dans certains pays. Ces huiles de couleur pâle, légères au goût, peuvent également s'employer en cuisine chinoise, mais elles fument et brûlent à des températures moins élevées que l'huile d'arachide, ce qui impose une grande prudence lors de leur utilisation.

LE JAMBON

Le jambon chinois, savoureux et salé, sert avant tout de garniture, ou pour l'assaisonnement des soupes, des sauces, des sautés, des nouilles et du riz. On ne trouve pas de jambon chinois hors d'Asie, mais il se remplace très bien par du jambon cru ou de la poitrine fumée maigre (découennée et dégraissée).

LES LÉGUMES DU SICHUAN MACÉRÉS

Il existe en Chine de multiples variétés de légumes macérés. Ceux de la province du Sichuan, particulièrement réputés, sont à base de racine d'une sorte de chou, conservée dans du sel et des piments forts. Vendue en boîte dans les épiceries chinoises, cette préparation croquante relève agréablement les mets. Rincez avant emploi puis émincez ou hachez, selon la recette. Se conserve indéfiniment au réfrigérateur, dans un bocal fermé.

LA MAÏZENA

On trouve en Chine diverses sortes de farines et de fécules, dont la poudre de châtaignes d'eau, la fécule de taro et l'arrow-root. Elles servent avant tout à lier et épaissir les sauces, mais entrent aussi dans la préparation de pâtes à frire. Ces produits ne se trouvent pas facilement hors de Chine, mais j'ai constaté que la Maïzena donnait d'aussi bons résultats. Utilisée dans une marinade, elle enrobe bien les ingrédients et confère aux mets un aspect velouté. Elle protège les aliments frits, évitant qu'ils perdent leurs jus, et sert de liant pour les farces et les hachis. Pour incorporer la Maïzena à une sauce, mélangez-la à de l'eau froide jusqu'à obtention d'une pâte homogène. Lors de la cuisson, elle s'éclaircit et rend la sauce luisante.

LE MELON AMER OU CONCOMBRE CHINOIS

Ce melon à la saveur très inhabituelle compte sans doute autant de détracteurs que de partisans. Même les Chinois doivent apprendre à l'aimer. Le melon amer présente une peau bosselée, dont la couleur va du vert foncé au vert clair. Son goût, rappelant la quinine, a pour effet de rafraîchir le palais. Plus le melon est vert et plus il est amer, aussi de nombreux cuisiniers recherchent-ils, de préférence, les variétés tirant sur le jaune.

Pour préparer un melon amer, coupez-le en deux, épépinez-le et jetez la membrane intérieure, puis blanchissez-le ou salez-le (selon la recette) afin d'en atténuer l'amertume. Il se conserve 3 à 5 jours au réfrigérateur, dans un sac en plastique ou en papier.

LES NIDS D'HIRONDELLE

Les nids d'hirondelle figurent au rang des mets les plus recherchés de la gastronomie chinoise. À Hongkong et à Taiwan, des magasins se spécialisent dans la commercialisation de ces nids séchés – constitués d'algues –, qui doivent être mis à tremper avant d'être utilisés de diverses manières. Le résultat, comparable à l'aileron de requin, est une sorte de gelée insipide, légèrement croquante, qui doit sa saveur à la sauce ou au bouillon dans lesquels elle cuit.

LES NOUILLES ET LE VERMICELLE

En Chine, l'on consomme des nouilles de toutes sortes, matin et soir, jour et nuit : hautement nutritives, elles permettent de se sustenter rapidement et sainement. Divers plats de nouilles chinoises sont désormais connus en Occident, notamment les populaires nouilles de riz, ou les nouilles aux œufs que l'on fait dorer des deux côtés. Vous trouverez ci-dessous une liste des types de nouilles les plus importants.

NOUILLES DE BLÉ ET LES NOUILLES AUX ŒUFS : ces nouilles sont préparées à partir de farine de blé tendre ou dur et d'eau, éventuellement additionnés d'œuf. On les trouve, fraîches ou séchées, dans les épiceries fines et chinoises. Les nouilles plates s'utilisent généralement dans les soupes, les nouilles rondes dans les sautés ou les plats frits. Bien emballées, les nouilles fraîches se congèlent sans problème. Faites-les soigneusement décongeler avant la cuisson.

La cuisson des nouilles de blé et des nouilles aux œufs

Ces nouilles sont excellentes simplement ébouillantées en accompagnement d'un plat principal – elles remplacent alors le riz blanc.

225 g de nouilles chinoises de blé ou aux œufs

Si vous utilisez des nouilles fraîches, plongez-les 3 à 5 minutes dans une casserole d'eau bouillante. Pour les nouilles séchées, suivez les indications portées sur le paquet (en principe 4 à 5 minutes dans de l'eau bouillante). Égouttez et servez aussitôt.

Si vous faites cuire les nouilles à l'avance ou si vous souhaitez les faire sauter ensuite, remuez les nouilles cuites et égouttées dans 2 cuillerées à café d'huile de sésame et mettez-les dans une jatte. Couvrez celle-ci de film étirable et réfrigérez (2 heures tout au plus).

LES NOUILLES DE RIZ : ces nouilles séchées, blanches et opaques, se présentent sous des formes et des épaisseurs variées, les plus courantes étant plates et de la longueur d'une baguette chinoise. Employez le type de nouilles approprié pour chaque recette. La préparation des nouilles de riz est fort simple : il suffit de les faire ramollir dans de l'eau tiède (20 minutes environ) et de les égoutter ; elles sont alors utilisables pour des soupes et des sautés.

NOUILLES DE RIZ *FEN* : les Chinois préparent de grandes plaques de fen (nouilles de riz fraîches) à partir d'un mélange de farine de riz, d'amidon de blé et d'eau que l'on cuit à la vapeur avant de découper les nouilles, à consommer immédiatement, avec une sauce le plus souvent.

LE VERMICELLE CHINOIS : ce vermicelle, à base de fécule de haricots mung et non de farine de céréale, est vendu séché dans les épiceries et supermarchés chinois, en petits paquets enveloppés dans du plastique. On ne le sert jamais seul, mais plutôt dans des soupes, des plats braisés, ou frit, en garniture. Ces filaments blancs doivent être plongés environ 5 minutes dans de l'eau tiède avant emploi – il est parfois conseillé de couper ensuite les filaments. Si le vermicelle doit être frit, il n'est pas nécessaire de le faire tremper au préalable, mais il faut alors séparer les filaments (de préférence dans un grand sac en papier afin d'éviter qu'ils ne se répandent en tous sens).

LA PÂTE À WONTON (RAVIOLIS CHINOIS)

La pâte à *wonton*, faite d'œuf et de farine, se présente sous la forme de petits carrés jaunâtres de 8 cm de côté, frais ou surgelés, vendus par paquets de 30 à 36 (selon les fournisseurs) dans les épiceries chinoises. Ces petites crêpes, fourrées de viande hachée, peuvent être frites, cuites à la vapeur ou employées dans des soupes. La pâte à wonton se conserve environ 5 jours au réfrigérateur, dans un sac en plastique ou du film étirable. Si vous recourez à une pâte surgelée, prélevez le nombre de carrés voulu et faites-les bien décongeler avant usage.

LA PÂTE DE CREVETTES

Cet ingrédient nous vient du sud de la Chine, apportant un parfum d'« exotisme » aux mets. Préparée à partir de crevettes réduites en purée et fermentées, la pâte dégage avant la cuisson une odeur beaucoup plus forte que son goût. Sa consistance est celle de la crème d'anchois. On l'achète dans les grandes surfaces et dans les épiceries chinoises, en pots de verre le plus souvent. La pâte de crevettes se conserve indéfiniment au réfrigérateur.

LES PIMENTS

Les piments sont abondamment employés dans la cuisine de l'ouest de la Chine, moins fréquemment dans le sud. On les trouve frais, séchés ou pilés. Leur saveur et leur force diffèrent énormément selon les variétés, le mode de préparation et le degré de maturité.

L'HUILE PIMENTÉE/LA SAUCE PIMENTÉE : en Chine, on l'utilise non seulement comme assaisonnement, mais aussi comme un condiment dans lequel tremper divers ingrédients. La force et la saveur des huiles pimentées sont évidemment variées. On trouve différentes sortes d'huiles et de sauces pimentées ; les versions chinoises et taiwanaises sont plus subtiles et moins brûlantes que les versions thaïlandaises et malaises. Les produits du commerce sont tout à fait acceptables, mais vous trouverez ci-dessous une recette plus satisfaisante. N'oubliez pas que l'huile pimentée est trop forte pour servir seule d'huile de cuisson : mieux vaut l'associer à d'autres huiles plus douces, ou l'employer comme condiment. Les haricots noirs figurant dans ma recette apportent une saveur supplémentaire, ce qui permet d'utiliser cette huile comme sauce froide.

PRÉPARATION D'UNE HUILE PIMENTÉE

30 cl d'huile d'arachide
2 cuillerées à soupe de piments rouges séchés (avec pépins) grossièrement hachés
1 cuillerée à soupe de grains de poivre du Sichuan entiers non grillés
2 cuillerées à soupe de haricots noirs entiers, rincés et séchés

Faites chauffer un wok ou une grande poêle à frire, versez l'huile puis, lorsqu'elle commence à fumer, réduisez le feu. Ajoutez les piments, les grains de poivre et les haricots noirs, et laissez cuire environ 15 minutes à feu doux. Laissez refroidir, et versez dans un bocal. Laissez reposer pendant 2 jours avant de filtrer. Cette huile se conserve indéfiniment.

LES PIMENTS EN POUDRE : la poudre de piment, souvent dénommée piment de Cayenne, est puissamment aromatique et forte ou très forte. Elle sert à relever les plats, en plus ou moins grande quantité selon le goût (ou le courage) de chacun. On trouve sans difficulté du piment de Cayenne dans toutes les épiceries et supermarchés.

LES PIMENTS FRAIS : de petite taille et de forme allongée, ils doivent présenter un aspect frais et brillant, sans taches noires ou brunes. Il en existe plusieurs variétés. Les piments rouges sont généralement moins fort que les verts car ils s'adoucissent en mûrissant.

Pour préparer ces piments, rincez-les à l'eau froide, puis fendez-les dans la longueur à l'aide d'un petit couteau bien aiguisé. Ôtez les pépins, rincez de nouveau à l'eau froide puis accommodez les piments comme indiqué dans la recette choisie. Lavez-vous les mains, rincez le couteau et la planche à découper avant de préparer d'autres ingrédients. Veillez, en particulier, à ne pas vous frotter les yeux, surtout si vous avez touché les graines.

LES PIMENTS ROUGES SÉCHÉS : ces petits piments minces, d'environ 1 cm de long, servent couramment à relever la saveur de l'huile employée dans les sautés, les sauces et les plats braisés. En règle générale, on les laisse entiers ou bien on les fend en deux sans enlever les pépins. Les Chinois aiment les laisser dans le plat durant la cuisson, mais comme ils sont extrêmement brûlants (faites attention dans les restaurants chinois), vous préférerez peut-être les ôter aussitôt après les avoir utilisés pour parfumer l'huile de cuisson. On les vend dans les épiceries chinoises et orientales comme dans la plupart des supermarchés. Ils se conservent indéfiniment dans un bocal bien fermé.

LES POIREAUX

Les poireaux que l'on trouve en Chine sont très longs ; ils ressemblent à de la ciboule géante. Ils peuvent tout à fait être remplacés par les poireaux occidentaux. Pour les préparer, coupez et jetez le vert, puis fendez le blanc en deux dans la longueur. Lavez-les soigneusement pour les débarrasser de toute trace de terre, et conservez-les dans un sac en plastique, dans le bac à légumes du réfrigérateur.

LES POIS GOURMANDS

Les poids gourmands se signalent par une consistance à la fois tendre et croquante, autant que par une saveur douce et fraîche. Choisissez des gousses fermes, aux graines encore très petites, donc jeunes et tendres. Les pois gourmands se conservent au moins 1 semaine dans le bac à légumes du réfrigérateur.

LE POIVRE DU SICHUAN

En Chine, le poivre du Sichuan est dénommé poivre-fleur, car ses grains ressemblent à des petits boutons de fleur entrouverts. De couleur brun rougeâtre, ils dégagent une senteur aromatique qui les distingue des grains de poivre noir, qui brûlent davantage la bouche. Contrairement aux apparences, ils ne proviennent pas d'un poivrier mais sont les baies séchées d'un arbuste de la famille des agrumes. L'odeur du poivre du Sichuan me rappelle celle de la lavande. Sa saveur est acide, légèrement épicée. On peut fort bien le moudre dans un simple moulin à poivre, après l'avoir éventuellement fait griller pour que toute la sapidité des baies se développe. Peu coûteux, le poivre du Sichuan est vendu dans les épiceries chinoises, emballé dans de la Cellophane ou des sachets en plastique. Il se conserve indéfiniment dans un récipient hermétique.

POUR FAIRE GRILLER LE POIVRE DU SICHUAN

Chauffez à feu modéré un wok ou une poêle à frire à fond épais. Ajoutez les grains de poivre du Sichuan (jusqu'à 150 g à la fois), puis faites-les griller en les remuant pendant environ 5 minutes, jusqu'à ce qu'ils commencent à dorer et à fumer. Ôtez du feu et laissez refroidir.

Conservez le poivre grillé dans un bocal, en laissant les baies entières pour les moudre à mesure de vos besoins, ou après les avoir réduites en poudre avec un moulin à poivre (un mortier ou un pilon).

LES POUSSES DE BAMBOU

Seules les jeunes pousses tendres de certains bambous (10 pour 100 environ des variétés) sont comestibles. Les pousses fraîches sont les meilleures, mais il n'est pas toujours facile de s'en procurer en Europe. Toutefois, les pousses en conserve, peu onéreuses et que l'on trouve dans le commerce, font assez bien l'affaire. Croquantes, de couleur jaune pâle, elles se présentent épluchées, soit entières soit débitées en épais bâtonnets. Rincez-les soigneusement avant usage. Placez les éventuels restes dans un bocal, recouvrez d'eau froide et conservez au réfrigérateur (jusqu'à 1 semaine, à condition de renouveler l'eau chaque jour).

LE RADIS BLANC CHINOIS

Le radis blanc chinois, également désigné sous le nom *mooli* ou sous son appellation japonaise *daikon,* ressemble à une carotte par sa forme, mais il est généralement beaucoup plus gros. Cette rave d'hiver supporte une longue cuisson sans se désintégrer ; elle absorbe ainsi les saveurs des ingrédients en compagnie desquels elle cuit, tout en conservant son goût et sa consistance propres. On l'épluche toujours avant usage. Choisissez des radis fermes, lourds, sans tache. L'intérieur doit être légèrement translucide, dense et non fibreux. On trouve les radis blancs chinois dans certaines grandes surfaces ainsi que dans les épiceries asiatiques. Emballés dans un sac en plastique, ils se conservent plus de 1 semaine dans le bac à légumes du réfrigérateur.

LE RIZ

LE RIZ À GRAIN ROND : plus commun dans le nord de la Chine, il sert à préparer le *congee,* sorte de bouillie consommée au petit déjeuner ; il est plus amylacé que le riz blanc à long grain.

LE RIZ À LONG GRAIN : ce type de riz, dont il existe maintes variétés, est le plus apprécié en cuisine chinoise. Bien que les Chinois se plient toujours au rituel qui consiste à le laver, le riz acheté en supermarché n'exige pas cette opération.

LE RIZ GLUANT : ce riz dont les grains ronds évoquent des petites perles se caractérise par sa forte teneur en gluten. Les Chinois l'emploient notamment dans des farces et des desserts, mais aussi pour faire du vin et du vinaigre de riz. Il entre dans la composition des mets à base de riz que l'on sert parfois dans des feuilles de lotus à la fin des banquets. On le trouve dans la plupart des épiceries chinoises. Il convient de faire tremper le riz gluant pendant au moins 2 heures (ou mieux, une nuit entière) avant de le faire cuire comme le riz à long grain (voir page 235).

POUR LAVER LE RIZ

Mettez la quantité désirée de riz dans une grande jatte, remplissez d'eau froide et faites tourner le riz avec la main ou une cuiller. Jetez l'eau trouble en laissant le riz dans la jatte, procéder ainsi plusieurs fois jusqu'à ce que l'eau soit limpide.

LES SAUCES

L'art culinaire chinois fait appel à différentes sauces et pâtes épaisses et savoureuses, indispensables à l'authenticité de la cuisine chinoise, dont la plupart sont vendues en pots, en boîtes ou en flacons dans les épiceries chinoises, ainsi que dans les bons supermarchés. Après ouverture, transférez les sauces en conserve dans des bocaux : elles se conserveront alors indéfiniment au réfrigérateur.

LA PÂTE DE SÉSAME : cette pâte épaisse, riche et crémeuse, élaborée à partir de graines de sésame, s'emploie dans des mets chauds et froids. On la trouve en pots de verre dans certains supermarchés et épiceries chinoises et sous le nom tahin dans les épiceries orientales. Elle peut éventuellement être remplacée par du beurre de cacahuètes, de consistance comparable.

LA PÂTE DE SOJA PIMENTÉE : cette épaisse sauce de couleur foncée est préparée avec du soja, du piment et d'autres condiments. Selon les marques, elle est moyennement forte, forte ou très forte. Elle est vendue en bocaux de verre dans les grandes surfaces et les épiceries chinoises. J'apprécie tout particulièrement les produits de Hongkong, de Chine populaire ou de Taiwan, mais j'évite les pâtes de soja pimentées provenant de Singapour, qui contiennent trop souvent du glutamate de sodium et autres additifs. Veillez à bien refermer le bocal après emploi et conservez au réfrigérateur ou dans un lieu frais. La pâte de soja pimentée ne doit pas être confondue avec la sauce pimentée (voir ci-après), plus forte, plus rouge et moins épaisse, qui ne contient pas de soja.

LA SAUCE AUX HARICOTS JAUNES ENTIERS : cette sauce fermentée, à base de haricots jaunes, de farine et de sel, est aromatique et relevée. Elle confère une saveur caractéristique à certaines sauces chinoises. On la trouve sous deux formes, avec des haricots entiers dans une sauce épaisse ou avec des haricots réduits en purée. Je préfère la première, légèrement moins salée et de consistance plus intéressante.

LA SAUCE D'HUÎTRE : c'est une épaisse sauce brune à base d'extraits d'huître cuits dans la sauce de soja et la saumure. Du fait de sa riche saveur – qui n'évoque en rien la marée –, cette sauce est appréciée non seulement dans la cuisson des aliments, mais aussi, diluée avec un peu d'huile, en tant que condiment délicieux sur les légumes, les viandes et les volailles. Elle est vendue en bouteilles, dans les supermarchés et les épiceries chinoises. Les marques les plus coûteuses sont généralement les meilleures. Il est préférable de conserver la sauce d'huître au réfrigérateur.

LA SAUCE HOISIN : cette sauce épaisse et foncée, rouge brunâtre, a une base de soja, de vinaigre, de sucre, d'épices et d'autres assaisonnements. Sa saveur est à la fois sucrée et épicée. La sauce hoisin est vendue en boîte ou en bocaux parfois sous le nom de sauce barbecue, dans les grandes surfaces et les épiceries chinoises. Elle se conserve indéfiniment au réfrigérateur.

LA SAUCE PIMENTÉE : cette sauce d'un rouge éclatant est confectionnée avec des piments, du vinaigre, du sucre et du sel. On l'utilise parfois dans la cuisine, mais plus souvent comme condiment. Il en existe différentes marques : essayez-en plusieurs jusqu'à ce que vous trouviez celle qui vous convient le mieux. Si vous jugez une sauce trop forte, étendez-la d'un peu d'eau chaude. La sauce pimentée ne doit pas être confondue avec la pâte de soja pimentée (voir ci-dessus), utilisée dans la cuisson des aliments.

LES SAUCES DE SOJA : la sauce de soja est un ingrédient majeur de la cuisine chinoise. Elle se compose d'un mélange de soja, de farine et d'eau, soumis à une fermentation naturelle, à un vieillissement de plusieurs mois et à une distillation finale. Il en existe deux grandes sortes.

- *La sauce de soja claire* : très savoureuse, plus salée que la sauce de soja noire, elle est la plus adaptée à la cuisine.

- *La sauce de soja noire* : un vieillissement prolongé rend cette sauce très foncée, presque noire. Légèrement plus épaisse et plus relevée que la sauce de soja claire, elle convient mieux pour les ragoûts. Je la préfère à la sauce claire pour assaisonner les aliments.

Récemment encore, les sauces de soja commercialisées en Occident étaient des sauces noires, mais on trouve désormais les 2 variétés. La qualité des sauces vendues dans les épiceries chinoises est généralement excellente.

LES SAUCISSES CHINOISES

Les saucisses chinoises ressemblent à de minces salamis longs d'une quinzaine de centimètres. Elles sont constituées de foie de canard, et de foie ou de viande de porc. Leur chair fumée est rouge foncé piqueté de points de graisse blancs. Leur parfum dépend des variétés, mais elles sont plus sucrées qu'épicées. On les fait cuire à la vapeur pendant 10 minutes avant de les consommer. Ces saucisses sont le plus souvent coupées en minuscules dés pour assaisonner les plats de poulet et de riz. On les trouve dans les épiceries chinoises.

LE SEL

Le sel de table est fin, mais de nombreux cuisiniers chinois jugent le sel marin de Maldon plus savoureux (on trouve fréquemment du sel marin dans les épiceries chinoises). Le sel gemme, dont les cristaux sont plus gros, conduit mieux la chaleur ; il est souvent utilisé dans la cuisson des mets de Chine méridionale, et tout particulièrement les plats de poulet ou de pigeon.

LE SÉSAME

Les graines de sésame séchées dans leur balle vont du blanc grisâtre au noir, mais, une fois décortiquées, elles se présentent sous la forme de minuscules grains aplatis, de couleur crème, pointus à une extrémité. Ces graines se conservent plusieurs semaines dans un bocal de verre, en un lieu frais et sec.

Préparation de graines de sésame grillées

Chauffez un wok ou une poêle à frire à fond épais, versez les graines de sésame et remuez de temps à autre. Dès que les graines commencent à dorer (ce qui prend 3 à 5 minutes, surveillez-les attentivement), remuez de nouveau et versez-les dans une assiette.

Vous pouvez aussi préchauffer le four à 160 °C (thermostat 3), étaler les graines de sésame sur une plaque et les faire griller 10 à 15 minutes.

Laissez bien refroidir les graines dorées et conservez-les dans un bocal en verre, au frais et à l'abri de la lumière.

LE SUCRE

Depuis des millénaires, le sucre s'emploie en Chine, avec parcimonie, dans la cuisine de plats salés. Utilisé à bon escient, il contribue à équilibrer les divers parfums dans les sauces et autres mets. Le sucre chinois se présente sous différentes formes :

sucre jaune ou brun en morceaux, notamment, et sucre de malt. J'aime particulièrement recourir au sucre jaune en morceaux parce que sa saveur est plus riche et plus subtile que celle du sucre en poudre raffiné, et qu'il confère un bel aspect glacé aux sauces et aux plats braisés. Il s'achète en paquets dans les épiceries chinoises. Il est parfois nécessaire de briser les morceaux en fragments plus petits, à l'aide d'un maillet ou d'un rouleau à pâtisserie. Si vous ne pouvez vous en procurer, remplacez-le par du sucre semoule ou du sucre de canne.
Quant au sucre de malt, ce sirop liquide enrichit merveilleusement les plats mijotés et les sauces sans être jamais écœurant. Si vous ne pouvez en trouver (on ne le vend que dans certaines épiceries chinoises), remplacez-le par du miel. Le sucre de malt se conserve à température ambiante.

LE THÉ NOIR

Le thé noir de Chine est corsé et puissamment aromatique. Il en existe plusieurs variétés, dont le Keemun est l'une des plus connues. On emploie le thé dans des mets fumés ou pour faire mijoter des ingrédients, tels que les œufs marbrés aux feuilles de thé (page 274). On trouve du thé noir de Chine dans de nombreuses grandes surfaces et épiceries fines, ainsi que dans toutes les épiceries chinoises. Il est préférable de conserver le thé dans des boîtes métalliques afin qu'il garde toute sa fraîcheur.

LE TOFU

Plus connu sous son appellation japonaise que sous son nom chinois – *doufu* –, le tofu joue, depuis plus de mille ans, un rôle crucial dans la cuisine chinoise en raison de ses qualités nutritives et de sa richesse en protéines. Sa consistance est celle du fromage, mais sa saveur est des plus fades. Il est fait de haricots de soja jaunes mis à tremper, pilés, mélangés avec de l'eau, puis soumis à une brève cuisson ; on laisse alors la pâte ainsi obtenue se solidifier. En Europe, le tofu est vendu sous forme de « fromage » frais ou pressé en cubes, ou encore séché, voire fermenté. La variété la plus tendre est utilisée dans les soupes, les plus fermes dans les sautés, les plats braisés ou pochés. Les pains de tofu, de couleur blanche, se trouvent sans difficulté dans les grandes surfaces et les magasins d'alimentation diététique. Présentés dans des récipients en plastique contenant de l'eau, ils se conservent jusqu'à 5 jours au réfrigérateur, à condition que l'eau soit renouvelée quotidiennement.

Découpez la quantité voulue en dés ou en lamelle, à l'aide d'un couteau bien aiguisé. Veillez à ne pas l'émietter en le coupant ou en le remuant lors de la cuisson.

Quels que soient son aspect ou sa consistance, le tofu est hautement nutritif.

LE VIN DE RIZ DE SHAOXING

Composant important de l'art culinaire chinois, le vin de riz est abondamment employé dans la cuisine, mais aussi consommé comme boisson alcoolisée dans toute la Chine. Je considère que le meilleur vin de riz, à la saveur et à l'arôme incomparables, est celui de Shaoxing, dans la province du Zhejiang (est de la Chine). Il est élaboré à partir de riz gluant, de levure et d'eau de source. Les cuisiniers l'utilisent pour la cuisson des aliments, ainsi que pour des marinades et des sauces. Désormais commercialisé en Occident dans certaines grandes épiceries chinoises et par quelques marchands de vins, il doit être conservé, soigneusement bouché, à température ambiante. Un xérès pâle de bonne qualité peut le remplacer, sans égaler toutefois la riche douceur du vin de riz. Celui-ci ne doit pas être confondu avec le saké, aux qualités très différentes ; par ailleurs, le vin blanc ne saurait se substituer au vin de riz chinois.

LE VINAIGRE

Le vinaigre s'emploie fréquemment ; ceux de Chine sont généralement faits à base de riz. Il en existe de multiples variétés, dont certaines sont épicées et légèrement âpres, d'autres sucrées et aromatiques. Vous pouvez les remplacer par le vinaigre de cidre.

LE VINAIGRE DE RIZ BLANC : ce vinaigre clair et doux, à la subtile saveur de riz gluant, s'utilise dans les plats aigres-doux.

LE VINAIGRE DE RIZ NOIR : très foncé, il possède un goût à la fois riche et doux. Il s'emploie dans les plats braisés, les sauces ou parfois comme assaisonnement du crabe.

VINAIGRE DE RIZ ROUGE : sucré et épicé, ce vinaigre est généralement utilisé comme assaisonnement pour les fruits de mer.

LES ZESTES D'AGRUMES

Des zestes d'orange et de mandarine séchés sont fréquemment préconisés pour parfumer des plats braisés ou fumés, mais aussi des sautés. Le parfum des zestes séchés est concentré, mais vous pouvez, si vous le souhaitez, utiliser la même quantité de zeste frais. On trouve dans les épiceries chinoises des zestes séchés conditionnés dans des sachets en plastique ou dans de la Cellophane, mais il est aussi simple de faire soi-même sécher des zestes.

PRÉPARATION DES ZESTES SÉCHÉS

Pelez une mandarine ou une orange et grattez autant que faire se peut la membrane blanche, ou râpez grossièrement le zeste. Posez le zeste sur du papier absorbant et laissez-le sécher au soleil, ou mettez à four tiède mais éteint, jusqu'à ce qu'il soit très dur. Conservez le zeste dans un récipient hermétique, en un lieu frais et sec.

UTILISATION DES ZESTES SÉCHÉS

Faites ramollir la quantité de zeste voulue dans de l'eau tiède, puis hachez ou émincez, selon la recette.

Ajoutez du zeste râpé sans le faire ramollir.

LES SAUCES ET LES CONDIMENTS

HUILE PIMENTÉE EXTRA-FORTE

TOUTES LES RÉGIONS DE CHINE

Pour ceux qui aiment la cuisine très épicée, l'huile pimentée est un must. On peut l'acheter toute faite dans les épiceries chinoises, mais il est très facile de la préparer soi-même. L'huile pimentée s'ajoute en assaisonnement durant la cuisson, et peut servir de sauce condimentaire, seule ou mélangée à du vinaigre et à de la sauce de soja, dans laquelle on trempera, par exemple, des boulettes chinoises frites (page 257). Vous trouverez à la page 26 une recette d'huile pimentée moins forte.

15 cl d'huile d'arachide
4 cuillerées à soupe de piments rouges séchés, avec pépins, grossièrement hachés
2 cuillerées à café de poivre du Sichuan, baies entières, non grillées

Faites bien chauffer un wok ou une poêle à frire, versez l'huile ; lorsque celle-ci est très chaude et commence à fumer, baissez le feu. Ajoutez les piments et le poivre du Sichuan, puis faites cuire pendant 15 minutes à feu très doux. Laissez refroidir sans remuer puis transvasez dans un bocal. Laissez reposer pendant 2 jours avant de filtrer. Cette huile pimentée se conserve indéfiniment.

SAUCE AIGRE-DOUCE

RÉGIONS : CANTON ET FUJIAN

Ma version de cette sauce aigre-douce subtile et savoureuse se marie parfaitement avec les mets frits, tels que les raviolis chinois frits (page 269). Elle se conserve très bien au réfrigérateur, dans un bocal hermétique.

2 cuillerées à soupe de confiture de gingembre
2 cuillerées à soupe de marmelade d'oranges
1 cuillerée à café de sel
3 cuillerées à soupe de vinaigre de riz blanc ou de vinaigre de cidre
2 cuillerées à soupe de ketchup

Mélangez soigneusement tous les ingrédients dans un bol. Versez dans une petite assiette ou conservez au réfrigérateur dans un bocal.

SAUCE AU GINGEMBRE ET À LA CIBOULE

RÉGION : CANTON

L'huile est chauffée puis versée sur les ingrédients afin d'exalter leur saveur et leur parfum. Cette sauce accompagne très bien les volailles et les viandes, et en particulier le poulet braisé aux poireaux (page 140) ou le poulet Fujian (page 141).

3 cuillerées à soupe de ciboule finement hachée
2 cuillerées à café de gingembre frais finement haché
2 cuillerées à café de sel
3 cuillerées à soupe d'huile d'arachide

Mélangez soigneusement tous les ingrédients, à l'exception de l'huile, dans un bol allant au feu. Faites bien chauffer un wok ou une poêle à frire. Versez l'huile puis, lorsqu'elle est très chaude et commence à fumer, ôtez le wok du feu. Versez l'huile chaude sur les autres ingrédients. Après avoir grésillé quelques secondes, la sauce est prête à l'emploi.

XÉRÈS OU VIN DE RIZ AU GINGEMBRE

TOUTES LES RÉGIONS DE CHINE

Ce xérès ou vin de riz parfumé au gingembre frais permet de réaliser des variantes de recettes nécessitant du vin de riz. Le gingembre macéré dans le xérès ou le vin de riz se conserve très bien ; il peut ensuite être dégusté à loisir.

3 cuillerées à soupe de gingembre frais finement haché
10 cl de vin de riz de Shaoxing ou de xérès sec

Mélangez le gingembre et le vin de riz (ou le xérès sec), puis versez dans un bocal et conservez au réfrigérateur. Cette préparation se garde au moins 2 mois.

POIVRE DU SICHUAN GRILLÉ AU GROS SEL

TOUTES LES RÉGIONS DE CHINE

Ce mélange de sel et de poivre du Sichuan s'emploie dans toute la Chine pour assaisonner des mets frits. La méthode de grillage utilisée libère toutes les saveurs des baies.

50 g de poivre du Sichuan non grillé
75 g de gros sel ou de sel de table

Chauffez, à feu moyen, un wok ou une poêle à frire à fond épais. Versez-y le poivre du Sichuan et le sel, puis faites dorer jusqu'à ce que le mélange commence à fumer.

Réduisez ensuite en poudre à l'aide d'un moulin à café ou à poivre, ou encore d'un pilon. Conservez dans un bocal hermétique.

SEL AUX CINQ PARFUMS

RÉGIONS : PÉKIN ET SICHUAN

Cet assaisonnement est comparable au précédent mais il possède l'arôme caractéristique de l'épice aux cinq parfums. Il s'accorde parfaitement avec le poulet, le pigeon ou le poisson frits.

3 cuillerées à soupe de sel
1 cuillerées à soupe d'épice aux cinq parfums

Faites bien chauffer un wok ou une poêle à frire à fond épais, puis versez-y le sel et laissez chauffer à feu vif 1 minute environ, tout en remuant. Hors du feu, ajoutez l'épice aux cinq parfums sans cesser de remuer. Mélangez soigneusement puis laissez refroidir. Conservez la préparation dans un bocal hermétique.

LE MATÉRIEL

Il n'est pas indispensable de disposer d'une batterie complète d'ustensiles chinois traditionnels pour cuisiner à la chinoise mais certains de ces ustensiles vous rendront, sans nul doute, la vie plus facile – sans compter que le fait d'employer des instruments éprouvés depuis des siècles apporte une certaine assurance. Lorsque vous serez familiarisé avec les woks et les marmites en terre cuite, par exemple, vous entrerez de plain-pied dans le monde de l'art culinaire chinois. La plupart des articles présentés dans les pages qui suivent s'achètent dans les magasins d'art de la table, les grands magasins et même dans certains supermarchés.

LE WOK

Tout votre talent culinaire et vos dispositions pour la cuisine chinoise ne serviront à rien sans un ou plusieurs woks de qualité. Cet ustensile fort utile et polyvalent sert à frire, blanchir, cuire à la vapeur et faire sauter toutes sortes d'ingrédients. De par sa forme tronconique et son fond bombé ou légèrement aplati, il permet d'économiser l'énergie et de chauffer ou cuire les aliments rapidement et uniformément. Sa profondeur évite les projections d'huile et d'autres ingrédients des sautés ; une quantité minime d'huile suffit pour faire frire des aliments, car la chaleur et les ingrédients sont concentrés au fond.

Il existe deux grands types de wok : la version cantonaise comporte des petites anses arrondies ; quant au wok pau, il est pourvu d'un manche de 30 à 35 cm. Le modèle à anses est plus facile à déplacer lorsqu'il est plein, ce qui convient mieux pour les fritures et la cuisson à la vapeur. Le wok pau est plus adapté aux sautés car il peut être tenu sur le feu d'une seule main, ce qui libère l'autre main pour remuer les ingrédients avec une cuiller à long manche ou une spatule.

Sachez qu'un wok à fond arrondi ne s'emploie que sur une gazinière. L'on trouve aujourd'hui des woks à fond plus plat, conçus pour les plaques électriques et vitrocéramiques. Cette forme, plus profonde, ne répond pas tout à fait au principe traditionnel, cependant elle contribue à concentrer la chaleur la plus intense au centre de l'ustensile et demeure supérieure aux poêles à frire ordinaires.

LE CHOIX DU WOK : optez de préférence pour un wok de 30 à 35 cm de diamètre, aux parois élevées. Il est plus facile et plus sûr de faire cuire de petites quantités d'aliments dans un grand wok. Il faut savoir que certains woks modernisés sont trop peu profonds ou présentent une base trop plate, de sorte qu'ils ne sont en rien supérieurs aux poêles à frire. Un wok lourd, en acier au tungstène, est préférable à un wok en acier inoxydable ou en aluminium, plus léger, qui ne supporte pas les températures élevées et a tendance à attacher et à faire brûler les aliments.

LE CULOTTAGE DU WOK : tous les woks, à l'exception des modèles anti-adhérents, nécessitent d'être culottés. Nombre d'entre eux doivent être récurés pour enlever l'huile de graissage qui les recouvre. Nettoyez-le avec une crème détergente et de l'eau, essuyez-le et faites-le chauffer à feu doux. Versez-y 2 cuillerées à soupe d'huile végétale, mais pas d'huile d'olive, que vous étalez avec du papier absorbant sur toute la surface interne du wok. Laissez chauffer à feu doux pendant une vingtaine de minutes, puis essuyez soigneusement avec du papier absorbant, celui-ci sera noirci. Répétez ces différentes opérations jusqu'à ce que le papier reste propre. Votre wok noircira ensuite à l'usage, ce qui est bon signe.

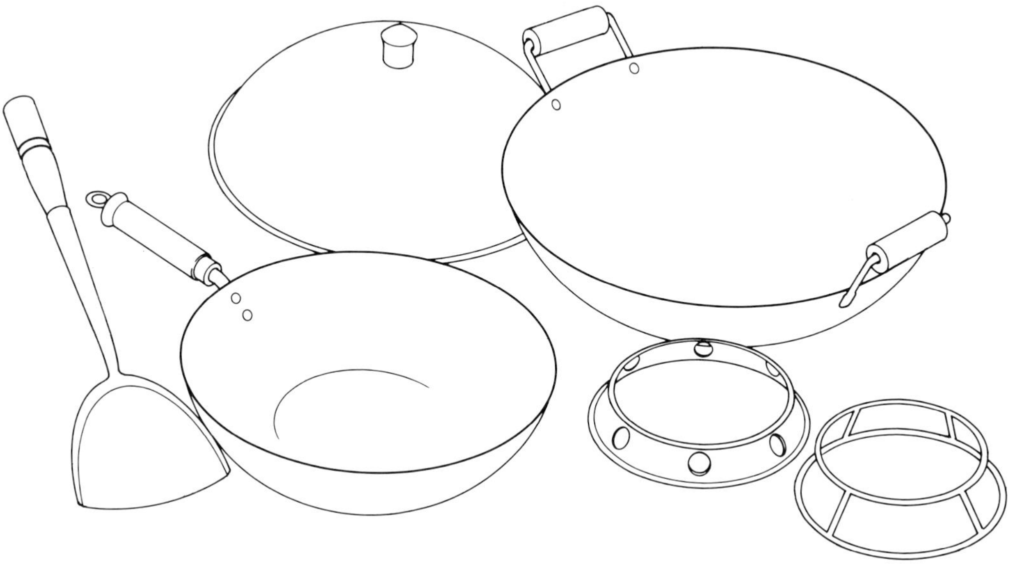

LE NETTOYAGE DU WOK : une fois que votre wok est culotté, ne le frottez jamais à l'eau savonneuse. Après chaque utilisation, contentez-vous de le laver à l'eau claire, puis de bien le sécher en le faisant chauffer à feu doux environ 1 minute. Si malgré tout, le wok commence à rouiller, récurez-le avec une crème détergente et procédez à un nouveau culottage.

LES ACCESSOIRES DU WOK

LA BROSSE EN BAMBOU : ce faisceau de tiges de bambou refendu s'emploie pour nettoyer le wok sans racler la surface culottée. Joli et peu onéreux, cet accessoire peut être remplacé par une simple brosse à vaisselle.

LE COUVERCLE : léger – il est le plus souvent en aluminium – et peu coûteux, ce couvercle en forme de coupole s'emploie pour la cuisson à la vapeur. Il est généralement fourni avec le wok, sinon on peut l'acheter dans des magasins de produits et articles asiatiques, ou utiliser tout couvercle bombé s'ajustant bien sur le wok.

LA GRILLE : pour faire cuire des aliments à la vapeur, il est nécessaire d'équiper le wok d'une grille de bois ou de métal afin de maintenir les ingrédients au-dessus de l'eau. Les woks sont le plus souvent fournis avec un support interne, mais sachez que l'on en trouve dans les épiceries asiatiques, et que diverses grilles vendues dans les magasins de bricolage et les grandes surfaces conviennent aussi bien – l'important est de faire cuire les denrées à la vapeur et non dans l'eau.

LA SPATULE : une longue spatule en métal, de la forme d'une petite pelle, est idéale pour rassembler et remuer les ingrédients dans un wok, mais toute cuiller à long manche fera l'affaire.

LE SUPPORT : cet « anneau » métallique, conçu pour maintenir et stabiliser un wok de forme traditionnelle sur le feu, est indispensable si vous voulez utiliser votre wok pour la cuisson à la vapeur, pour les fritures ou pour la préparation des plats braisés. Certains supports ont la forme d'un épais anneau en tôle, percé d'une demi-douzaine de trous de ventilation, d'autres sont de simples cadres circulaires en fil métallique. Si vous cuisinez sur une gazinière, recourez à ces derniers car les autres ne permettent pas une ventilation suffisante.

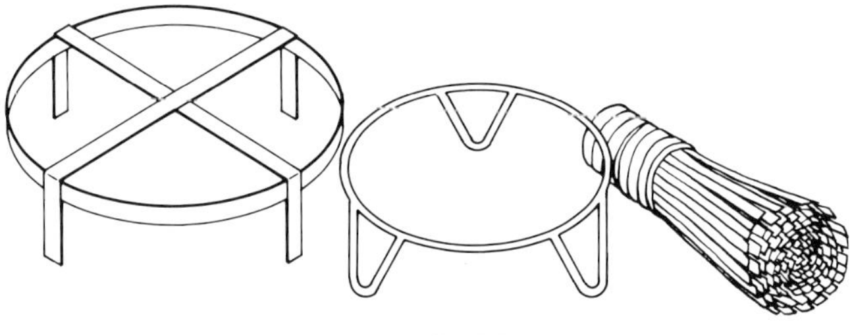

LES FRITEUSES

Il est souvent plus facile et plus sûr d'utiliser une friteuse ordinaire qu'un wok. Les quantités d'huile indiquées dans les recettes de friture sont celles qui conviennent pour une cuisson au wok. Elles doivent être multipliées par 2 ou 3 si vous employez une friteuse, qui ne doit jamais être emplie d'huile plus qu'à la moitié.

LES COUPERETS

Le couperet est pour le cuisinier chinois un instrument tranchant universel qui le dispense de posséder tout autre couteau. Lorsque vous maîtriserez bien l'utilisation du couperet, vous constaterez qu'il peut servir à découper toutes sortes d'aliments en dés, en tranches, en lamelles ou en filets, à hacher, à broyer, à émincer… La plupart des cuisiniers chinois emploient 3 couperets – un léger, un moyennement lourd et un lourd – selon les circonstances. Si vous décidez d'investir dans l'achat d'un couperet, choisissez-en un de bonne qualité, en acier inoxydable, et veillez à ce qu'il soit toujours bien affilé.

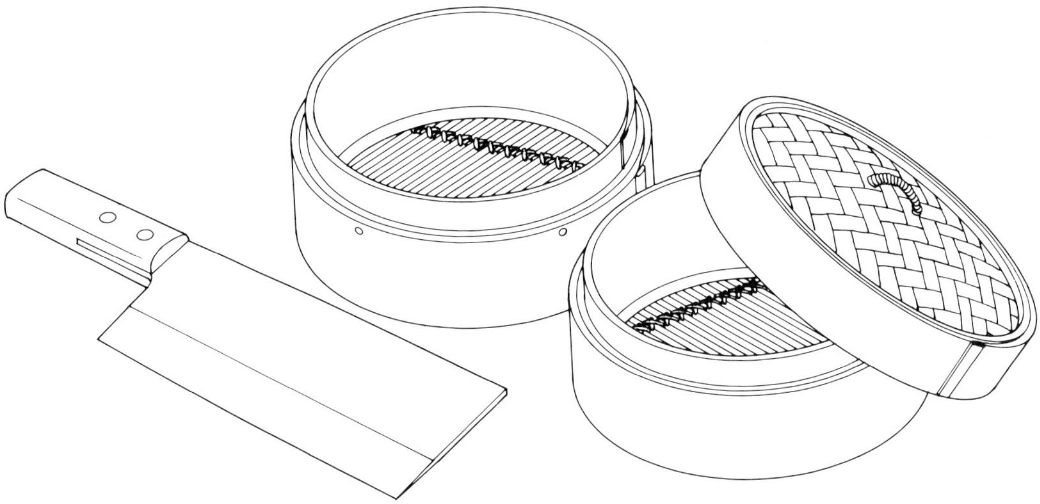

LA PLANCHE À DÉCOUPER

La planche à découper chinoise typique est en bois tendre, ce qui ne facilite pas son entretien et favorise la prolifération des bactéries. Les planches à découper modernes, en bois dur ou en matière synthétique, représentent une nette amélioration. Elles sont faciles à nettoyer et leur longévité est bien supérieure. Pour des raisons d'hygiène, ne posez jamais de viande cuite sur une planche ayant servi à la préparation des viandes ou volailles crues, réservez une planche à cet usage, et nettoyez-la soigneusement après chaque utilisation.

LES CUIT-VAPEUR

La cuisson à la vapeur n'est pas très répandue en Occident, et pourtant elle reste la meilleure méthode pour préparer de nombreux aliments à la saveur et à la consistance délicates, tels que les légumes et les poissons. En Chine, on se sert depuis des millénaires des paniers de cuisson à la vapeur en bambou, qui se présentent dans des formats variés, les plus appropriés à un usage domestique ayant 25 cm de diamètre. Les ingrédients sont placés dans ce panier, lui-même posé au-dessus d'un récipient d'eau bouillante (wok ou faitout). Pour éviter que les aliments n'adhèrent aux parois du panier lors de la cuisson, on intercale un linge fin, propre et humide (étamine, par exemple). Un couvercle en bambou bien ajusté empêche la vapeur de s'échapper. On peut faire cuire différentes préparations dans des paniers empilés. Un couscoussier ou un autocuiseur se prêtent évidemment fort bien à la cuisson à la vapeur. Avant d'utiliser pour la première fois un panier en bambou, lavez-le puis faites-le chauffer à vide en assurant une production de vapeur pendant environ 5 minutes.

LE RICE-COOKER (OU AUTOCUISEUR)

Les rice-cookers électriques connaissent une vogue croissante due au fait qu'il cuisent le riz à la perfection et le tiennent chaud tout au long du repas. Cet appareil présente l'avantage de libérer un brûleur ou une plaque de cuisson, et donc l'on dispose d'une cuisinière moins encombrée. L'achat d'un rice-cooker ne se justifie toutefois que si vous consommez très fréquemment du riz.

LES COCOTTES EN TERRE CUITE

Les Chinois se servent des cocottes légères en terre cuite non vernissée – dont la conception permet l'infusion des arômes et des saveurs dans les divers ingrédients – pour cuire les plats braisés, les soupes et le riz. Il existe des cocottes de toutes tailles, pourvues de couvercles adaptés. Du fait de leur fragilité, elles sont

souvent renforcées par un cadre métallique externe. Elles se placent directement sur le feu (la plupart des Chinois ne possèdent pas de four), mais il ne faut jamais poser une cocotte vide sur une plaque de cuisson ou un brûleur chauds, ni une cocotte chaude sur une surface froide : elle se fendrait sous l'effet du choc thermique. La cocotte doit toujours contenir au moins un peu de liquide pour résister à de tels traitements ; remplie d'aliments, elle supporte même des températures très élevées. Faites attention aux projections de vapeur brûlante lorsque vous soulevez le couvercle. Si vous vous servez d'une cuisinière électrique, intercalez un diffuseur de chaleur entre l'élément chauffant et la cocotte. Bien entendu, vous pouvez employer une casserole ou un faitout ordinaires.

LES BAGUETTES

De nombreux Occidentaux sont mal à l'aise dans le maniement des baguettes chinoises mais je conseille fortement leur utilisation. Outre l'intérêt de s'essayer à une technique nouvelle, les novices auront là l'occasion d'entrer de façon plus authentique dans le monde de la gastronomie chinoise. Les baguettes jouent à la fois le rôle d'une cuiller et d'une fourchette, et servent aussi bien à mélanger qu'à battre, à remuer ou à fouetter les ingrédients. Chacun reste évidemment libre de continuer à employer cuillers, fourchettes, louches, spatules et fouets.

Peu coûteuses, les baguettes ordinaires se trouvent aisément dans le commerce. Je préfère les baguettes en bois, mais en Chine on utilise et réutilise plus couramment des articles en plastique pour des raisons d'hygiène et d'économie.

LES USTENSILES DIVERS

Des passoires et des bols en inox de tous formats complètent la liste des ustensiles de base. Ils vous seront utiles, car on est souvent amené en cuisine chinoise à passer et filtrer des huiles et des jus de cuisson, ainsi qu'à mélanger des ingrédients. Dans le domaine des ustensiles de cuisine, l'excès est préférable à la pénurie.

LES TECHNIQUES

Tous les édifices qui aspirent à la grandeur exigent des fondations profondes et robustes. Il en va ainsi de la cuisine chinoise, qui accorde une importance sans égale au monde à la préparation des denrées avant cuisson. Comme le savent tous les bâtisseurs, une fois les fondations solidement jetées, le reste vient promptement et aisément.

L'art culinaire chinois repose sur une préparation appropriée de chaque ingrédient : viandes et légumes doivent être découpés selon des formes et des dimensions adéquates de façon à cuire rapidement et uniformément tout en conservant leurs saveurs et consistances naturelles. Qui plus est, une telle préparation accroît l'attrait visuel des aliments. Les cuisiniers chinois sont donc très pointilleux pour ce qui concerne les techniques de découpe – des légumes en particulier. L'instrument traditionnel employé à cet effet est le couperet, mais vous pouvez vous servir de couteaux de cuisine bien aiguisés.

Nombre des méthodes mises en œuvre dans la cuisine chinoise sont peu courantes en Occident. La préparation d'un seul plat fait parfois appel à plusieurs techniques distinctes. Celles-ci n'ont toutefois rien de mystérieux, et l'on apprendra rapidement à maîtriser la plupart d'entre elles. Lorsque vous prévoyez un menu, veillez à choisir des plats réalisés au moyen de toute une gamme de techniques. Limitez-vous à un seul sauté par repas jusqu'à ce que vous soyez familiarisé avec les méthodes inhérentes à ce mode de cuisson essentiel.

POUR TRANCHER

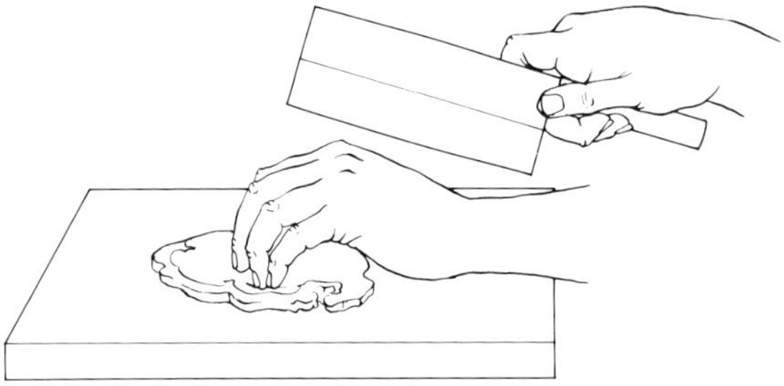

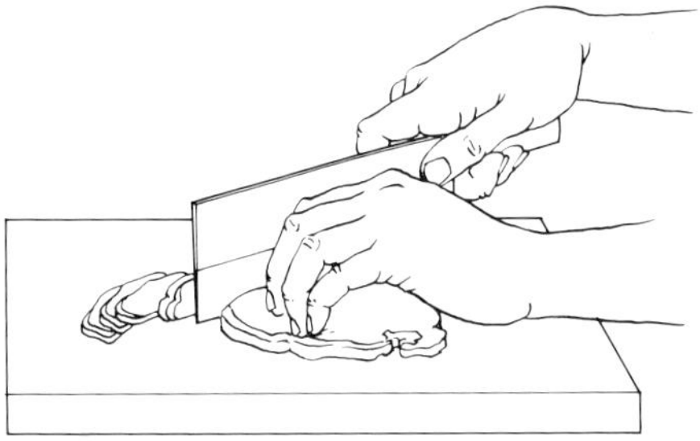

La méthode traditionnellement utilisée pour couper les aliments en tranches consiste à tenir fermement la pièce à trancher sur la planche à découper, puis à coupez verticalement en fines lamelles. La viande se découpe toujours contre le fil, de manière à trancher les fibres, ce qui rend les morceaux plus tendres. Si vous utilisez un couperet, placez l'index derrière la lame et le pouce devant pour bien guider le tranchant. Tenez la pièce à découper de l'autre main, en rentrant le bout de vos doigts par mesure de sécurité. Les jointures des doigts guident également la lame.

POUR TRANCHER HORIZONTALEMENT

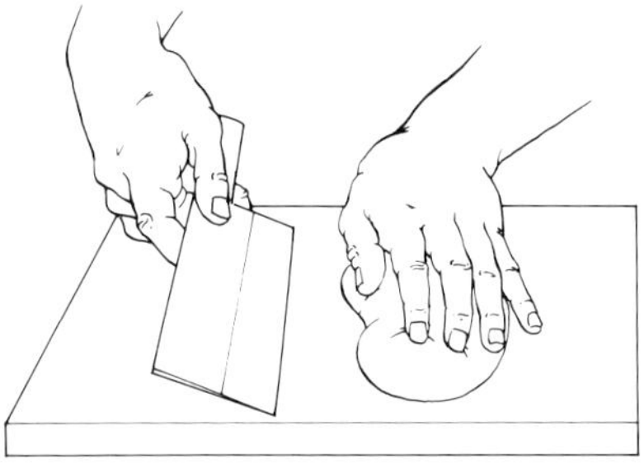

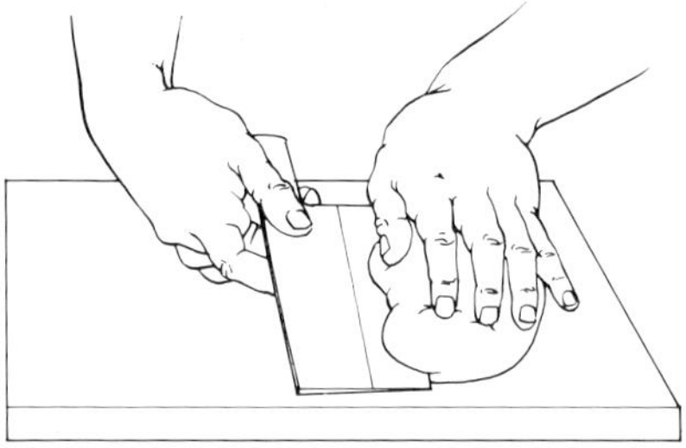

Cette technique s'emploie pour couper une pièce en deux morceaux plus fins tout en conservant sa forme d'ensemble (on l'utilise notamment pour les rognons). La large lame du couperet convient particulièrement bien à cet usage. Maintenez la lame parallèle à la planche à découper et posez la main libre sur la pièce à trancher pour bien l'immobiliser. D'un geste à la fois délicat et régulier, coupez alors dans l'épaisseur de la pièce. Certaines recettes impliquent une répétition de ce processus, les deux moitiés étant elles-mêmes tranchées en lamelles plus fines.

POUR COUPER EN BISEAU

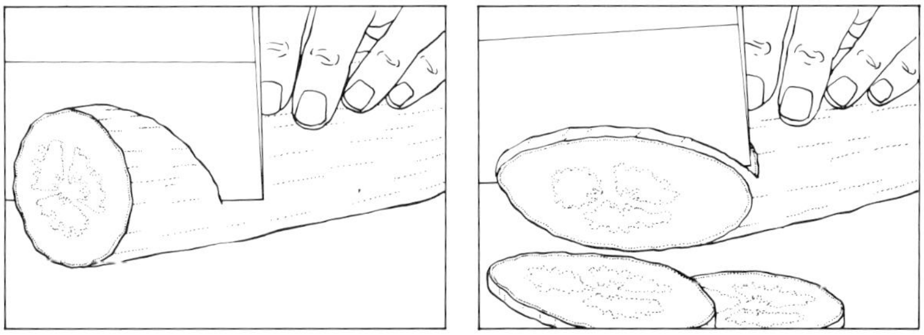

Cette technique s'emploie pour couper les légumes tels que les carottes ou la ciboule. Inclinez la lame du couteau et coupez en rondelles régulières : une surface maximale des légumes sera exposée à la chaleur, pour une cuisson plus rapide.

POUR DÉBITER EN TRONÇONS

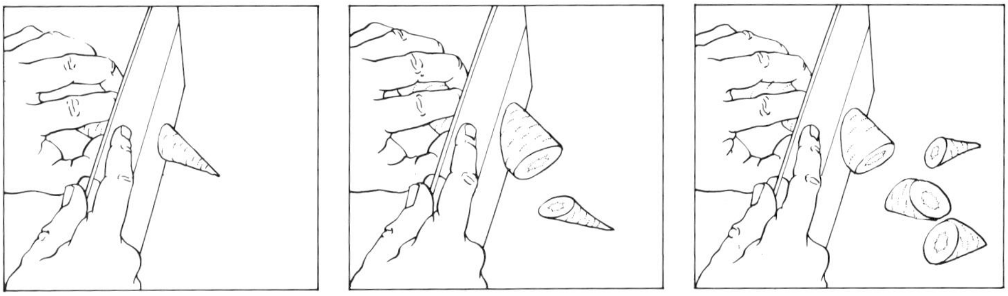

Cette méthode comparable à la précédente sert pour des légumes plus gros, tels que courgettes, aubergines et radis blancs chinois. Commencez par couper une extrémité en biseau, faites tourner le légume et coupez de nouveau en biseau. Continuez ainsi jusqu'à ce que le légume soit entièrement débité en morceaux réguliers.

POUR COUPER EN BÂTONNETS

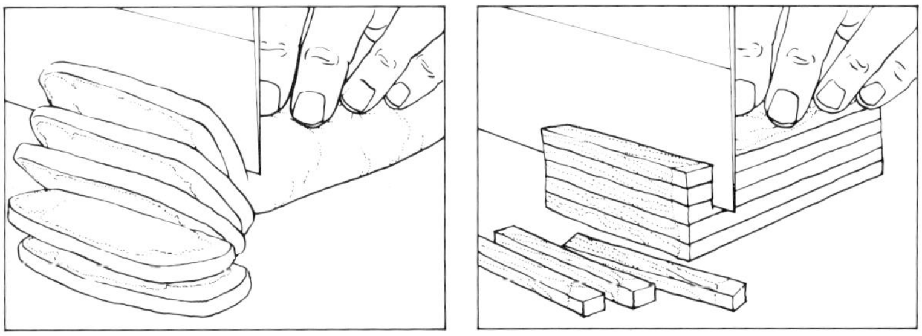

Coupez tout d'abord la pièce en tranches, puis empilez plusieurs tranches avant de les couper dans la longueur en minces bâtonnets. Certains aliments, et en particulier les viandes et les blancs de poulet, sont plus faciles à débiter de la sorte s'ils ont été préalablement placés pendant une vingtaine de minutes au congélateur (ce qui a pour effet de les durcir).

POUR COUPER EN DÉS

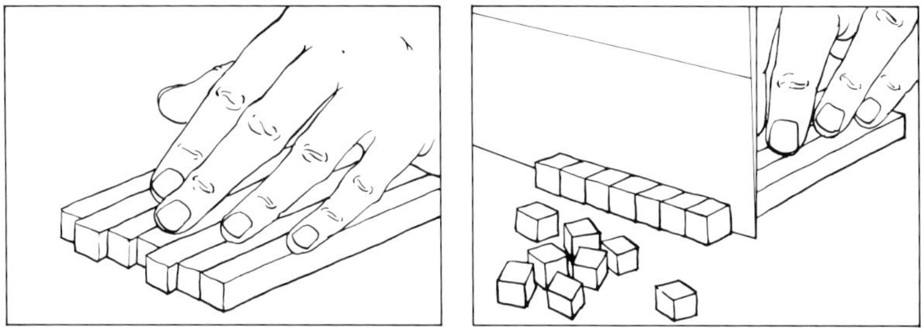

Commencez par couper en tranches, puis en bâtonnets (voir ci-dessus). Disposez ces bâtonnets les uns contre les autres puis coupez-les à angle droit, à intervalles réguliers, de manière à obtenir des cubes.

POUR HACHER

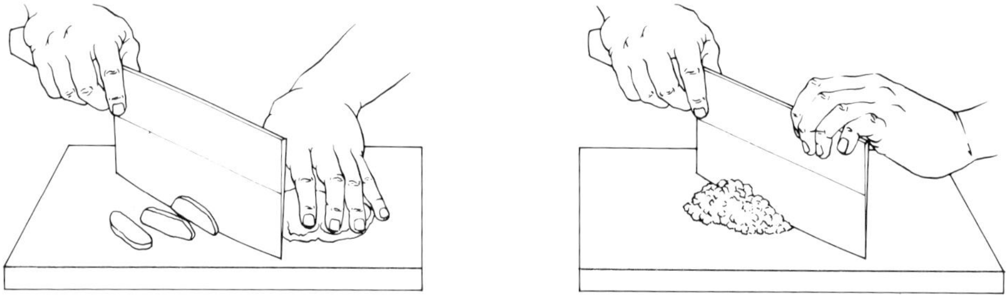

Pour hacher finement et très rapidement, les cuisiniers chinois se servent de 2 couperets, qu'ils manient parallèlement. Les moins experts trouveront plus facile, mais évidemment un peu plus long, de n'utiliser qu'un hachoir ou couteau. Commencez par trancher la pièce puis, à l'aide d'un couperet ou d'un couteau bien affilé, hachez rapidement jusqu'à ce que les fragments soient quelque peu étalés sur la planche à découper. Rassemblez ces petits morceaux en tas, hachez-les de nouveau jusqu'à obtention du résultat désiré. Vous jugerez peut-être préférable de tenir le couteau ou le couperet par la lame et le manche, et de procéder comme pour hacher du persil. L'emploi d'un robot ménager est possible, mais veillez à ne pas hacher les aliments trop menu car ils perdraient de leur saveur et de leur consistance.

POUR DÉCOUPER LES VOLAILLES

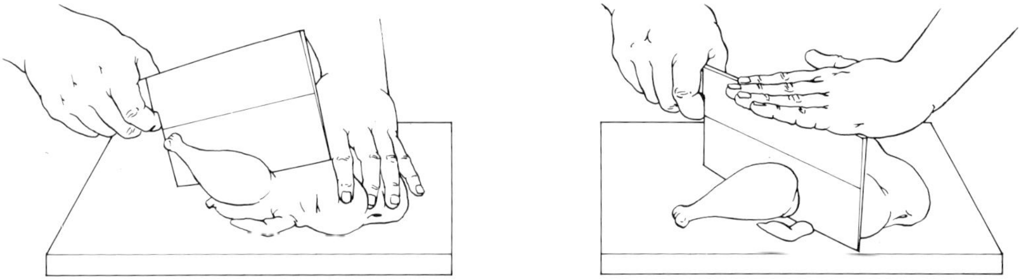

Cette technique s'applique à des aliments devant être découpés de part en part (volailles avant tout, mais aussi autres viandes cuites contenant des os, à débiter en morceaux plus petits). Les pièces non encore cuites doivent être placées sur une planche à découper ; tranchez alors verticalement, d'un coup sec du couperet ou du couteau. Pour couper les os, abattez tout d'abord la lame et achevez l'opération en appuyant dessus avec l'autre main. Il est préférable d'utiliser un couperet lourd, pour obtenir une coupe nette.

POUR ENTAILLER

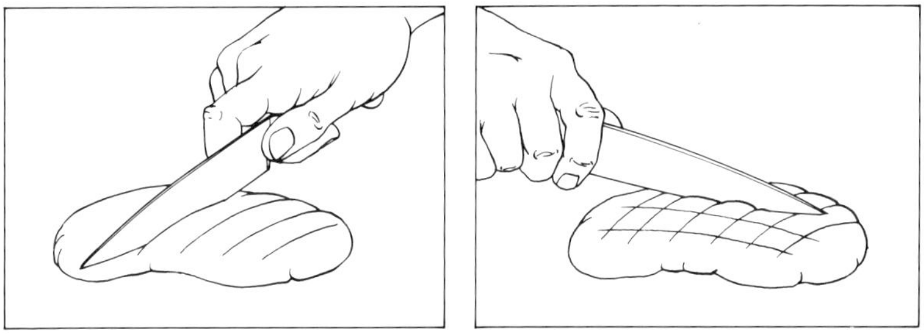

Cette technique s'emploie pour rendre la cuisson des aliments plus rapide et plus régulière, et pour obtenir un aspect plus attrayant. À l'aide d'un couperet ou d'un couteau bien affilé, légèrement incliné, pratiquez sur toute la surface des entailles profondes d'environ 3 mm, dans un sens puis dans l'autre, de façon à obtenir un motif à losanges. Veillez à ne pas trancher de part en part.

LES MARINADES

En vue d'améliorer la saveur des viandes ou des volailles crues et de les attendrir, faites-les mariner pendant une vingtaine de minutes dans un liquide composé, par exemple, de sauce de soja, de vin de riz et de Maïzena, éventuellement additionnés d'autres épices et assaisonnements (piments, sucre, épice aux cinq parfums, poivre du Sichuan…). Il suffit ensuite de retirer les morceaux de viande de la marinade avec une écumoire avant de les faire cuire.

POUR ÉPAISSIR

En cuisine chinoise, l'on utilise fréquemment de la Maïzena mélangée à une quantité équivalente d'eau pour épaissir les sauces et glacer les mets. Assurez-vous toujours que le mélange est bien homogène et dépourvu de grumeaux.

POUR ENROBER

Pour éviter que des ingrédients délicats, tels que blancs de poulet ou crevettes, ne cuisent exagérément, on les enrobe d'un mélange de blanc d'œuf, de Maïzena et parfois de sel, avant de les placer au réfrigérateur 20 à 30 minutes pour que l'enrobage adhère bien. La saveur et la consistance des aliments sont ainsi préservées lorsqu'on les met dans l'huile ou dans l'eau chaude.

POUR BLANCHIR

Les aliments plongés pendant quelques minutes dans de l'eau chaude ou de l'huile moyennement chaude cuisent brièvement mais pas totalement (il est important de ne pas prolonger la cuisson). Ce procédé a pour effet de ramollir les ingrédients avant la cuisson finale. On fait fréquemment blanchir le poulet dans de l'huile ou de l'eau après l'avoir enrobé (voir ci-dessus). En blanchissant la viande, on la débarrasse du gras et des nerfs superflus, cela en améliore aussi bien l'aspect que le goût. Les légumes denses tels que brocolis et carottes sont fréquemment blanchis : pour ce faire, on les plonge pendant quelques minutes dans de l'eau bouillante, puis on les égoutte avant de les plonger dans de l'eau froide, ce qui interrompt la cuisson. En règle générale, on fait sauter les aliments ainsi blanchis.

POUR POCHER

Cette méthode consiste à faire mijoter les denrées pour obtenir une cuisson partielle. Les aliments sont alors mêlés à d'autres dans une soupe ou une sauce, où s'achèvera la cuisson. On fait fréquemment pocher des aliments à la saveur et à la consistance délicates, tels que les œufs et le poulet.

POUR CUIRE À FEU VIF

Les plats sautés sont sans doute les mets les plus caractéristiques de la cuisine chinoise, mais aussi peut-être les plus difficiles à réussir. Il est en effet impératif de préparer tous les ingrédients et de les avoir à portée de main, à proximité immédiate d'un feu vif. L'avantage de cette méthode de cuisson, si elle est bien appliquée, est que les aliments cuisent en quelques minutes dans très peu d'huile et conservent ainsi leur goût et leur consistance naturels. Il est très important de ne pas trop faire cuire les ingrédients et ne pas les rendre gras. N'hésitez pas à procéder à des essais répétés ; car une fois bien maîtrisée, cette technique deviendra certainement votre préférée. L'emploi d'un wok est fortement recommandé car, de par sa forme, il conduit très bien la chaleur et permet de remuer constamment les ingrédients durant la cuisson.

Après avoir préparé tous les ingrédients, procédez comme suit.

- Faites bien chauffer le wok (ou la poêle à frire) à feu très vif avant d'y verser l'huile. Cela permettra d'obtenir une chaleur régulière et d'éviter que les aliments n'attachent. Ma prédilection pour l'huile d'arachide est précisément due au fait qu'elle supporte une chaleur intense sans brûler. Faites tourner le wok afin que l'huile s'y répande uniformément. Le wok et l'huile doivent être extrêmement chauds et fumer même légèrement : ajoutez alors les ingrédients, à moins que vous ne souhaitiez parfumer l'huile.

- Si vous parfumez l'huile, attendez qu'elle commence à fumer pour ajouter de l'ail, de la ciboule, du gingembre, du piment rouge séché ou du sel. Remuez vigoureusement l'assaisonnement dans l'huile pendant quelques secondes, puis passez à l'étape suivante de la recette. Dans certaines recettes, on retire et jette ces assaisonnements avant de poursuivre la cuisson.

- Lorsque vous ajoutez les divers ingrédients spécifiés dans la recette, faites-les circuler dans le wok à l'aide d'une spatule métallique ou d'une cuiller à long manche. Si vous faites sauter de la viande, laissez dorer chaque côté pendant quelques secondes à peine avant de continuer à remuer. Déplacez en permanence les ingrédients du centre vers les bords. La réalisation d'un sauté se fait à grand bruit et s'accompagne de maintes projections en raison de la température de cuisson très élevée, d'où ma préférence pour le wok à long manche.

- Certains sautés sont ensuite épaissis au moyen d'un mélange de Maïzena et d'eau froide. Pour éviter la formation de grumeaux, veillez à retirer le wok du feu pendant une minute avant d'ajouter ce mélange, qui doit être parfaitement homogène. Les sauces peuvent alors être remises au feu et épaissies.

LES FRITURES

La friture est l'une des méthodes de cuisson majeures de l'art culinaire chinois. Le secret de la réussite réside dans une bonne régulation de la chaleur afin que les aliments soient saisis, mais ne dorent pas, si rapidement que l'intérieur reste presque cru. Comme pour toute technique, la maîtrise vient à force de pratique. Bien que les aliments frits ne doivent pas être gras, ce procédé fait appel à une grande quantité d'huile. Les Chinois utilisent un wok, qui exige moins d'huile qu'une friteuse. Si vous faites de même, assurez-vous que votre wok est bien stable sur son support, et ne le laissez jamais sans surveillance. L'emploi d'une friteuse classique est cependant plus facile et plus sûr. Veillez à ne pas l'emplir plus qu'à moitié.

Les quelques conseils qui suivent vous aideront à réussir vos fritures :

- Attendez que l'huile soit assez chaude pour y déposer les aliments à frire. Lorsqu'elle atteint la bonne température, l'huile doit dégager une sorte de brume, voire quelques volutes de fumée, et se mettre à bouillonner lorsque l'on y plonge un aliment. Réglez si nécessaire la température de manière à éviter que l'huile ne fume abondamment ou ne brûle.

- Pour éviter les projections, séchez préalablement les ingrédients à frire avec du papier absorbant. Si les aliments baignent dans une marinade, retirez-les à l'aide d'une écumoire et laissez-les s'égoutter avant de les plonger dans l'huile. Si vous faites frire des beignets, laissez de même s'égoutter l'excès de pâte avant de procéder à la cuisson.

- L'huile de friture peut être réutilisée. Laissez-la refroidir puis versez-la dans un bocal en la filtrant avec un chinois ou une étamine afin de la débarrasser de tous les fragments d'aliment qui, recuits, brûleraient et donneraient à l'huile un goût amer. Étiquetez le bocal pour indiquer quels ingrédients ont été frits dans cette huile, qui ne doit servir que pour les mêmes ingrédients. Après deux fritures, l'huile perd de ses propriétés.

LA FRITURE À LA POÊLE

Cette technique comparable à celle des sautés nécessite cependant davantage d'huile, mais moins que les fritures proprement dites. Elle consiste à faire frire les aliments sur une face d'abord, puis sur l'autre. En règle générale, on retire ensuite l'huile pour ajouter une sauce et achever la préparation.

LES PLATS MIJOTÉS

Il existe deux procédés très proches pour faire mijoter les ingrédients. Selon le premier, on immerge les aliments dans un liquide presque à ébullition, puis on réduit le feu pour obtenir une cuisson à petit bouillon. Cette technique est employée pour préparer fumets et bouillons. Dans le second procédé, les aliments sont également plongés dans un liquide (du bouillon, le plus souvent), ils mijotent, puis on éteint le feu : la chaleur du liquide achève alors la cuisson.

POUR BRAISER

Cette technique de cuisson à l'étouffée est souvent appliquée aux pièces de viande les plus fermes et à certains légumes. On fait généralement dorer les ingrédients avant de les plonger dans un bouillon assaisonné et épicé. Ce bouillon est porté à ébullition, puis le feu est réduit et les aliments mijotent, à l'abri de l'air.

L'une des techniques traditionnelles de la cuisine chinoise, la cuisson rouge, consiste à braiser les aliments dans un liquide sombre, tel que la sauce de soja, qui confère aux mets une couleur brun rougeâtre. La sauce peut alors être conservée et surgelée en prévision d'un usage ultérieur : sa saveur ne fera que s'enrichir au fil des cuissons.

LA CUISSON À LA VAPEUR

La cuisson à la vapeur s'emploie depuis des millénaires en Chine, c'est d'ailleurs l'une des techniques les plus largement répandues. Les aliments sont cuits par une chaleur humide en circulation constante. Cette méthode, excellente pour exalter les saveurs les plus subtiles, convient particulièrement bien pour les poissons. Les Chinois utilisent des récipients spéciaux en bambou, mais divers autres ustensiles font très bien l'affaire.

- Panier en bambou dans un wok : le diamètre du panier de cuisson en bambou doit être d'au moins 25 cm. Versez 5 cm d'eau dans un wok et chauffez à petit bouillon. Placez le panier contenant les aliments dans le wok : il doit se coincer entre les parois inclinées. Faites cuire dans le panier couvert, en remettant de l'eau bouillante dans le wok selon les besoins.

- Wok utilisé en tant que cuit-vapeur : versez environ 5 cm d'eau dans un wok, puis posez-y une grille en bois ou en métal. Chauffez l'eau jusqu'à ce qu'elle frémisse, placez les aliments à cuire dans une assiette, posez celle-ci sur la grille et couvrez le wok d'un couvercle bien ajusté. Vérifiez de temps à autre le niveau de l'eau, et ajoutez éventuellement de l'eau bouillante. L'eau ne doit jamais être en contact direct avec les aliments.

- Cocotte employée en tant que cuit-vapeur : posez une grille en bois ou en métal dans la cocotte, puis versez environ 5 cm d'eau. Portez à petit bouillon et posez les aliments à cuire dans une assiette ; placez celle-ci sur la grille et couvrez la cocotte d'un couvercle ou de papier d'aluminium. Remettez de l'eau si nécessaire.

- Autocuiseur : si votre autocuiseur est d'un diamètre suffisant pour recevoir une assiette (supportant la chaleur), cet ustensile vous donnera toute satisfaction. Assurez-vous que le niveau de l'eau est correct : elle ne doit pas s'évaporer totalement, ni être en contact direct avec les aliments, l'idéal étant qu'elle soit à 2 à 3 cm sous le rebord de l'assiette.

LA CUISSON AU FOUR

En Chine, seuls les établissements commerciaux font rôtir les mets, car la plupart des habitations ne sont pas équipées d'un four. Les Chinois font rôtir les aliments dans de grands fours métalliques en forme de tonneau, hauts d'environ 1,50 m et alimentés au charbon de bois. Les mets sont suspendus à des crochets dans le four, au-dessus d'un feu très vif, l'objectif étant qu'ils soient croustillants à l'extérieur et bien tendres et humides à l'intérieur. Pour obtenir des résultats comparables, placez les mets sur une grille dans un plat à rôtir de façon que l'air chaud du four puisse circuler autour.

LA CUISSON AU BARBECUE

Dans certaines régions de Chine septentrionale et méridionale, on expose les viandes marinées à la chaleur d'un feu de charbon de bois, en plein air, en les arrosant constamment pour éviter qu'elles ne se dessèchent. Les grils et barbecues modernes donnent des résultats tout à fait équivalents.

LA DOUBLE CUISSON

Les Chinois pratiquent fréquemment la double cuisson, recourant à deux techniques différentes (on fait mijoter puis sauter les aliments), afin de modifier la consistance des mets, d'enrichir leur saveur et de rendre plus malléables les ingrédients difficiles à cuire. Cette technique est également utile pour dégraisser les viandes avant la cuisson finale.

LE RÉCHAUFFAGE DES METS

La vapeur permet de réchauffer les aliments sans les cuire davantage et sans qu'ils se dessèchent. Lorsque vous réchauffez soupes et plats braisés, veillez à ne pas les faire bouillir, et retirez-les du feu dès qu'ils sont chauds pour éviter qu'ils ne soient trop cuits. Le four à micro-ondes peut aussi être employé pour réchauffer les plats.

LA DÉCORATION

Les Chinois prêtent une grande attention à la présentation de leurs mets. C'est pourquoi les techniques de coupe sont si importantes : la taille et la forme de chaque ingrédient doit s'harmoniser avec celles des autres. Nous aimons décorer nos plats de toutes sortes de garnitures. Voici quelques suggestions pour en confectionner d'aussi simples qu'attrayantes.

Houppes de ciboule

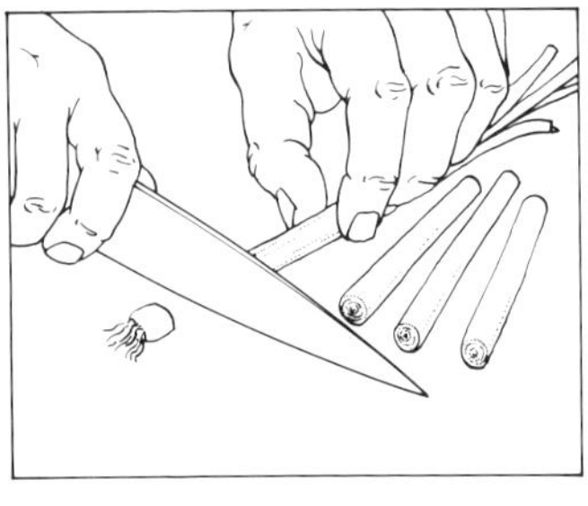

1. Coupez le vert de la ciboule et la base de l'oignon de façon à obtenir un tronçon blanc de 7 à 8 cm.

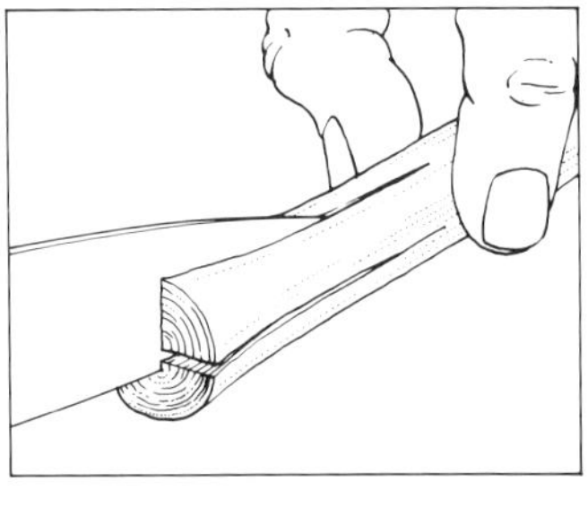

2. Faites une entaille de 2 à 3 cm dans la longueur, à l'une des extrémités. Faites rouler la ciboule d'un quart de tour et faites une autre entaille ; procédez de même à l'autre extrémité.

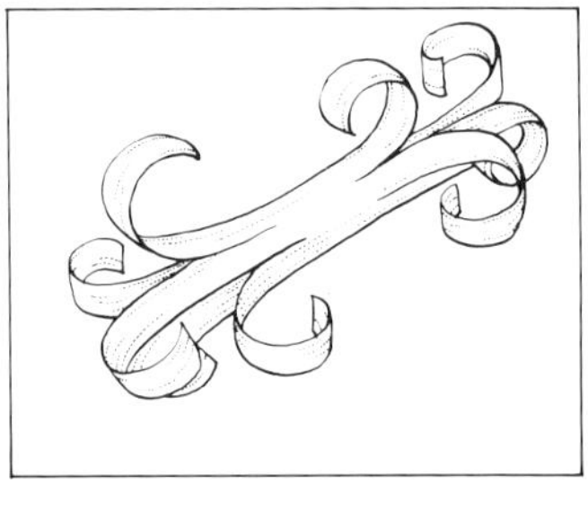

3. Plongez la ciboule dans de l'eau glacée ; les extrémités s'ouvrent pour former des houppes. Séchez à l'essoreuse à salade ou avec du papier absorbant.

ROSES EN RADIS

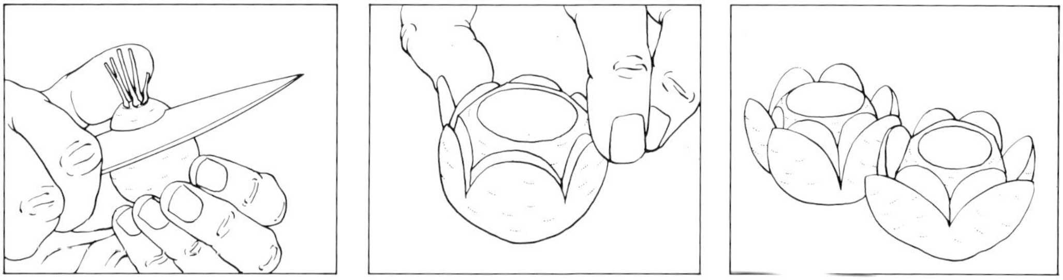

1. Enlevez les fanes, coupez le sommet et la base du radis.

2. Pratiquez de profondes entailles incurvées pour former des pétales.

3. Plongez les radis dans de l'eau glacée environ 1 heure.

FLEURS EN CAROTTE

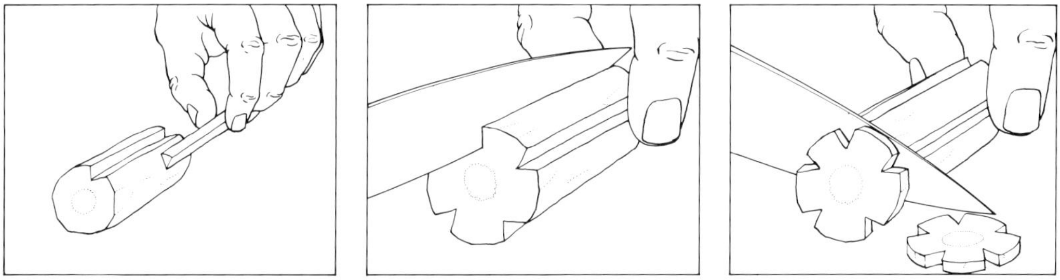

1. Pelez les carottes et coupez-les en tronçons de 7 à 8 cm de long.

2. Faites 4 ou 5 entailles en V dans toute la longueur de chaque tronçon.

3. Coupez les carottes en rondelles afin d'obtenir des formes de fleur. Plongez-les dans de l'eau froide jusqu'à utilisation.

FLEURS DE PIMENT

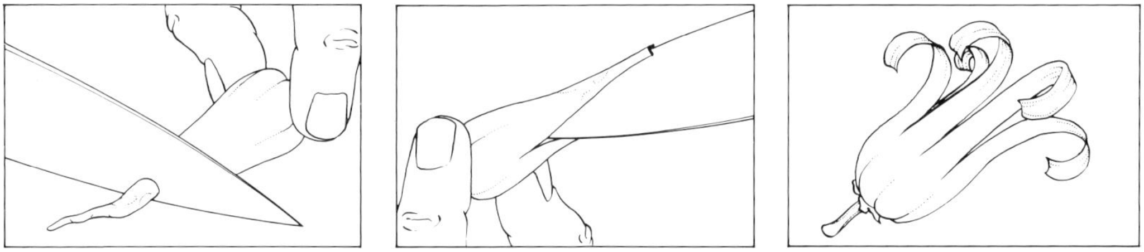

1. Coupez la pointe d'un piment frais, mais n'ôtez pas la tige.

2. Faites 4 entailles dans la longueur du piment, de la tige à la pointe. Videz-le de ses pépins.

3. Plongez le piment dans de l'eau froide afin qu'il s'épanouisse.

ROSES EN TOMATE

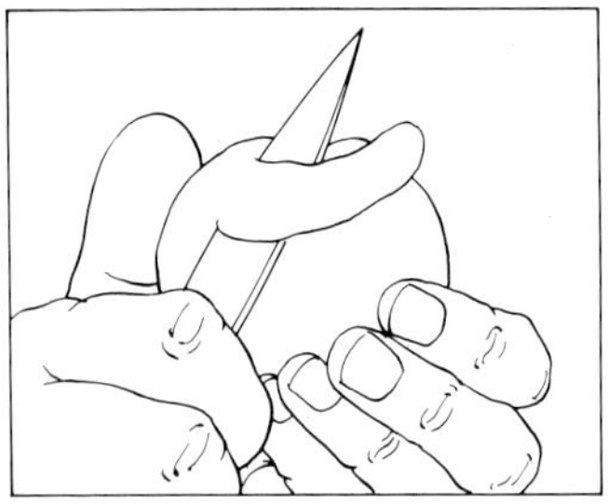

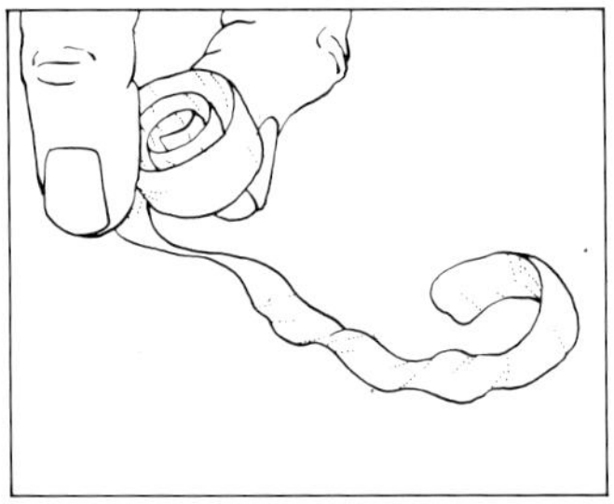

1. Choisissez des tomates bien fermes. À l'aide d'un couteau très affilé, pelez le sommet de la tomate en un seul morceau, comme vous le feriez d'une pomme.

2. Roulez le ruban de peau de tomate sur lui-même, en serrant bien.

3. Retournez le rouleau, de façon à obtenir une petite « rose ».

ÉVENTAILS EN CONCOMBRE

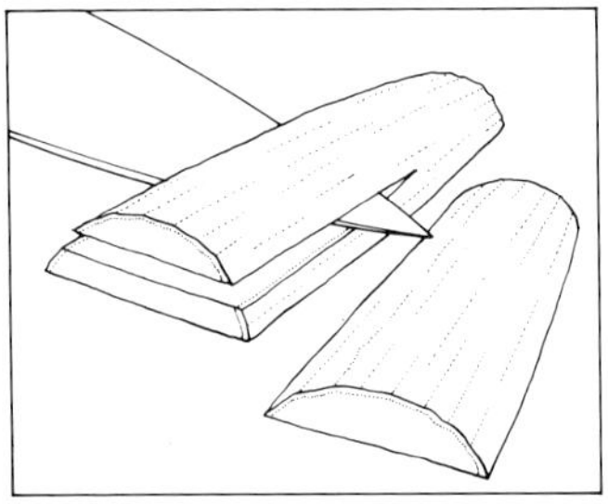

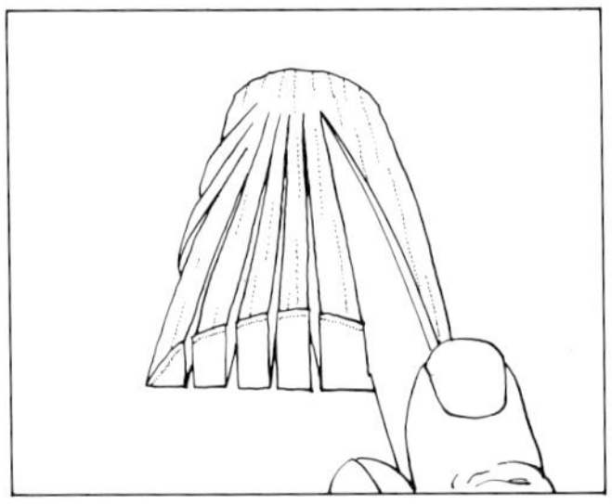

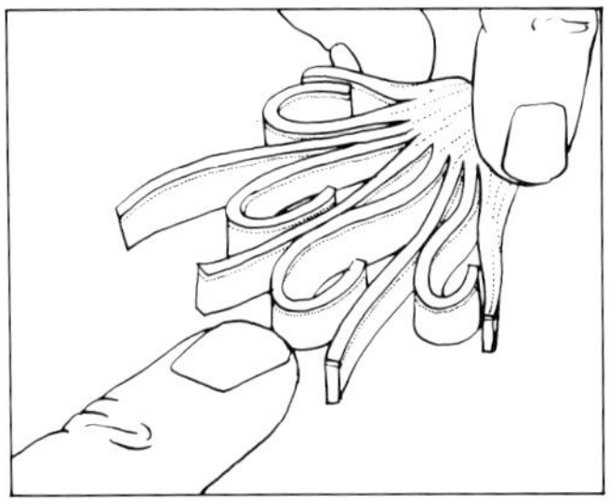

1. À l'aide d'un couteau bien aiguisé, coupez la partie incurvée d'un demi-concombre, puis coupez de nouveau en deux, dans la longueur.

2. Placez les morceaux de façon que la peau soit sur le dessus. Coupez horizontalement la chair de concombre pour réduire l'épaisseur de chaque morceau et obtenir des rubans composés principalement de peau.

3. Faites des entailles dans la longueur du ruban, comme illustré ci-dessus. Les entailles doivent se rapprocher légèrement de la base afin que les lamelles puissent s'ouvrir en éventail.

4. En commençant par la deuxième lamelle, repliez une lamelle sur deux vers la base du morceau de concombre ; rentrez-les soigneusement de manière qu'elles tiennent bien en place.

5. Conservez vos éventails dans de l'eau froide jusqu'à usage.

MENUS
ET CONSEILS DE DÉGUSTATION DES METS CHINOIS

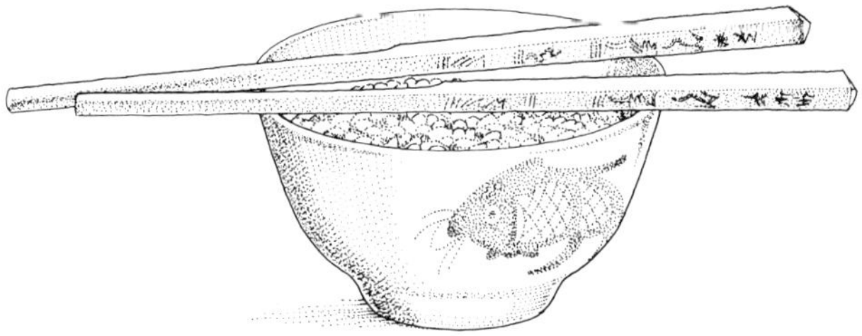

Les repas chinois se composent traditionnellement d'une soupe, de riz, d'un plat de nouilles ou de pain, d'un plat de légumes et d'au moins deux autres plats – de viande, de volaille ou de poisson, par exemple. Ce repas peut être précédé et conclu par du thé, mais au cours du repas proprement dit la seule boisson sera une soupe (un bouillon, plus exactement). En effet, la soupe n'est pas considérée comme une introduction au repas, mais se consomme tout au long de celuici. La seule exception à cette règle a lieu lors des banquets : si l'on sert alors de la soupe, c'est à la fin du repas ou entre les plats (pour nettoyer le palais). En de telles occasions, on accompagne le repas de vin, d'alcools, de bière ou même de jus de fruits. Lors des grands dîners, les plats sont servis successivement afin que les convives puissent pleinement apprécier les qualités propres à chacun des mets – dont le nombre est généralement compris entre huit et douze. On ne sert alors pas de riz ; parfois, pourtant, en fin de repas du riz sauté est proposé à ceux qui ont encore un peu d'appétit.

Tous les plats composant les repas familiaux ordinaires, y compris la soupe, sont servis ensemble, au milieu de la table. Chacun dispose d'un bol de riz (cuit à la vapeur), puis se sert une petite quantité d'un mets à l'aide de baguettes, dans le même bol. Une fois cette portion dégustée avec un peu de riz, on prend d'un autre plat. Nul Chinois ne songerait à remplir son bol de sa « part » entière. Chacun veille à ce que tous les autres reçoivent bien ce qui leur revient. Cette pratique profondément civilisatrice favorise des rapports sociaux harmonieux.

Vous êtes évidemment libre de consommer les plats chinois comme vous l'entendez. J'estime que nombre d'entre eux s'accordent parfaitement avec des plats européens ; si vous êtes novice dans l'art culinaire chinois, vous trouverez sans doute plus facile de commencer par intégrer un ou deux plats seulement à un repas à l'occidentale. Les soupes chinoises font ainsi d'excellents hors-d'œuvre, et les légumes sautés sont délicieux en accompagnement des viandes grillées ou rôties.

Lorsque viendra le moment de composer un menu entièrement chinois, efforcez-vous de bien combiner les consistances, les saveurs, les coloris et les formes. Outre le plat de base (du riz nature, cuit à la vapeur, par exemple), présentez un assortiment de viandes et de volailles ou de poissons. Il est préférable de servir une viande et un poisson plutôt que deux viandes. Le repas sera plus équilibré, et plus facile à préparer, si vous faites appel à plusieurs méthodes de cuisson. Servez un plat sauté avec un plat braisé, cuit à la vapeur ou froid. Évitez de préparer plus de deux plats sautés pour ne pas vous imposer une activité frénétique de dernière minute.

LA TABLE

Il n'est pas nécessaire de posséder une vaisselle particulière pour servir la cuisine chinoise. Cependant, on l'appréciera beaucoup mieux si on la consomme avec des baguettes plutôt qu'à l'aide d'une fourchette. Les couteaux sont inutiles, car les mets chinois sont toujours découpés en petits morceaux avant d'être servis. Chacun devra disposer d'un bol pour le riz, d'un autre bol pour la soupe, éventuellement d'une tasse à thé, ainsi que d'une petite assiette pour y déposer les os et autres reliefs. Une soucoupe sera nécessaire pour certaines sauces, où l'on doit tremper les aliments. Les baguettes se posent habituellement à droite du bol de riz ; une cuiller, en métal ou en porcelaine, servira pour la soupe et viendra en complément des baguettes pour les nouilles.

Les Chinois se servent toujours – eux-mêmes et mutuellement – avec leurs propres baguettes, mais l'on peut fournir des baguettes supplémentaires pour le service.

LES BAGUETTES

1. Placez une baguette entre le pouce et l'index, en la tenant aux deux tiers de sa hauteur. Laissez-la reposer sur le médius.

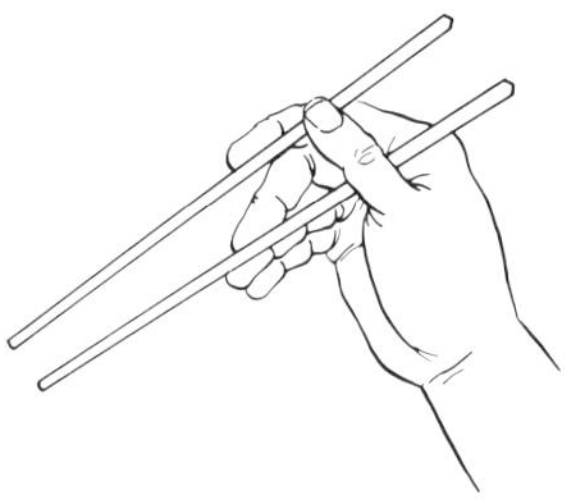

2. Placez la seconde baguette entre le pouce et l'index, parallèlement et sur la première.

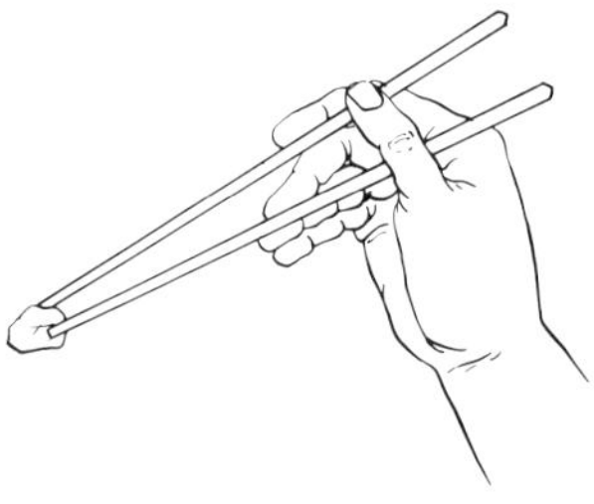

3. Maintenez la baguette du dessous immobile et déplacez l'autre pour saisir les aliments.

Il est parfaitement acceptable de soulever son bol de riz sous le menton et de porter rapidement le riz à sa bouche avec les baguettes.

LES BOISSONS

Pour une parfaite authenticité, servez une soupe appropriée en accompagnement de vos repas chinois. Si vous le désirez, proposez du thé, de préférence chinois, sans lait ni sucre. Il existe différentes variétés de thés chinois : le thé vert, non fermenté, est fait avec des feuilles vertes qui en infusant donnent une boisson jaune pâle à la saveur rafraîchissante et astringente. Le thé noir, de feuilles fermentées, prend une coloration rouge en infusant ; sa saveur est plus robuste. Le thé Oolong, partiellement fermenté, est fort et foncé. De tous les thés chinois, je considère que le thé vert au jasmin est celui qui accompagne le mieux les plats.

Les « vins » chinois sont généralement confectionnés à base de riz fermenté. Le plus célèbre est celui de Shaoxing, que l'on emploie aussi en cuisine. Sa saveur, très particulière, est fort différente de celle des vins européens. Sachez que nombre de ceux-ci, notamment les blancs secs et les rouges légers, se marient très bien avec les plats chinois.

Depuis quelques années, le cognac et le whisky connaissent une grande vogue auprès des Chinois de Hongkong les plus aisés, qui les boivent secs avec leur repas.

LES MENUS

Tout au long de ce livre, j'apporte des conseils au sujet des plats d'accompagnement convenant le mieux avec telle ou telle recette. Ces suggestions n'ont, bien entendu, rien de contraignant. Bien que la majorité des repas chinois comprennent au moins trois plats, en sus du riz et de la soupe, je vous recommande de faire porter vos efforts sur la réussite d'un nombre de plats limité jusqu'à ce que vous dominiez parfaitement les techniques de cuisson et les recettes. Hormis les professionnels, les Chinois eux-mêmes ne sont pas supposés maîtriser toutes les subtilités de leur art culinaire : plutôt que de les préparer chez eux, ils préfèrent commander les mets les plus complexes au restaurant. Les citadins prennent fréquemment leurs repas en ville, dans des établissements fort modestes pour la plupart.

La cuisine chinoise est souvent dévoreuse de temps. Le choix des recettes figurant dans cet ouvrage a été effectué en considérant que vous préparerez deux plats de viande, de volaille ou de poisson par repas – en plus d'un plat de légumes, du riz ou des nouilles, ainsi, sans doute, qu'une soupe. La quantité totale de viande, volaille et poisson variera de 175 à 225 g par personne, mais si vous souhaitez ne cuisiner qu'un seul plat, il vous faudra multiplier par deux ces quantités. Cela vous permettra de savourer le goût authentique de la cuisine chinoise sans vous soumettre à un travail trop important. Une fois la confiance en vous venue, vous pourrez vous lancer dans la préparation d'un nombre de plats plus important.

SUGGESTIONS DE MENUS

Vous trouverez ci-après des suggestions de menus variés, aussi délicieux qu'équilibrés.

REPAS FAMILIAUX QUOTIDIENS

POUR 4 PERSONNES

Soupe de tomates aux fleurs d'œuf (page 66)
Poisson à la ciboule et au gingembre (page 170)
Bœuf sauté à l'orange (page 107)
Laitue à la sauce d'huître (page 223)
Riz nature (page 234)

Soupe aux rognons et au tofu (page 77)
Farce pékinoise (page 89)
Salade de germes de soja (page 210)
Brocolis sautés au gingembre (page 211)
Riz nature (page 234)

Soupe de nouilles au bœuf (page 245)
Raviolis chinois frits (page 269)
Concombre sauté aux épices (page 221)
Pêches au sirop (page 278)
(ce menu est destiné à un repas léger)

Soupe de maïs et de poulet au curry (page 68)
Travers de porc aux cinq parfums (page 99)
Poisson frit au gingembre (page 166)
Salade de nouilles à la sauce pimentée (page 244)
Pois gourmands sautés aux châtaignes d'eau (page 224)

DÎNERS ESTIVAUX

POUR 6 PERSONNES

Toasts aux crevettes (page 268)
Salade de poulet (page 150)
Porc sauté à la ciboule (page 88)
Épinards sautés à l'ail (page 231)
Riz nature (page 234)
Salade de fruits (page 276)

POUR 4 PERSONNES

Salade de nouilles à la sauce pimentée (page 244)
Poulet aux haricots noirs (page 124)
Saint-Jacques aux rognons (page 181)
Salade de chou chinois aigre-doux (page 217)
Fruits frais (page 276)

REPAS DE FÊTE

Préparez ce menu lorsque vous aurez acquis une certaine expérience de la cuisine chinoise. La réalisation d'un banquet sophistiqué sera plus aisée si vous avez déjà eu l'occasion de cuisiner chacun des mets que comprend ce repas – et qui seront servis l'un derrière l'autre.

POUR 6 À 8 PERSONNES

Noix caramélisées (page 273)
Soupe de maïs au crabe (page 80)
Bœuf arc-en-ciel à la laitue (page 102)
ou Canard laqué aux crêpes chinoises (pages 151 et 260)
Pois gourmands sautés aux châtaignes d'eau (page 224)
Porc au tofu (page 96)
Fruits frais (page 276)

DÎNERS HIVERNAUX

POUR 4 PERSONNES

Soupe aigre et épicée (page 78)
Crevettes à la sauce pimentée (page 190)
Pigeon braisé aux cinq parfums (page 158)
Chou-fleur à la sauce d'huître (page 213)
Riz nature (page 234)

POUR 4 À 6 PERSONNES

Soupe aux raviolis chinois (page 74)
Poulet au curry et aux poivrons (page 127)
Agneau à la pékinoise (page 117)
Aubergines braisées aux épices (page 202)
Riz nature (page 234)

Beignets de crevettes (page 264)
Marmite mongole (page 114)
Porc sauté à la ciboule (facultatif, page 88)

LES SOUPES

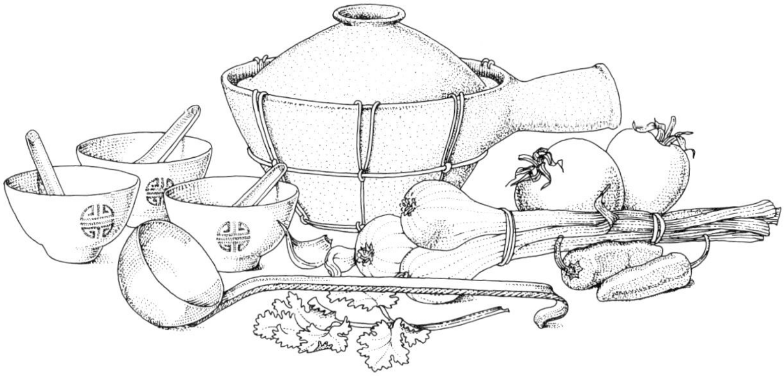

En Chine, les soupes sont rarement servies en tant que plat séparé, hormis lors des festins. À l'occasion de certains banquets, en effet, on propose des soupes légères à différents moments du repas ; elles annoncent la fin d'un plat et contribuent à rincer le palais dans la perspective du mets suivant. Le plus souvent, un bouillon clair sera proposé à la fin du repas, avant le dessert. À la table familiale, la soupe est servie en même temps que tous les autres plats ; elle complète les diverses saveurs et consistances du repas tout en jouant un rôle de boisson.

On distingue deux grandes catégories de soupes en cuisine chinoise : les unes sont claires et légères, les autres plus épaisses. Les soupes légères sont des bouillons clairs agrémentés d'un peu de viande, de poisson, de fruits de mer ou de légumes, qui constituent l'accompagnement liquide d'autres mets (les boissons telles que l'eau, le vin ou le thé restent très occasionnelles lors des repas familiaux). Je garde le souvenir de repas, en famille, autour d'une grande soupière de bouillon clair contenant de délicieux morceaux de viandes et de légumes de saison. Posée au beau milieu de la table, elle était entourée de tous les autres mets, soigneusement disposés. Il était de bon ton de consommer abondamment cette soupe au cours du repas.

Les soupes épaisses ressemblent davantage à des plats à part entière. Plus substantielles, d'une consistance rappelant celle des ragoûts, elles se composent d'un riche bouillon garni de viande, de poisson ou de fruits de mer, de légumes émincés et d'assaisonnements variés. Elles sont généralement liées, à la Maïzena ou à la farine de châtaigne d'eau, par exemple. Certaines mijotent longuement dans une cocotte, jusqu'à ce que toutes les saveurs se mêlent. La soupe d'aileron de requin est l'une des soupes chinoises épaisses les plus célèbres et les plus prestigieuses : son ingrédient essentiel (l'aileron de requin) est fort coûteux et sa préparation prend énormément de temps, aussi est-il préférable de la savourer au restaurant !

Le secret d'une soupe chinoise réussie réside dans la qualité de son bouillon. J'ai appris ce qu'était un vrai bouillon chinois en regardant faire ma mère, qui procédait avec une grande méticulosité. J'ai eu ensuite l'occasion d'approfondir ces leçons dans le restaurant de mon oncle, où une grande marmite de bouillon trônait toujours en cuisine. En Chine, le bouillon joue un rôle primordial dans de nombreuses recettes. Généralement préparé avec du poulet, il est parfois enrichi d'os de porc ; le bœuf est employé principalement dans le nord de la Chine, les Chinois des autres régions jugeant souvent sa saveur trop prononcée.

Les soupes de ce chapitre sont faciles à préparer, surtout si vous prenez la peine de faire cuire le bouillon à l'avance. Servez-les à la chinoise – en accompagnement d'autres plats – ou en tant que plat à part entière, voire en plat unique. N'hésitez pas à savourer une soupe chinoise en introduction d'un repas à l'européenne.

Bouillon de poulet

Toutes les régions de Chine

Préparation : 15 mn – Cuisson : 3 à 5 h

Le bouillon de poulet constitue la base de toutes sortes de soupes et de sauces ; il est aussi léger que délicieux, se marie bien avec d'autres mets, dont il fait ressortir la saveur, et son principal ingrédient est économique. Il n'y a donc rien d'étonnant à ce que ce bouillon entre, depuis des siècles, dans une infinité de préparations chinoises, réalisées dans les cuisines impériales comme dans les plus humbles échoppes. Le bouillon de poulet chinois est fréquemment additionné de gingembre et de ciboule. Associé à ces condiments qui donnent à la cuisine chinoise sa saveur particulière, un bon consommé représente le fondement du répertoire culinaire chinois, dont bon nombre des recettes les plus fameuses exigent l'emploi de bouillons. Il existe deux grandes classes de bouillons de poulet : bouillon clair – uniquement à partir d'os et de viande de poulet –, et consommé plus riche – dans sa composition entrent également jambon et os de porc. Les différentes recettes nécessitent des bouillons eux-mêmes différents, et ces deux types de bouillon demeurent d'excellents fonds de sauce et de soupe.

Un bouillon de poulet léger peut tout à fait jouer le rôle de soupe claire. Les bouillons plus riches, plus lourds, me satisfont moins. Cette simple recette de consommé correspond bien à l'idée que je me fais de ce qui convient le mieux pour un mets chinois. Les bouillons en conserve ou lyophilisés sont souvent de qualité médiocre : en général trop salés, ils contiennent fréquemment des additifs et des colorants néfastes à la santé comme à la saveur naturelle des aliments. Il faut certes du temps pour préparer un bouillon, mais la tâche n'a rien de difficile. Un bouillon maison est bien meilleur que tout produit du commerce. Vous pouvez en prévoir une grande quantité et en congeler une partie. Le premier pas vers la réussite en matière de cuisine chinoise est d'avoir toujours en réserve du bon consommé de poulet, afin de cuisiner très rapidement toutes sortes de soupes ou de sauces. Vous trouverez ci-dessous quelques conseils utiles.

- La viande est indispensable à la préparation d'un bouillon riche et savoureux. Si vous ne souhaitez pas y consacrer une volaille entière, laissez tout de même un peu de viande sur les os de poulet.
- Un bouillon ne doit jamais bouillir, car alors il contiendrait de la graisse et se troublerait. Les meilleures saveurs sont celles d'un bouillon clair.
- Préparez votre bouillon dans une lourde casserole assez haute pour que le liquide recouvre tous les morceaux solides et que l'évaporation s'effectue lentement.
- Faites mijoter longuement et écumez régulièrement le bouillon. Votre patience sera récompensée chaque fois que vous préparerez un plat chinois.
- Filtrez soigneusement le bouillon, à l'aide d'un chinois ou d'une étamine.
- Laissez bien refroidir le bouillon, réfrigérez-le puis enlevez toute la graisse avant de le congeler.

La méthode chinoise classique employée pour obtenir un bouillon clair consiste à blanchir la viande et les os avant de faire mijoter. Selon moi, cette opération est inutile : il est plus simple et tout aussi efficace de bien écumer le bouillon. N'oubliez pas de conserver os et carcasses de poulet crus, en les congelant au besoin, en vue de la réalisation de vos bouillons. (Si vous estimez que les proportions indiquées dans la recette ci-dessous sont trop importantes pour vous, divisez les quantités par deux.)

POUR ENVIRON 3,5 LITRES DE BOUILLON
2 kg d'os de poulet (carcasse, pattes, ailes, etc.)
750 g de morceaux de poulet (ailes, cuisses, hauts des cuisses, etc.)
4,5 l d'eau froide
3 tronçons de gingembre frais de 5 cm
6 brins de ciboule
6 gousses d'ail non épluchées
1 cuillerée à café de sel

1. Mettez les os et les morceaux de poulet dans une très grande casserole ou une cocotte (les os peuvent être congelés ou décongelés). Versez l'eau froide et chauffez à feu très doux.
2. Coupez le gingembre en lamelles de 5 x 1 cm, puis le vert de la ciboule. Écrasez légèrement l'ail, sans l'éplucher.
3. Écumez régulièrement le bouillon, maintenu juste frémissant, jusqu'à ce qu'il soit parfaitement clair (cela peut prendre 20 à 40 minutes). Ne remuez pas le bouillon, ne le laissez pas bouillir.
4. Ajoutez le gingembre, la ciboule, l'ail et le sel, puis laissez mijoter 2 à 4 heures. Écumez au moins 2 fois de façon à bien dégraisser le bouillon. (Plus le bouillon mijote et plus il sera richement parfumé ; les soupes préparées avec ce bouillon seront, elles aussi, très savoureuses.)
5. Filtrez le bouillon avec un chinois ou une étamine. Retirez toute trace de graisse qui surnagerait. Le bouillon est prêt. Utilisez-le aussitôt ou congelez-le en vue d'une utilisation ultérieure.

Consommé de porc et de poulet

Toutes les régions de Chine
Préparation : 10 mn – Cuisson : 1 h 30

La cuisine chinoise recourt abondamment au porc. Ajoutés à un bouillon de poulet, les os de porc enrichissent sa saveur. Ce type de consommé était très apprécié dans ma famille, non seulement en tant que boisson mais aussi pour « rincer » nos bols de riz entre les plats. J'adorais, en outre, mâchonner les os cuits et rechercher des petits morceaux de viande à plonger dans la sauce de soja. Ce consommé fera une soupe légère et savoureuse digne d'accompagner vos repas chinois.

Pour environ 2 litres de consommé
1 tronçon de gingembre frais de 5 cm
2 brins de ciboule – 1 bonne pincée de sel
750 g d'os de porc
2,5 l de bouillon de poulet (page 62)

1. Émincez le gingembre en lamelles de 5 x 1 cm. Coupez le vert de la ciboule pour ne conserver que l'oignon. Placez les os de porc dans une grande casserole, ou une cocotte, avec le bouillon de poulet. (Faites préalablement décongeler les os de porc s'ils sont congelés, faute de quoi le bouillon se troublerait.)
2. Faites chauffer le liquide à feu moyen et écumez-le régulièrement. Ajoutez le gingembre et le blanc de ciboule, salez et laissez cuire à feu très doux pendant 1 h 30.

3. Filtrez le bouillon à l'aide d'un chinois ou d'une étamine, puis laissez refroidir avant de retirer toute trace de gras à la surface. Ce consommé peut être servi tel quel ou incorporé à une soupe – soupe de courge au jambon (page 73) – par exemple, voire être congelé pour un emploi ultérieur.

SOUPE D'ÉPINARDS AU POULET

RÉGION : SHANGHAI – BON MARCHÉ – FACILE
PRÉPARATION : 15 MN – REPOS : 20 MN – CUISSON : 10 MN

Les Chinois apprécient les épinards, au goût caractéristique et à la belle couleur verte. Cette soupe est légère et délicieuse. Ses ingrédients sont blanchis avant d'être plongés dans le bouillon, de sorte que chacun d'eux conserve sa saveur propre.

POUR 4 PERSONNES

500 g d'épinards frais
200 g de blancs de poulet
1 blanc d'œuf – 1 bonne pincée de sel
1 cuillerée à café de Maïzena
1,2 l de bouillon de poulet (page 62)
2 cuillerées à soupe de sauce de soja claire – 2 cuillerées à café de sucre en poudre
1 cuillerée à soupe de vin de riz de Shaoxing ou de xérès sec
2 cuillerées à café d'huile de sésame
2 cuillerées à soupe de ciboule finement hachée

1. Retirez les côtes des épinards et lavez soigneusement les feuilles. Faites blanchir les feuilles en les plongeant quelques secondes dans de l'eau bouillante, jusqu'à ce qu'elles commencent à se flétrir, rincez-les à l'eau froide pour interrompre la cuisson.
2. Émincez les blancs de poulet en aiguillettes d'environ 5 cm de long, puis mélangez-les avec le blanc d'œuf, le sel et la Maïzena. Laissez reposer une vingtaine de minutes au réfrigérateur.
3. Faites blanchir les aiguillettes de poulet environ 2 minutes, elles doivent se raffermir légèrement et devenir blanches. La préparation peut être effectuée jusqu'à ce stade plusieurs heures à l'avance.
4. Juste avant de passer à table, chauffez le bouillon de poulet à feu moyen et versez-y la sauce de soja, le sucre et le vin de riz de Shaoxing ou le xérès. Ajoutez les épinards et les aiguillettes de poulet. Chauffez de nouveau jusqu'à ce que la soupe commence à frémir, ajoutez l'huile de sésame en remuant puis la ciboule. Servez aussitôt.

Soupe de tomates aux fleurs d'œuf

Région : Canton – Bon marché – Difficile
Préparation : 10 mn – Cuisson : 10 mn

Il y a moins de deux siècles que les tomates ont été introduites en Chine, probablement par les Portugais. Progressivement adoptées dans la cuisine de Chine méridionale, elles sont devenues l'un de ses ingrédients les plus appréciés. Par leur saveur douce et intense, leur couleur éclatante et la diversité des usages auxquels elles se prêtent, les tomates s'intègrent parfaitement à l'art culinaire chinois. Elles sont utilisées ici pour mettre en valeur les œufs légèrement battus, qui s'étalent à la surface de la soupe comme des nénuphars sur une mare. Pour obtenir cet effet, il suffit de déposer délicatement les œufs sur la soupe, sinon ils se recroquevillent en cuisant. L'ajout des œufs épaissit quelque peu la soupe, qui reste toutefois très légère.

Spectaculaire, cette soupe est cependant très facile à préparer. On la savourera avec un plaisir tout particulier en été, lorsque les tomates fraîches atteignent leur pleine maturité – il est possible de les remplacer par des tomates en conserve.

Pour 4 personnes

1,2 l de bouillon de poulet (page 62)
250 g de tomates fraîches ou en conserve
2 œufs
2 cuillerées à soupe d'huile de sésame
1 cuillerée à café de sucre – 1 cuillerée à café de sel
1 cuillerée à soupe de sauce de soja claire
3 cuillerées à soupe de blanc de ciboule finement haché
3 cuillerées à soupe de vert de ciboule finement haché

1. Dans une casserole ou une cocotte, chauffez le bouillon de poulet à feu doux.
2. Si vous utilisez des tomates fraîches, pelez, épépinez et coupez-les en dés de 2 à 3 cm de côté. Si vos tomates sont en conserve, coupez-les en petits morceaux. Dans un bol, fouettez légèrement les œufs avec l'huile de sésame.
3. Ajoutez le sucre, le sel et la sauce de soja au bouillon, et mélangez soigneusement. Ajoutez ensuite les tomates et laissez mijoter 2 minutes.
4. Ajoutez le blanc de la ciboule en remuant, puis la préparation à l'œuf en un mince filet. À l'aide d'une baguette chinoise, ou d'une fourchette, étirez lentement l'œuf en rubans ; j'ai constaté que décrire des « 8 » en remuant l'œuf donnait de très bons résultats. Garnissez de vert de ciboule et servez aussitôt.

Soupe de tomates aux fleurs d'œuf

SOUPE DE CRESSON

RÉGIONS : CANTON ET FUJIAN – BON MARCHÉ – FACILE
PRÉPARATION : 5 MN – CUISSON : 10 MN

Cette soupe a, pour moi, la saveur de l'enfance : ma mère la préparait avec des morceaux de viande de porc, et le fumet qui émanait de la cuisine annonçait toujours le régal à venir. Je retirais les morceaux de viande de la soupe pour les plonger dans la sauce de soja avant de les déguster, puis versais de la soupe dans mon riz pour le parfumer. Dans notre restaurant familial, cette soupe était vivement appréciée lors des repas du personnel en raison de son goût délicat et de sa facilité de réalisation. Aujourd'hui, je la préfère nature, sans viande.

POUR 4 PERSONNES

1,2 l de bouillon de poulet (page 62)
2 cuillerées à soupe de sauce de soja claire
1 cuillerée à café de sucre – 1 bonne pincée de sel
1 pincée de poivre blanc fraîchement moulu
150 g de cresson débarrassé de ses tiges
2 cuillerées à café de gingembre haché menu
3 cuillerées à soupe de ciboule hachée menu

1. Dans une grande casserole ou une cocotte, chauffez le bouillon à feu doux. Lorsqu'il commence à frémir, ajoutez la sauce de soja, sucrez, salez et poivrez, puis laissez mijoter 3 minutes.
2. Ajoutez alors les feuilles de cresson, le gingembre et la ciboule, puis laissez encore mijoter 4 minutes avant de servir.

SOUPE DE MAÏS ET DE POULET AU CURRY

RÉGIONS : CANTON ET FUJIAN – BON MARCHÉ – FACILE
PRÉPARATION : 20 MN – RÉFRIGÉRATION : 15 MN – CUISSON : 25 MN

Le curry est particulièrement apprécié dans le sud et l'est de la Chine, où les émigrants de retour au pays l'ont rapporté d'Asie du Sud-Est. Les Chinois préfèrent généralement la poudre ou la pâte de curry en provenance de Madras mais, contrairement aux Indiens, les cuisiniers chinois utilisent le curry avec parcimonie, en sus de leurs assaisonnements habituels.
Cette soupe n'appartient pas véritablement à la tradition culinaire chinoise ; il s'agit plutôt de ma propre version de la soupe de maïs aujourd'hui bien connue aux États-Unis. L'aspect luisant et doré de cette soupe au curry en fait un mets

idéal pour un dîner comprenant par ailleurs du porc sauté à la ciboule (page 88), des légumes verts tels que des épinards et du riz cuit à la vapeur.

Pour 4 personnes

500 g d'épis de maïs frais ou 275 g de maïs en conserve
250 g de blancs de poulet sans la peau
1 blanc d'œuf
2 cuillerée à café de sel
2 cuillerée à café d'huile de sésame
1 cuillerée à café de Maïzena
1 œuf
1,2 l de bouillon de poulet (page 62)
1 cuillerée à soupe de vin de riz de Shaoxing ou de xérès sec
1 cuillerée à café de curry en poudre ou de pâte de curry
1 cuillerée à café de sucre en poudre
2 cuillerées à café de Maïzena mélangées à 2 cuillerées à café d'eau
2 cuillerées à soupe de ciboule finement hachée

1. Si vous disposez de maïs frais, lavez les épis et récupérez les grains à l'aide d'un couteau affilé ou d'un couperet. Vous devriez obtenir environ 275 g de maïs. S'il s'agit de maïs en conserve, videz le contenu de la boîte dans un bol et réservez.

2. À l'aide d'un couperet ou d'un couteau aiguisé, émincez les blancs de poulet en fines lamelles de 7 à 8 cm de long. Dans un bol, mélangez ces lamelles avec le blanc d'œuf, 1 cuillerée de sel, 1 cuillerée d'huile de sésame et la Maïzena, puis réfrigérez pendant 15 minutes. Battez l'œuf entier avec la seconde cuillerée d'huile de sésame dans un autre bol et réservez.

3. Portez à ébullition une petite casserole d'eau. Hors du feu, faites blanchir rapidement les lamelles de poulet (20 secondes environ). Retirez-les à l'aide d'une écumoire et égouttez-les soigneusement.

4. Faites chauffer le bouillon à feu doux dans une grande casserole ou une cocotte, ajoutez le maïs et laissez frémir 10 minutes sans couvercle. Ajoutez le vin de riz ou le xérès, la seconde cuillerée de sel et de sucre. Portez à ébullition, réduisez le feu et laissez mijoter 5 minutes.

5. Ajoutez les lamelles de poulet blanchies, puis le mélange d'œuf et d'huile de sésame, très lentement, en un mince filet. Au moyen d'une baguette chinoise, ou d'une fourchette, étirez lentement l'œuf en rubans. Versez à la louche dans une soupière et servez aussitôt, garni de ciboule.

SOUPE DE CHAMPIGNONS AU POULET

RÉGION : CANTON – BON MARCHÉ – FACILE
PRÉPARATION : 10 MN – TREMPAGE : 20 MN – CUISSON : 30 MN

Cette soupe associe deux ingrédients classiques de la cuisine chinoise méridionale : le poulet et les champignons séchés. La viande foncée des pattes et des cuisses de poulet, généralement utilisée pour cette recette, confère à la soupe une saveur riche et puissante ainsi qu'une agréable consistance. Quant aux champignons chinois séchés, ils apportent un délicieux arôme fumé.
Deux techniques de cuisson sont employées ici. On commence par faire sauter le poulet. Lorsqu'il est cuit, on lui ajoute tous les autres ingrédients avant de mettre à mijoter. Cette soupe savoureuse est encore meilleure réchauffée. Si vous désirez la déguster dans le cadre d'un repas non chinois, accompagnez-la, par exemple, de pain beurré.

POUR 4 PERSONNES

225 g de cuisses ou de pilons de poulet désossés sans la peau
2 cuillerées à soupe de vin de riz de Shaoxing ou de xérès sec
2 1/2 cuillerées à soupe de sauce de soja claire
1 cuillerée à café d'huile de sésame
1 cuillerée à café de Maïzena
25 g de champignons chinois séchés
1,2 l de bouillon de poulet (page 62)
1 cuillerée à soupe de ciboule hachée menu
1/2 cuillerée à café de poivre blanc fraîchement moulu
25 g de jambon de Parme émincé (ou de poitrine fumée maigre)
2 cuillerées à café d'huile d'arachide

1. Coupez le poulet en dés de 1 cm, puis mélangez dans un bol avec 1 cuillerée à soupe de vin de riz (ou de xérès), 1 1/2 cuillerée à soupe de sauce de soja, l'huile de sésame et la Maïzena. Laissez reposer 20 minutes.
2. Mettez à tremper les champignons 20 minutes dans de l'eau tiède, égouttez-les, rincez-les, puis exprimez l'excédent de liquide. Ôtez et jetez les pieds, puis émincez les chapeaux.
3. Dans une grande casserole, chauffez le bouillon, ajoutez la marinade du poulet, les champignons, la ciboule, le jambon (ou la poitrine fumée), ainsi que le reste de vin de riz (ou de xérès) et de sauce de soja ; poivrez. Laissez mijoter 15 minutes.

4. Pendant ce temps, faites bien chauffer un wok ou une grande poêle à frire, puis versez-y l'huile et, lorsqu'elle commence à fumer, mettez à sauter les dés de poulet à feu très vif pendant environ 5 minutes, jusqu'à ce qu'ils soient bien dorés. Égouttez-les dans une passoire, puis plongez-les dans la soupe et laissez mijoter 5 minutes avant de servir.

Soupe de germes de soja au jambon

Régions : Canton et Fujian – Bon marché – Facile
Préparation : 10 mn – Trempage : 20 mn – Cuisson : 6 mn

Cette soupe très simple est caractéristique de la cuisine fraîche et légère du sud de la Chine. Comme de nombreuses autres soupes, elle demande un peu d'effort de préparation, mais en vaut largement la peine. Il est préférable d'utiliser des germes de soja très frais, afin qu'ils apportent tout leur croquant. Le jambon chinois, qui traditionnellement apporte sa saveur fumée, ne se trouve pas en Europe, mais il peut fort bien être remplacé par de la poitrine fumée maigre ou du jambon de Parme.

Pour 4 personnes

50 g de vermicelle chinois
75 g de germes de soja frais
1,2 l de bouillon de poulet (page 62)
1 cuillerée à soupe de sauce de soja claire
75 g de jambon de Parme émincé (ou de poitrine fumée maigre)
2 cuillerées à soupe de coriandre fraîche hachée menu
2 cuillerées à soupe de ciboule hachée menu

1. Mettez à tremper le vermicelle 20 minutes dans un bol d'eau tiède pour le ramollir, puis égouttez-le soigneusement à l'aide d'une passoire et coupez les filaments en tronçons de 5 cm.
2. Enlevez les 2 extrémités des germes de soja pour donner à la soupe un aspect plus net.
3. Faites chauffer le bouillon de poulet à feu modéré dans une grande casserole. Lorsqu'il commence à frémir, ajoutez le vermicelle et la sauce de soja, puis laissez mijoter 2 minutes.
4. Ajoutez le jambon (ou la poitrine fumée), la coriandre et la ciboule ; prolongez la cuisson 30 secondes, ajoutez les germes de soja et laissez encore mijoter 30 secondes avant de servir.

Soupe au pigeon

Région : Shanghai – Cher – Difficile
Préparation : 15 mn – Cuisson : 3 h

La technique particulière mise en œuvre pour la préparation de cette soupe n'est pas difficile à maîtriser. Qualifiée de double cuisson à la vapeur, elle consiste à cuire à la vapeur, pendant des heures, de riches ingrédients dans une cocotte couverte remplie de soupe. Cette cuisson à l'étouffée, qui exalte toutes les saveurs, s'emploie fréquemment pour réaliser les classiques soupes d'aileron de requin et de nids d'hirondelle. La soupe obtenue est à la fois claire, légère et nourrissante. Perdrix ou cailles pourraient tout à fait remplacer les pigeons. Ce consommé d'une extrême élégance, idéal pour un grand dîner, est excellent réchauffé, aussi est-il judicieux de le préparer à l'avance et de le congeler.

Pour 4 personnes

2 pigeons de 350 à 450 g
25 g de jambon de Parme ou de poitrine fumée maigre
4 rondelles de gingembre frais
1,2 l de bouillon de poulet (page 62)
4 brins de ciboule
2 cuillerées à soupe de vin de riz de Shaoxing ou de xérès sec
1 bonne pincée de sel

1. À l'aide d'un grand couteau de cuisine bien aiguisé ou d'un couperet, coupez les pigeons en 4. Portez une casserole d'eau à ébullition, retirez-la du feu, plongez-y les pigeons et laissez en attente 10 minutes (ainsi blanchis, les pigeons seront débarrassés d'une partie de leurs graisse et impuretés). Sortez les pigeons à l'aide d'une écumoire et jetez l'eau.
2. Coupez le jambon de Parme (ou la poitrine fumée) en très fines lanières.
3. Versez 5 cm d'eau dans un cuit-vapeur (ou un wok – voire une grande casserole ou cocotte – dans lequel vous aurez posé une grille) et portez à ébullition.
4. Dans le même temps, portez le bouillon à ébullition dans une grande casserole, puis versez-le dans une cocotte en Pyrex ou en porcelaine à feu. Ajoutez les pigeons, le jambon, la ciboule, le gingembre et le vin de riz ou le xérès ; salez, puis couvrez.
5. Posez la cocotte dans le cuit-vapeur (ou sur la grille du wok et couvrez-le hermétiquement avec un couvercle ou du papier d'aluminium). Réduisez le feu et laissez cuire 2 à 3 heures, jusqu'à ce que les pigeons soient bien tendres et en reconstituant de temps à autre le niveau d'eau bouillante. Il est également possible de faire mijoter la soupe à feu très

doux dans une simple cocotte, mais la saveur sera alors assez différente.

6. Lorsque la soupe est cuite, retirez tous les ingrédients à l'aide d'une écumoire ; jetez la ciboule, le gingembre et le jambon. Servez la soupe accompagnée de la viande de pigeon. Si vous souhaitez la consommer ultérieurement, laissez refroidir la soupe et conservez-la au réfrigérateur ou congelez-la.

SOUPE DE COURGE AU JAMBON

RÉGION : SICHUAN – BON MARCHÉ – FACILE
PRÉPARATION : 10 MN – CUISSON : 15 MN

Les courges et courgettes telles que nous les connaissons ne se trouvent pas en Chine, mais les cuisiniers chinois ont à leur disposition de nombreux légumes de la même famille aux qualités très comparables. Cette recette est adaptée d'une soupe traditionnelle contenant du « melon velu » (ou courge chinoise), qui doit ce nom à son aspect velouté rappelant celui d'une pêche. La courge, au goût très proche, le remplace de façon tout à fait satisfaisante. Cette soupe claire accompagne très bien le porc aigre-doux (page 92) et les épinards sautés à l'ail (page 231).

POUR 4 PERSONNES

225 g de courge ou de courgettes
1,2 l de bouillon de poulet (page 62) ou de consommé de porc (page 64)
50 g de jambon de Parme émincé (ou de poitrine fumée maigre)
1 1/2 cuillerée à café de sauce pimentée
1 1/2 cuillerée à soupe de sauce de soja claire
2 cuillerées à soupe de sauce de soja noire
1 cuillerée à café de vin de riz de Shaoxing ou de xérès sec
1 bonne pincée de sel
1 pincée de poivre blanc moulu
2 cuillerées à café d'huile de sésame

1. Coupez les extrémités de la courge ou des courgettes. Si vous utilisez de la courge, épépinez-la. Coupez en cubes de 1 cm.

2. Dans une grande casserole, portez le bouillon à ébullition, ajoutez la courge ou les courgettes, le jambon ou la poitrine et tous les autres ingrédients. Laissez mijoter 15 minutes, sans couvrir. Ajoutez l'huile de sésame et remuez soigneusement. Versez à la louche dans une soupière ou des bols individuels et servez aussitôt.

Soupe aux raviolis chinois

Région : Canton – Raisonnable – Difficile
Préparation : 20 mn – Réfrigération : 20 mn – Cuisson : 10 mn

Cette soupe – l'une des plus couramment proposées en Chine par les marchands ambulants – figure généralement à la carte des restaurants chinois dans les pays occidentaux. Les *wonton* à soupe ressemblent à des raviolis pochés à l'eau et servis dans un riche bouillon. La recette ci-dessous permet d'obtenir une soupe simple et authentique, idéale pour un repas familial. La pâte à wonton se présente sous la forme de petits carrés jaunâtres, elle est vendue dans les épiceries chinoises et dans certaines grandes surfaces (si vous l'achetez surgelée, faites-la bien décongeler avant emploi).

Pour 4 à 6 personnes

Farce

250 g de grosses crevettes fraîches décortiquées, grossièrement hachées
250 g de viande de porc hachée
1 cuillerée à café de sel
1/2 cuillerée à café de poivre blanc fraîchement moulu
1 1/2 cuillerée à soupe de sauce de soja claire
2 cuillerées à soupe de ciboule hachée menu
1 cuillerée à soupe de vin de riz de Shaoxing ou de xérès sec
1 cuillerée à café de sucre en poudre
2 cuillerées à café d'huile de sésame
1 blanc d'œuf légèrement battu

250 g de pâte à wonton
1,2 l de bouillon de poulet (page 62)
1 cuillerée à soupe de sauce de soja claire
1 cuillerée à café d'huile de sésame
Ciboule émincée

1. Mettez les crevettes et la viande hachées dans une grande jatte ; salez et poivrez, puis malaxez soigneusement, à la main ou avec une cuiller en bois. Ajoutez tous les autres ingrédients de la farce et incorporez-les à la préparation aux crevettes. Recouvrez la jatte d'un film étirable et réfrigérez au moins 20 minutes.

2. Déposez 1 cuillerée à café de farce au centre d'un carré de pâte à wonton. Humectez la pâte, ramenez les côtés du

Soupe aux raviolis chinois

carré autour de la farce pour constituer une sorte de paquet, que vous scellez en pinçant la pâte au-dessus de la farce.
3. Lorsque les raviolis sont prêts, chauffez le bouillon, la sauce de soja et l'huile de sésame dans une grande casserole, à feu moyen.
4. Dans une autre grande casserole portez de l'eau salée à ébullition et pochez les raviolis pendant 1 minute, ou jusqu'à ce qu'ils flottent à la surface. Retirez-les aussitôt et déposez-les dans le bouillon ; laissez mijoter 2 minutes.
5. Versez à la louche dans une soupière ou dans des bols individuels, garnissez de ciboule et servez aussitôt.

SOUPE D'ÉPINARDS AU TOFU

RÉGIONS : CANTON ET FUJIAN – BON MARCHÉ – FACILE
PRÉPARATION : 15 MN – CUISSON : 15 MN

Cette soupe légère et colorée joue sur le contraste entre le vert éclatant des épinards et la blancheur du tofu. Un bouillon de poulet maison est indispensable car la saveur et la consistance des ingrédients sont particulièrement subtiles. Cette soupe facile à préparer fera une parfaite introduction pour tout repas.

POUR 4 PERSONNES

450 g d'épinards frais, débarrassés des tiges
450 g de tofu
1,2 l de bouillon de poulet (page 62)
1 cuillerée à soupe de vin de riz de Shaoxing ou de xérès sec
1 cuillerée à soupe de sauce de soja claire
1 cuillerée à café de sel – 1 cuillerée à café de sucre en poudre
1 cuillerée à café d'huile de sésame
1 cuillerée à café de sauce de soja noire
Sel et poivre gris fraîchement moulu
Ciboule hachée

1. Équeutez et lavez soigneusement les épinards, puis égouttez-les.
2. Coupez délicatement le tofu en dés de 1 cm, égouttez-les sur du papier absorbant.
3. Faites chauffer le bouillon de poulet dans une casserole ; quand il commence à frémir, ajoutez le tofu et laissez mijoter 2 minutes. Ajoutez le reste des ingrédients à l'exception des épinards et faites mijoter 10 minutes.
4. Ajoutez les épinards, prolongez la cuisson de 2 minutes, garnissez de ciboule et servez aussitôt.

SOUPE AUX ROGNONS ET AU TOFU

RÉGION : FUJIAN – BON MARCHÉ – DIFFICILE

PRÉPARATION : 25 MN – DÉGORGEMENT : 50 MN – CUISSON : 15 MN

Ma mère préparait souvent de la soupe aux rognons pour le dîner car ce mets est aussi savoureux qu'économique. Elle ajoutait parfois du cresson ou des épinards. Cette soupe à la fois légère et nourrissante – excellente réchauffée – peut être servie avec du poulet aux noix de cajou (page 136) et des champignons sautés aux épices (page 225).

POUR 4 À 6 PERSONNES

450 g de rognons de porc
1 cuillerée à café de bicarbonate de soude
2 cuillerées à soupe de vinaigre de riz blanc ou de vinaigre de cidre
1 cuillerée à café de sel
400 g de tofu frais
1,2 l de bouillon de poulet (page 62) ou de consommé de porc (page 64)
1 cuillerée à soupe de gingembre frais haché menu
2 cuillerées à café de ciboule finement hachée
2 cuillerées à soupe de sauce de soja claire
2 cuillerées à café de sucre en poudre
1 cuillerée à café de sel

1. À l'aide d'un couteau bien aiguisé, retirez la fine membrane externe des rognons, puis coupez-les en deux horizontalement pour conserver leur forme générale, avec un couperet ou un couteau. Ôtez les petits nodules de graisse et les membranes coriaces qui les entourent. Posez les moitiés de rognon bien à plat sur la planche à découper et entaillez-les en croisillons sur toute leur surface (voir page 120).
2. Coupez ensuite les demi-rognons en fines tranches. Roulez-les dans le bicarbonate de soude, laissez reposer une vingtaine de minutes. Rincez abondamment à l'eau froide puis roulez les rognons dans le vinaigre salé. Laissez égoutter 30 minutes dans une passoire.
3. Portez une casserole d'eau à ébullition. Séchez les tranches de rognon en les tamponnant avec du papier absorbant, puis faites-les blanchir 2 minutes dans l'eau. Égouttez et réservez.
4. Coupez le tofu en dés de 1 cm.
5. Dans une autre casserole, chauffez le bouillon, puis versez-y le reste des ingrédients. Laissez mijoter 5 minutes environ, puis ajoutez les tranches de rognon. Remuez et laissez mijoter 2 minutes. Servez aussitôt ou laissez refroidir pour réchauffer à feu doux au moment voulu.

SOUPE AIGRE ET ÉPICÉE

RÉGIONS : PÉKIN ET SICHUAN – BON MARCHÉ – DIFFICILE
PRÉPARATION : 20 MN – CUISSON : 10 MN – TREMPAGE : 20 MN

Cette soupe chinoise est appréciée dans le monde occidental car elle est très nourrissante et bien adaptée aux climats froids. La liste des ingrédients paraît impressionnante, mais en réalité cette soupe riche et savoureuse, mêlant ingrédients aigres et épicés, est assez facile à préparer. De plus, elle se réchauffe très bien. Cette recette, originaire du nord de la Chine, est également réputée dans les régions occidentales du pays, qui se font une spécialité des mets épicés.

POUR 4 PERSONNES

100 g de viande de porc maigre émincée
1 cuillerée à café de sauce de soja claire
1 cuillerée à café de vin de riz de Shaoxing ou de xérès sec
4 1/2 cuillerée à café d'huile de sésame
1/2 cuillerée à café de Maïzena
1 pincée de sel – 1 pincée de sucre en poudre
25 g de champignons chinois séchés
15 g de champignons « oreilles d'arbre » séchés
2 œufs battus avec une pincée de sel
1,2 l de bouillon de poulet (page 62)
2 cuillerées à café de sel
250 g de tofu frais égoutté et découpé en fines lamelles
1 1/2 cuillerée à soupe de sauce de soja claire
1 cuillerée à soupe de sauce de soja noire
1 cuillerée à café de poivre blanc fraîchement moulu
6 cuillerées à soupe de vinaigre de riz blanc ou de vinaigre de cidre
1 cuillerée à soupe d'huile pimentée
2 cuillerées à soupe de coriandre fraîche hachée menu

1. Faites tremper tous les champignons dans de l'eau tiède 20 minutes ; égouttez, rincez puis exprimez l'excédent de liquide. Jetez les pieds et hachez finement les chapeaux.

2. Mélangez soigneusement la viande avec 1 cuillerée à café de sauce de soja claire, le vin de riz ou le xérès, 1/2 cuillerée à café d'huile de sésame, la Maïzena, les pincées de sel et de sucre. Réservez. Dans un bol, mélangez les œufs salés et 2 cuillerées d'huile de sésame, puis réservez.

3. Dans une grande casserole, chauffez le bouillon, salez-le, ajoutez le porc en remuant et laissez mijoter 1 minute.

Ajoutez les champignons et le tofu, prolongez la cuisson pendant 2 minutes.

4. Versez la préparation à l'œuf, très lentement, en un mince filet. À l'aide d'une baguette chinoise, ou d'une fourchette, étirez lentement l'œuf en rubans.

5. Retirez la soupe du feu, ajoutez en remuant les sauces de soja, le poivre et le vinaigre de riz blanc ou de cidre. Sans cesser de remuer, ajoutez l'huile de sésame restant, l'huile pimentée et la coriandre. Versez à la louche dans une soupière ou des bols individuels et servez aussitôt.

SOUPE AU CHOU CHINOIS

RÉGIONS : PÉKIN ET SICHUAN – BON MARCHÉ – FACILE
PRÉPARATION : 15 MN – CUISSON : 15 MN

Les soupes claires, simples et classiques comme celle-ci, figurent souvent au menu des familles chinoises ; consommées en tant que boissons accompagnant tout le repas, elles se doivent d'être légères et désaltérantes. Le chou chinois apporte une certaine douceur, alors que les légumes macérés donnent du piquant. Si vous souhaitez réaliser une soupe totalement végétarienne, remplacez le bouillon de poulet par de l'eau ou du bouillon de légumes.

POUR 4 PERSONNES

1,2 l de bouillon de poulet (page 62)
450 g de chou chinois coupé en lanières
100 g de légumes du Sichuan macérés, soigneusement rincés et hachés menu
1 cuillerée à soupe de sauce de soja claire
2 cuillerées à café de sauce de soja noire
2 cuillerées à soupe de vin de riz de Shaoxing ou de xérès sec
2 cuillerées à café de sucre en poudre
Sel et poivre gris fraîchement moulu
2 cuillerées à café d'huile de sésame
Ciboule hachée

1. Faites chauffer le bouillon de poulet à feu modéré dans une casserole. Lorsqu'il commence à frémir, plongez-y le chou chinois et les légumes macérés, puis laissez mijoter 3 minutes.

2. Ajoutez les sauces de soja, le vin de riz ou le xérès et le sucre. Laissez mijoter 5 minutes. Salez, poivrez et ajoutez l'huile de sésame en remuant.

3. Versez à la louche dans une soupière ou des bols individuels. Garnissez de ciboule et servez aussitôt.

SOUPE DE MAÏS AU CRABE

RÉGION : CANTON – RAISONNABLE – FACILE
PRÉPARATION : 10 MN – CUISSON : 25 MN

Ma mère préparait généralement cette soupe avec du maïs frais. Pour des raisons de commodité, on peut employer du maïs en conserve ou surgelé, mais je persiste à penser que le résultat obtenu par ma mère était bien supérieur. Cette soupe supporte parfaitement d'être réchauffée et présente une consistance riche et épaisse s'accordant très bien avec le bœuf à la sauce d'huître (page 106) et les brocolis sautés au gingembre (page 211).

POUR 4 PERSONNES

450 g d'épis de maïs frais ou 275 g de maïs en conserve ou surgelé
1 blanc d'œuf
1 cuillerée à café d'huile de sésame
1,2 l de bouillon de poulet (page 62)
1 cuillerée à soupe de vin de riz de Shaoxing ou de xérès sec
1 cuillerée à soupe de sauce de soja claire
2 cuillerées à café de gingembre frais finement haché
1 cuillerée à café de sel
1 pincée de poivre blanc fraîchement moulu
1 cuillerée à café de sucre en poudre
2 cuillerées à café de Maïzena mélangées avec 2 cuillerées à café d'eau
225 g de chair de crabe
2 cuillerées à soupe de ciboule finement hachée

1. Si vous utilisez du maïs frais, lavez les épis et retirez les grains à l'aide d'un couteau affilé ou d'un couperet. Vous devriez récupérer environ 275 g de maïs.
2. Mélangez le blanc d'œuf et l'huile de sésame dans un bol ; réservez.
3. Portez le bouillon à ébullition dans une grande casserole, plongez-y le maïs et laissez mijoter 15 minutes sans couvrir, avant d'ajouter le vin de riz ou le xérès, la sauce de soja, le gingembre, le sel, le poivre, le sucre et la pâte de Maïzena.
4. Amenez de nouveau à ébullition, ensuite réduisez le feu. Ajoutez la chair de crabe, puis versez lentement et régulièrement le mélange d'œuf et d'huile de sésame, sans cesser de remuer.
5. Transvasez dans une soupière ou des bols individuels, garnissez de ciboule et servez aussitôt.

SOUPE D'ASPERGES AU POULET

RÉGIONS : HONGKONG ET CANTON – RAISONNABLE – FACILE
PRÉPARATION : 10 MN – RÉFRIGÉRATION : 5 MN – CUISSON : 10 MN

Bien que son entrée dans le répertoire culinaire chinois soit relativement récente, l'asperge est aujourd'hui fort appréciée à Hongkong et en Chine méridionale. Dans cette soupe, elle est associée à du poulet émincé et mélangé à du blanc d'œuf. Le résultat est une soupe légère mêlant saveurs délicates et coloris contrastés qui ouvrira agréablement le repas.

POUR 4 PERSONNES

1,2 l de bouillon de poulet (page 62)
225 g d'asperges fraîches
225 g de blancs de poulet désossés sans la peau
1 blanc d'œuf
1 cuillerée à café d'huile de sésame
1 bonne pincée de sel
2 cuillerées à café de vin de riz de Shaoxing ou de xérès sec
2 cuillerées à café de sauce de soja claire
1 cuillerée à café de sel
Poivre gris fraîchement moulu
Ciboule hachée

1. Coupez les asperges en tronçons de 2 à 3 cm. Coupez les blancs de poulet en petits morceaux, puis passez-les au mixeur avec le blanc d'œuf, l'huile de sésame et une bonne pincée de sel, jusqu'à obtention d'une préparation homogène. Versez dans un bol, couvrez de film étirable et réfrigérez pendant 5 minutes.

2. Faites chauffer le bouillon de poulet dans une casserole, à feu modéré.

3. Ajoutez au bouillon frémissant les asperges, le vin de riz ou le xérès, la sauce de soja, le sel et le poivre, puis faites cuire 3 minutes.

4. Retirez du feu, ajoutez la préparation de poulet en remuant vigoureusement pour éliminer les éventuels grumeaux. Remettez la casserole sur le feu, faites mijoter 1 minute, garnissez de ciboule et servez aussitôt.

SOUPE AU CHOU CHINOIS ET AU PORC

RÉGION : PÉKIN – BON MARCHÉ – FACILE
PRÉPARATION : 20 MN – CUISSON : 15 MN

Les associations simples d'ingrédients de base font des soupes savoureuses : celle-ci est caractéristique de la cuisine familiale du nord de la Chine, notamment en automne et en hiver car le chou est alors très abondant. Dans cette version très facile à préparer, le goût du chou se mêle délicieusement à celui du bouillon parfumé à la viande de porc.

POUR 4 PERSONNES

1,2 l de bouillon de poulet (page 62)
175 g de viande de porc maigre émincée
1 cuillerée à café de vin de riz de Shaoxing ou de xérès sec
4 cuillerées à café de sauce de soja claire
1/2 cuillerée à café de Maïzena
1/2 cuillerée à café d'huile de sésame
1 cuillerée à soupe d'huile d'arachide
350 g de chou chinois émincé
1 cuillerée à café de vin de riz de Shaoxing ou de xérès sec
1 cuillerée à café de sauce de soja noire
Sel et poivre gris fraîchement moulu
Ciboule finement hachée

1. Faites chauffer, à feu modéré, le bouillon de poulet dans une casserole de taille moyenne.
2. Mélangez la viande de porc avec le vin de riz ou le xérès, 2 cuillerées à soupe de sauce de soja claire, la Maïzena et l'huile de sésame.
3. Chauffez un wok ou une poêle à frire à feu très vif, et versez-y l'huile d'arachide. Lorsqu'elle commence à fumer, ajoutez le porc et faites sauter pendant 1 minute, puis retirez du feu. Réservez.
4. Ajoutez le chou chinois, le vin de riz ou le xérès et le reste des sauces de soja au bouillon frémissant ; laissez mijoter 5 minutes. Plongez la viande de porc dans le bouillon et faites mijoter 1 minute de plus. Salez et poivrez selon votre goût.
5. Versez dans une soupière ou des bols individuels, garnissez de ciboule et servez aussitôt.

LES VIANDES

Dans ma famille lorsque l'on parlait de viande, il s'agissait toujours de porc. Nous mangions rarement du bœuf et plus rarement encore de l'agneau car, bien que j'aie grandi aux États-Unis, ma famille était originaire du sud de la Chine, où ni les bovins ni les ovins ne sont répandus. En Chine septentrionale – où s'exercent des influences musulmanes et mongoles – bœuf, mouton et chèvre sont plus appréciés. Dans l'ensemble, toutefois, le porc reste la viande de base pour la plupart des Chinois. Il est donc tout à fait naturel que les recettes l'employant soient innombrables. Le porc se prête à des préparations très diverses, et son goût subtil s'accorde fort bien avec celui de toutes sortes d'ingrédients, sauces et assaisonnements. La graisse de porc est elle-même prisée : différents types de cuisson la rendent non seulement mangeable, mais vraiment succulente.

Ce chapitre comprend quelques recettes de bœuf et d'agneau, qui ne sont pas totalement absents de la cuisine chinoise. Si vous le désirez, vous pouvez remplacer le porc par du bœuf dans certaines recettes, telles que le porc sauté à la ciboule (page 88) ou la farce pékinoise (page 89).

Un même idéogramme chinois sert à désigner le mouton et la chèvre. Cette dernière est plus répandue dans le nord de la Chine, mais on consomme aussi sa viande dans d'autres régions. Personnellement, je préfère l'agneau. Un poète chinois a écrit : « Il y a soixante-douze manières de cuisiner l'agneau, dont dix-huit ou dix-neuf seulement sont agréables au goût. » Les recettes qui suivent entrent évidemment dans cette dernière catégorie.

Je choisis d'accommoder des viandes qui n'ont pas été surgelées car la congélation détruit la structure cellulaire de la viande et la rend aqueuse après décongélation. Ce point est particulièrement important pour les sautés : la viande doit, en effet, être aussi sèche que possible pour frire et non cuire à la vapeur dans ses propres jus.

S'ils adorent la viande, les Chinois ne la consomment qu'en petites quantités – c'est l'une des caractéristiques de leur très saine alimentation.

Les pièces de viande énumérez ci-dessous conviennent parfaitement à la cuisine chinoise.

LE PORC

Pour les sautés, utilisez des côtes premières (côtelettes de filet) désossées et délardées. La poitrine de porc convient bien aux plats braisés. Le hachis provient généralement du collier.

LE BŒUF

Je préfère le bifteck dans le filet pour les sautés car cette viande, certes assez onéreuse, est maigre, tendre et très savoureuse. L'aloyau, le rumsteck et la côte de bœuf conviennent également. La poitrine est idéale pour les plats braisés car, quoique grasse, le goût et la faculté qu'elle a d'absorber les saveurs d'une sauce sont incomparables. Les Chinois raffolent de la consistance de la poitrine braisée. Le jarret et le paleron s'emploient dans les plats mijotant longuement.

L'AGNEAU

Les côtelettes, désossées et dégraissées, sont parfaites pour les plats sautés, tout comme le filet. Les meilleures pièces à braiser sont la poitrine, le collet et l'épaule.

LES VIANDES SÉCHÉES, SALÉES OU FUMÉES

Un manque de moyens de réfrigération amène les Chinois à conserver les viandes par séchage, salage ou fumage. Le bœuf séché se consomme souvent comme en-cas, le jambon cru s'emploie en cuisine. Les régions du Zhejiang et du Yunnan sont réputées pour leurs jambons, que l'on ne peut malheureusement se procurer en Occident – mais le jambon de Parme ou la poitrine fumée maigre les remplacent de façon satisfaisante.

LES ABATS

En cuisine chinoise, rien ne doit être gaspillé : toutes les parties d'un animal servent. Les abats sont même très appréciés. On les cuit généralement à l'étouffée, à l'exception du foie, couramment consommé sauté.

PORC AUX HARICOTS NOIRS

RÉGION : CANTON

SAUTÉ – BON MARCHÉ – FACILE

PRÉPARATION : 15 MN – MACÉRATION : 20 MN – CUISSON : 15 MN

Le porc se marie très bien avec les haricots noirs, dont la saveur puissante et salée évoque immanquablement la Chine méridionale. Ma mère, qui, dans mon enfance, servait fréquemment ce plat sauté simple et rapide à préparer, en relevait parfois la saveur en l'agrémentant de sauce pimentée. Riz blanc et légumes sautés l'accompagnent à la perfection.

POUR 4 PERSONNES

450 g de viande de porc maigre
1 cuillerée à soupe de vin de riz de Shaoxing ou de xérès sec
2 1/2 cuillerées à soupe de sauce de soja claire
2 cuillerées à café d'huile de sésame
1 cuillerée à café de Maïzena
1 1/2 cuillerée à soupe d'huile d'arachide
1 1/2 cuillerée à soupe de haricots noirs fermentés, rincés et grossièrement hachés
1 cuillerée à soupe d'ail finement haché
3 cuillerées à soupe de ciboule finement hachée
1 cuillerée à soupe d'échalote finement hachée
1 cuillerée à café de sucre en poudre
1 cuillerée à soupe de bouillon de poulet (page 62) ou d'eau
1 cuillerée à soupe d'huile de sésame

1. Coupez la viande en fines tranches de 5 cm de long. Mettez ces tranches dans un bol et mélangez soigneusement avec le vin de riz, 1 cuillerée de sauce de soja, les 2 cuillerées à café d'huile de sésame et la Maïzena. Laissez mariner 20 minutes.

2. Faites bien chauffer un wok (ou une grande poêle à frire). Versez-y la moitié de l'huile d'arachide puis, lorsqu'elle commence à fumer, retirez la viande de la marinade avec une écumoire et faites-la sauter 2 à 3 minutes. Réservez.

3. Videz et essuyez le wok, chauffez-le de nouveau et versez-y l'autre moitié de l'huile d'arachide. Ajoutez rapidement les haricots noirs, l'ail, la ciboule, l'échalote, et, quelques secondes plus tard, la sauce de soja restant, le sucre, le bouillon, la cuillerée à soupe d'huile de sésame.

4. Portez à ébullition puis remettez la viande dans le wok. Faites sauter le tout pendant 5 minutes, déposez dans un plat de service chaud et servez aussitôt.

TÊTES DE LION

RÉGION : SHANGHAI

RISSOLÉ ET BRAISÉ – RAISONNABLE – DIFFICILE

PRÉPARATION : 20 MN – CUISSON : 1 H 50

Ce plat, fort apprécié dans l'est de la Chine mais aussi dans d'autres régions, doit son nom aux grosses boulettes de viande qui évoquent des têtes de lion. Le secret de la consistance très particulière, légère et presque duveteuse, de ces boulettes, est une association d'eau froide et de blanc d'œuf avec du hachis de porc gras mélangés à la main. Ce plat peut être réalisé à l'avance et réchauffé.

POUR 4 PERSONNES

1 chou chinois
175 g de châtaignes d'eau fraîches – épluchées –, ou en conserve – rincées – (page 18)
450 g de hachis de porc gras – 1 blanc d'œuf
4 cuillerées à soupe d'eau froide
2 cuillerées à soupe de sauce de soja claire – 1 cuillerée à soupe de sauce de soja noire
2 cuillerées à soupe de vin de riz de Shaoxing ou de xérès sec
1 1/2 cuillerée à soupe de sucre en poudre – 2 cuillerées à café de sel
1/2 cuillerée à café de poivre gris fraîchement moulu
Maïzena pour saupoudrer
4 cuillerées à soupe et 2 cuillerées à café d'huile d'arachide
4 gousses d'ail épluchées et écrasées
45 cl de bouillon de poulet (page 62)

1. Coupez et lavez le chou chinois, puis coupez les côtes en tronçons de 5 cm et hachez les châtaignes d'eau.
2. Mélangez la viande avec le blanc d'œuf et l'eau froide de façon à obtenir une préparation légère et gonflée. Procédez à la main, et non avec un mixeur, sinon la texture sera trop épaisse. Ajoutez les châtaignes d'eau, les sauces de soja, le vin de riz ou le xérès, le sucre, le sel, le poivre, et mélangez encore pendant 30 secondes.
3. Façonnez 6 boulettes avec cette préparation. Saupoudrez chacune d'elles de Maïzena. Chauffez un wok à feu très vif. Versez-y 4 cuillerées à soupe d'huile d'arachide puis, lorsqu'elle commence à fumer, les boulettes de viande. Réduisez le feu et faites dorer lentement les boulettes en les retournant. Retirez-les du wok et égouttez-les sur du papier absorbant.
4. Essuyez le wok et chauffez-le de nouveau à feu vif. Versez-y les 2 cuillerées à

café d'huile. Lorsque l'huile est très chaude, faites revenir l'ail pendant 10 secondes, puis le chou pendant 20 secondes. Ajoutez le bouillon et poursuivez la cuisson 2 minutes pour ramollir les feuilles de chou. Transvasez le chou dans une casserole à fond épais et déposez dessus les boulettes de viande. Portez à ébullition, puis réduisez le feu et couvrez. Laissez mijoter à feu très doux pendant 1 h 30.
Agencez les feuilles de chou dans un plat de service chaud, posez-y les boulettes, nappez avec la sauce et servez.

Porc sauté à la ciboule

Région : Canton

Sauté – Raisonnable – Facile

Préparation : 15 mn – Marinade : 20 mn – Cuisson : 15 mn

Ce plat s'inscrit dans la tradition culinaire du sud de la Chine. Pour le réussir à la perfection veillez à ne pas trop faire cuire la viande.

Pour 3 à 4 personnes

450 g de filet de porc
1 cuillerée à soupe de vin de riz de Shaoxing ou de xérès sec
1 cuillerée à soupe de sauce de soja claire
2 cuillerées à café d'huile de sésame
1 cuillerée à café de Maïzena
8 brins de ciboule
1 cuillerée à soupe d'huile d'arachide
2 cuillerées à café de sel
1 cuillerée à café de poivre gris fraîchement moulu
1 cuillerée à café de sucre en poudre

1. Découpez la viande en fines tranches de 5 cm de long. Mélangez avec le vin de riz ou le xérès, la sauce de soja, l'huile de sésame et la Maïzena. Laissez mariner 20 minutes.
2. Émincez la ciboule en biseau, en tronçons de 5 cm de long.
3. Chauffez un wok (ou une poêle à frire) à feu très vif. Versez-y l'huile d'arachide puis, lorsqu'elle commence à fumer, faites dorer les tranches de porc sans cesser de remuer. Ajoutez la ciboule, le sel, le poivre et le sucre. Continuez à faire sauter jusqu'à ce que le porc soit bien cuit et légèrement ferme (5 minutes environ). Transvasez dans un plat de service chaud et nappez avec les jus de cuisson avant de servir.

FARCE PÉKINOISE

RÉGION : PÉKIN
SAUTÉ – BON MARCHÉ – FACILE
PRÉPARATION : 10 MN – CUISSON : 10 MN

Le secret de cette recette délicieuse, économique et facile à préparer réside dans l'emploi de légumes macérés, caractéristiques de la cuisine du nord de la Chine (les habitants de ces régions, où l'hiver est long et rigoureux, sont en effet obligés de conserver leurs légumes dans la saumure ou le vinaigre). Vous pouvez utiliser du chou chinois aigre-doux (page 217) à la place des légumes macérés du Sichuan ou de Tianjin, mais il est préférable de faire l'effort de se procurer ces derniers dans une épicerie chinoise. J'ai l'habitude de présenter ce sauté de porc dans des feuilles de laitue fraîches ou en garniture de crêpes chinoises (page 260), mais il s'accompagne aussi fort bien de riz blanc et d'un simple plat de légumes sautés, par exemple des épinards sautés à l'ail (page 231).

POUR 4 PERSONNES

100 g de légumes macérés du Sichuan ou de Tianjin, ou de chou chinois aigre-doux (page 217)
1 1/2 cuillerée à soupe d'huile d'arachide
450 g de viande de porc hachée
2 cuillerées à soupe de sauce de soja noire
1 cuillerée à soupe de vin de riz de Shaoxing ou de xérès sec
2 cuillerées à café d'huile de sésame
2 cuillerées à café de sucre en poudre
3 cuillerées à soupe de ciboule finement hachée

1. Rincez soigneusement les légumes macérés (ou le chou chinois aigre-doux) à l'eau froide. Égouttez-les dans une passoire puis séchez-les en les tamponnant avec du papier absorbant. Hachez finement et réservez.
2. Chauffez un wok à feu très vif (ou une grande poêle à frire). Versez-y l'huile d'arachide puis, lorsqu'elle commence à fumer, faites revenir la viande de porc pendant 2 minutes sans cesser de remuer (afin de séparer les morceaux).
3. Ajoutez les légumes macérés, ou le chou chinois, ainsi que le reste des ingrédients. Continuez à faire sauter environ 5 minutes, jusqu'à ce que la viande soit cuite. Transvasez dans un plat de service chaud et servez aussitôt. Si vous présentez ce plat avec des crêpes chinoises ou des feuilles de laitue, chaque personne déposera un peu de hachis sur une crêpe ou une feuille de salade, l'enroulera soigneusement et dégustera le tout avec les doigts.

Rôti de porc croustillant

Région : Canton
Rôti – Raisonnable – Difficile
Préparation : 20 mn – Séchage : 8 h – Cuisson : 2 h 25

Dans tout le sud de la Chine, des établissements se spécialisent dans la préparation de porcelet et de porc entiers rôtis. Ces viandes sont délicieuses avec du riz ou des plats sautés. Pour obtenir une peau bien croustillante, il convient de la blanchir et de la faire sécher selon une méthode comparable à celle que l'on emploie dans la préparation du canard laqué. La peau est ensuite lentement rôtie afin qu'elle se dégraisse et laisse la viande tendre, marbrée de graisse veloutée. Il est possible d'effectuer la plupart de ces opérations à l'avance. Avec les restes, l'on prépare d'excellents sandwiches.

Pour 4 à 6 personnes

1,5 kg de poitrine de porc avec couenne
4 cuillerées à soupe de gros sel
2 cuillerées à soupe de poivre du Sichuan grillé et moulu (page 27)
2 cuillerées à café d'épice aux cinq parfums en poudre
1 cuillerée à soupe de sucre en poudre

1. Piquez la couenne avec un couteau pointu ou une fourchette jusqu'à ce qu'elle soit entièrement percée de petits trous. Avec une aiguille de cuisine, passez une ficelle à l'une des extrémités et nouez-la. Portez un faitout d'eau à ébullition puis versez à la louche l'eau bouillante sur la couenne de porc, à plusieurs reprises. Réservez.
2. Chauffez un wok à feu très vif (ou une grande poêle à frire). Mettez-y le sel, le poivre du Sichuan, l'épice aux cinq parfums et le sucre ; faites sauter pendant 3 minutes, jusqu'à ce les ingrédients soient bien mélangés et très chauds. Laissez refroidir légèrement, puis frottez cette préparation sur la pièce de viande, côté chair.
3. Suspendez la viande pour la laisser sécher pendant 8 heures (ou une nuit entière) dans un local frais, ou devant un ventilateur.
4. Préchauffez le four à 200 °C (thermostat 6). Placez la viande sur une grille, la couenne vers le haut, et un plat rempli d'eau sous la grille. Faites rôtir 15 minutes puis réduisez le feu à 180 °C (thermostat 4) et laissez cuire 2 heures. Réglez le four sur 230 °C (thermostat 8), ce pour 15 minutes.
5. Sortez la viande du four et laissez refroidir. Découpez-la en morceaux de la grosseur d'une bouchée, déposez dans un plat et servez.

PORC À LA SICHUANAISE

RÉGION : SICHUAN

SAUTÉ ET BRAISÉ – BON MARCHÉ – FACILE

PRÉPARATION : 15 MN – CUISSON : 1 H 50

Cette recette possède nombre des éléments d'une cuisine chinoise authentique et ancienne. La saveur du porc se concentre dans le gras, mais on sait bien que les viandes grasses ont une consistance trop caoutchouteuse. La solution traditionnelle apportée à ce problème par les Chinois consiste en une double cuisson de la viande : elle mijote d'abord lentement, ce qui la rend tendre et la débarrasse partiellement de ses graisses, puis elle est sautée, ce qui achève de la dégraisser. Bien qu'ayant perdu alors la majeure partie de sa graisse, la viande reste ainsi parfaitement savoureuse. Une préparation épicée apportera une touche particulièrement délicieuse. La recette originale fait appel à la poitrine, vous pouvez aussi utiliser des travers charnus. Servi accompagné de riz nature, ce plat se réchauffe très bien.

POUR 4 PERSONNES

1 kg de poitrine ou de travers de porc charnus
4 rondelles de gingembre frais
6 brins de ciboule
2 cuillerées à soupe d'huile d'arachide
3 cuillerées à soupe d'ail finement haché – 1 petit oignon émincé
1 poivron rouge et 1 poivron vert épépinés et émincés
225 g de blanc de poireau émincé
3 cuillerées à soupe de bouillon de poulet (page 62)
3 cuillerées à soupe de sauce hoisin
1 1/2 cuillerée à soupe de sauce pimentée
2 cuillerées à soupe de vin de riz de Shaoxing ou de xérès sec
1 cuillerée à soupe de sauce de soja noire
1 cuillerée à café de sel
1 cuillerée à café de sucre en poudre

1. Portez à ébullition une casserole d'eau salée, et faites-y mijoter la viande pendant 10 minutes sans cesser d'écumer. Ajoutez le gingembre et la ciboule, réduisez le feu, couvrez soigneusement et laissez mijoter 1 heure.

2. Égouttez la viande dans une passoire et jetez le liquide de cuisson. Lorsque la viande a refroidi, coupez-la en morceaux de 5 x 1 cm.

3. Chauffez un wok ou une poêle à frire à feu très vif. Versez-y l'huile puis, lorsqu'elle commence à fumer, faites sauter la viande pendant 20 minutes (servez-vous du couvercle pour éviter les projections de graisse).

4. Lorsque la graisse a fondu et que la viande est dorée, égouttez la viande dans une passoire et conservez 1 cuillerée d'huile dans le wok. Chauffez de nouveau le wok, puis faites revenir l'ail, l'oignon, les poivrons et le poireau pendant environ 4 minutes.

5. Ajoutez le reste des ingrédients, y compris la viande, réduisez le feu, couvrez et faites cuire à l'étouffée pendant 15 minutes. Transvasez dans un plat et servez aussitôt.

Porc aigre-doux

Régions : Canton et Fujian

Frit et braisé – Raisonnable – Facile

Préparation : 25 mn – Marinade : 20 mn – Cuisson : 20 mn

Le porc aigre-doux est sans doute le plat chinois le plus célèbre en Occident. Malheureusement pour les Occidentaux, il est rarement bien préparé et se présente trop souvent sous la forme de boulettes lourdes et pâteuses baignant dans une écœurante sauce rouge sucrée. En principe, un plat chinois aigre-doux de qualité est si délicatement équilibré qu'il devient impossible de dire s'il est aigre ou doux. Dans ma version de ce grand classique, vous trouverez précisément cet équilibre. Servez-le simplement avec du riz cuit à la vapeur et un légume blanchi, par exemple du chou, ou du chou chinois à la sauce de soja (page 214).

Pour 4 personnes

450 g de porc maigre
1 cuillerée à soupe de vin de riz de Shaoxing ou de xérès sec
1 cuillerée à soupe de sauce de soja claire
2 cuillerées à café d'huile de sésame
1/2 cuillerée à café de sel
100 g de poivron vert
100 g de poivron rouge
100 g de carottes
50 g de ciboule
1 œuf battu
2 cuillerées à soupe de Maïzena
Maïzena pour saupoudrer
45 cl d'huile d'arachide (voir Les friteuses, page 40)
75 g de litchis en conserve égouttés ou de quartiers d'orange fraîche

SAUCE

15 cl de bouillon de poulet (page 62)
1 cuillerée à soupe de sauce de soja claire
2 cuillerées à café de sauce de soja noire
2 cuillerées à café d'huile de sésame
1/2 cuillerée à café de sel
1 cuillerée à café de poivre gris fraîchement moulu
1 1/2 cuillerée à soupe de vinaigre de riz blanc ou de vinaigre de cidre
1 cuillerée à soupe de sucre en poudre
2 cuillerées à soupe de purée de tomates ou de ketchup
2 cuillerées à café de Maïzena
1 cuillerée à soupe d'eau

1. Coupez la viande en dés de 2 à 3 cm. Placez-les dans une jatte avec le vin de riz ou le xérès, 1 cuillerée à soupe de sauce de soja claire, l'huile de sésame et 1/2 cuillerée à café de sel ; laissez mariner 20 minutes.

2. Pendant ce temps, coupez les poivrons en carrés de 2 à 3 cm de côté. Épluchez et coupez les carottes et la ciboule en tronçons de 2 à 3 cm (le fait que les morceaux de viande et de légumes soient de même grosseur accroît l'attrait visuel du plat).

3. Portez une casserole d'eau à ébullition et faites blanchir les carottes pendant 4 minutes. Égouttez et réservez.

4. Mélangez dans un bol 2 cuillerées à soupe de Maïzena et l'œuf de façon à obtenir une pâte homogène. Sortez les dés de viande de la marinade, saupoudrez-les de Maïzena et enrobez-les soigneusement de pâte.

5. Faites chauffer l'huile dans une friteuse ou un grand wok. Lorsqu'elle commence à fumer, prenez la viande à l'aide d'une écumoire et faites-la dorer 5 minutes dans l'huile. Égouttez les dés frits sur du papier absorbant.

6. Dans une grande casserole, mélangez le bouillon de poulet, les sauces de soja, l'huile de sésame, le sel, le poivre, le vinaigre, le sucre et la purée de tomates (ou le ketchup). Portez à ébullition, ajoutez les poivrons, les carottes et la ciboule ; remuez soigneusement.

7. Dans une petite jatte, mélangez la Maïzena et l'eau. Incorporez ce mélange à la sauce, portez de nouveau à ébullition puis faites réduire à feu moyen. Ajoutez les litchis (ou les quartiers d'orange) ainsi que la viande. Mélangez, puis transvasez dans un plat creux et servez aussitôt.

PORC FROID À LA PÉKINOISE

RÉGION : PÉKIN

BRAISÉ – BON MARCHÉ – FACILE

PRÉPARATION : 10 MN – RÉFRIGÉRATION : 8 H – CUISSON : 2 H 20

Dans le nord de la Chine, les viandes froides figurent généralement en bonne place lors des banquets. Il convient de les faire cuire la veille afin de faciliter les préparatifs. On fait d'abord blanchir la viande de porc quelques minutes pour la débarrasser de ses impuretés avant de la faire mijoter dans de riches jus de cuisson épicés. Ensuite, la viande cuite est retirée du jus, que l'on fait réduire avant d'en napper la viande, qui marinera une nuit entière. Ce plat est idéal en été, pour un pique-nique notamment.

POUR 4 À 6 PERSONNES

750 g de rouelle ou d'épaule de porc, en un seul morceau
1,2 l de bouillon de poulet (page 62)
3 rondelles de gingembre frais
3 brins de ciboule – 5 étoiles de badiane
3 cuillerées à soupe de vin de riz de Shaoxing ou de xérès sec
2 cuillerées à soupe d'épice aux cinq parfums
5 cuillerées à soupe de sucre chinois jaune ou de sucre en poudre
5 cuillerées à soupe de sauce de soja noire
1 cuillerée à soupe de sel
1 cuillerée à soupe de poivre du Sichuan grillé (facultatif ; page 27)

1. Faites blanchir la viande en la plongeant 3 à 5 minutes dans une casserole d'eau bouillante. Retirez-la avec une écumoire, jetez le liquide et coupez la couenne en petits morceaux.
2. Rincez la casserole puis mettez-y de nouveau la viande. Ajoutez tous les ingrédients du jus de cuisson et les morceaux de couenne, portez à ébullition, puis réduisez le feu pour laisser cuire à feu très doux, couvert, pendant environ 2 heures.
3. Retirez la viande à l'aide d'une écumoire et écumez autant de gras que possible. Faites réduire le liquide de moitié à feu vif. Filtrez le liquide réduit et versez-le sur la viande, dans un plat creux.
4. Laissez refroidir et réfrigérez au moins 8 heures.
5. Juste avant de servir, découpez la viande en tranches fines. Si le jus est pris en gelée, faites-en des cubes, que vous disposez autour des tranches de porc, nappez la viande d'une partie du liquide refroidi et servez.

PORC GLACÉ AU GINGEMBRE

RÉGIONS : HUNAN ET SICHUAN
BRAISÉ – BON MARCHÉ – FACILE
PRÉPARATION : 10 MN – CUISSON : 25 MN

J'ai adapté une célèbre recette chinoise, celle du jambon glacé aux graines de lotus, dont le processus de préparation demande environ 4 heures, mais j'ai découvert que la méthode s'appliquait aussi bien à d'épaisses côtes de porc, ce qui permet de gagner énormément de temps. Servez ce mets avec du riz blanc et un simple plat de légumes verts.

POUR 4 À 6 PERSONNES

450 g de côtes de porc désossées d'au moins 3,5 cm d'épaisseur
1/2 cuillerée à soupe de sel
2 brins de ciboule – 2 tronçons de gingembre frais de 8 cm
1 1/2 cuillerée à soupe d'huile d'arachide
45 cl de vin de riz de Shaoxing ou de xérès sec, ou 15 cl de vin de riz de Shaoxing ou de xérès sec mélangé à 30 cl de bouillon de poulet (page 62)
2 cuillerées à soupe de sauce de soja claire
100 g de sucre chinois jaune ou de sucre en poudre
3 cuillerées à soupe de poivre du Sichuan en grains grillé (page 27)

1. Salez légèrement les côtes de porc puis réservez-les. Coupez la ciboule en tronçons de 7 à 8 cm, et le gingembre en lamelles de 7 à 8 cm par 1/2 cm.
2. Dans un wok chauffé à feu vif (ou une grande poêle à frire), chauffez l'huile jusqu'à ce qu'elle commence à fumer, réduisez le feu et ajoutez la ciboule et le gingembre. Quelques secondes plus tard, faites rissoler les côtes de porc sur les 2 faces.
3. Dans le même temps, portez les ingrédients de la sauce de cuisson à ébullition dans une grande casserole ou une cocotte, puis réduisez le feu.
4. Ajoutez les côtes de porc, la ciboule et le gingembre. Couvrez et laissez cuire à feu aussi doux que possible pendant environ 20 minutes.
5. Lorsque les côtes de porc sont cuites, sortez-les du liquide et laissez-les refroidir légèrement avant de les découper en biseau.
6. Écumez le gras à la surface de la sauce de cuisson, puis nappez les morceaux de porc d'une partie de cette sauce. Servez aussitôt.
7. Vous pouvez congeler le reste de la sauce de cuisson en vue d'un usage ultérieur, après avoir retiré le gras.

PORC AU TOFU

RÉGION : SICHUAN
MIJOTÉ – BON MARCHÉ – FACILE
PRÉPARATION : 10 MN – CUISSON : 20 MN

Ce plat familial est l'un des plus connus en Chine, sous le nom doufu *Ma Po.* Ma mère concoctait une merveilleuse version de ce simple plat campagnard en employant diverses épices pour transformer un tofu frais mais assez fade en un mets délicieux. Cette recette est caractéristique du talent qu'ont les Chinois pour tirer le maximum d'une viande. Préparez à l'avance ce plat économique, savoureux et nourrissant, meilleur encore réchauffé.

POUR 4 PERSONNES

450 g de tofu frais et ferme
1 1/2 cuillerée à soupe d'huile d'arachide
1 cuillerée à soupe d'ail finement haché
1 cuillerée à soupe de gingembre frais finement haché
350 g de viande de porc hachée
3 cuillerées à soupe de ciboule finement hachée
1 cuillerée à soupe de sauce pimentée, ou du piment de Cayenne
1 cuillerée à café de sucre en poudre
1 1/2 cuillerée à soupe de vin de riz de Shaoxing ou de xérès sec
1 cuillerée à soupe de sauce de soja noire
1 cuillerée à soupe de sauce de soja claire
1 1/2 cuillerée à soupe de sauce aux haricots jaunes entiers
1 cuillerée à café de poivre du Sichuan grillé et fraîchement moulu (facultatif ; page 27)
4 à 5 cuillerées à soupe de bouillon de poulet (page 62)
2 cuillerées à soupe de ciboule finement hachée

1. Débitez le tofu en dés de 1 cm ; égouttez-les dans une passoire puis 10 minutes sur du papier absorbant.
2. Dans un wok très chaud ou une grande poêle à frire, chauffez l'huile, lorsqu'elle commence à fumer, ajoutez l'ail et le gingembre.
3. Quelques secondes plus tard, ajoutez la viande hachée, que vous faites sauter pendant 2 minutes, puis tous les autres ingrédients à l'exception du tofu. Portez à ébullition et réduisez le feu.
4. Ajoutez le tofu, mélangez soigneusement mais délicatement pour ne pas briser les dés. Faites mijoter 15 minutes environ sans couvrir (si nécessaire, ajoutez un peu de bouillon), puis servez décoré de ciboule hachée.

PORC AUX LÉGUMES MACÉRÉS

RÉGION : SICHUAN
CUIT À LA VAPEUR – BON MARCHÉ – FACILE
PRÉPARATION : 15 MN – CUISSON : 1 H

Les légumes macérés servent fréquemment en Chine à parfumer les viandes. Cette recette peut être réalisée avec du chou chinois aigre-doux (page 217) ou des légumes du Sichuan macérés, à l'agréable croquant (vendus en conserve dans les épiceries chinoises). La technique de cuisson à la vapeur employée évite tout dessèchement de la viande. Ce plat familial très savoureux se réchauffe fort bien. Accompagnez-le de nouilles de riz sautées aux légumes (page 254)

POUR 4 PERSONNES

75 g de légumes du Sichuan macérés
450 g de viande de porc hachée
1 blanc d'œuf
1 cuillerée à soupe de vin de riz de Shaoxing ou de xérès sec
1 cuillerée à soupe de sauce pimentée
2 cuillerées à café de sauce de soja noire
1 cuillerée à café de sauce de soja claire
2 cuillerées à café de sucre en poudre
3 cuillerées à soupe de ciboule finement hachée
1 cuillerée à soupe de gingembre frais finement haché

1. Rincez abondamment à l'eau froide les légumes macérés ou le chou chinois aigre-doux, égouttez dans une passoire. Hachez finement, puis mélangez très soigneusement avec la viande et tous les autres ingrédients dans une jatte.

2. Mettez cette préparation dans un plat creux ; faire un puits au centre afin que les jus s'y concentrent lors de la cuisson.

3. Préparez un cuit-vapeur ou placez une grille dans un wok. Versez-y 5 cm d'eau et portez à ébullition à feu vif.

4. Déposez la viande dans un plat supportant la chaleur, et placez celui-ci dans le cuit-vapeur ou sur la grille du wok. Réduisez le feu, couvrez et faites cuire à feu doux pendant 1 heure environ (jusqu'à ce que la viande soit cuite). Servez dans le plat de cuisson.

TRAVERS DE PORC PIMENTÉS

RÉGION : SICHUAN

FRIT OU BRAISÉ OU RÔTI – RAISONNABLE – FACILE

PRÉPARATION : 15 MN – CUISSON : 1 H 30

Cette recette fait appel à diverses techniques de cuisson, mais une grande partie du travail peut être accomplie à l'avance, le plat étant achevé rapidement au dernier moment. L'association des épices et des sauces est caractéristique de la cuisine de l'ouest de la Chine.

POUR 4 PERSONNES

20 à 60 cl d'huile d'arachide selon l'emploi d'un wok ou d'une friteuse
750 g de travers de porc, côtes séparées
1 l de bouillon de poulet (page 62)
2 cuillerées à soupe de sauce pimentée
1 cuillerée à soupe de sucre chinois jaune ou de sucre semoule
10 cl de vin de riz de Shaoxing ou de xérès sec
1 1/2 cuillerée à soupe de sauce de soja noire
2 cuillerées à soupe de sauce de soja claire
2 cuillerées à soupe d'ail finement haché
3 cuillerées à soupe de ciboule hachée
2 cuillerées à soupe de sauce aux haricots jaunes entiers
3 cuillerées à soupe de sauce hoisin
2 cuillerées à soupe de Maïzena mélangées à 3 cuillerées à soupe d'eau

1. Dans une friteuse ou un grand wok, faites frire en plusieurs fois les travers de porc jusqu'à ce qu'ils soient dorés et croustillants. Égouttez soigneusement sur du papier absorbant.

2. Mélangez tous les ingrédients de la sauce dans une grande casserole, puis portez à ébullition. Ajoutez les travers de porc, couvrez et laissez mijoter environ 1 heure (jusqu'à ce que la viande soit bien tendre).

3. Égouttez les travers de porc. Versez la sauce dans un récipient destiné au congélateur et écumez-la soigneusement (elle pourra servir à réaliser de nouveau ce plat). Toutes ces étapes peuvent être effectuées la veille.

4. Préchauffez le four à 180 °C (thermostat 4). Placez les travers de porc sur une grille dans un plat à rôtir et faites-les cuire 15 à 20 minutes au four, en les arrosant de temps à autre de sauce de cuisson si vous le souhaitez. Vous pouvez également les faire cuire au gril ou au barbecue. Transvasez dans un plat chaud et servez aussitôt.

TRAVERS DE PORC AUX CINQ PARFUMS

RÉGION : PÉKIN
FRIT ET BRAISÉ – RAISONNABLE – FACILE
PRÉPARATION : 15 MN – MARINADE : 25 MN – CUISSON : 50 MN

Ce délicieux plat de viande joue sur les contrastes entre diverses saveurs. Les travers de porc sont d'abord marinés, puis frits, et enfin lentement braisés dans une sauce piquante originale. Ce plat sera encore meilleur s'il est préparé la veille puis réchauffé.

POUR 4 PERSONNES

750 g de travers de porc
60 cl d'huile d'arachide (voir Les friteuses, page 40)

MARINADE
1 cuillerée à soupe de vin de riz de Shaoxing ou de xérès sec
1 cuillerée à soupe de sauce de soja claire
1 cuillerée à soupe de vinaigre de riz noir ou de vinaigre de cidre
2 cuillerées à café d'huile de sésame
1 cuillerée à soupe de Maïzena

SAUCE
2 cuillerées à soupe d'ail finement haché
2 cuillerées à café d'épice aux cinq parfums
3 cuillerées à soupe de ciboule finement hachée
3 cuillerées à soupe de sucre chinois jaune ou de sucre semoule
3 cuillerées à soupe de vin de riz de Shaoxing ou de xérès sec
15 cl de bouillon de poulet (page 62)
1 1/2 cuillerée à soupe de sauce de soja claire
2 cuillerées à soupe de zeste d'orange séché et râpé (page 33)
10 cl de vinaigre de riz noir ou de vinaigre de cidre

1. Demandez à votre boucher de séparer les côtes et de les couper en morceaux de 7 à 8 cm, ou faites-le vous-même à l'aide d'un couperet assez lourd pour trancher les os.

2. Mélangez les ingrédients de la marinade dans une jatte, puis plongez-y la viande pour environ 25 minutes, à température ambiante. Sortez la viande avec une écumoire.

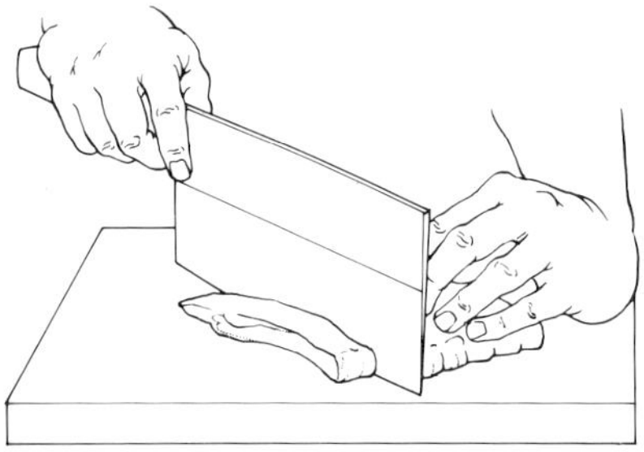

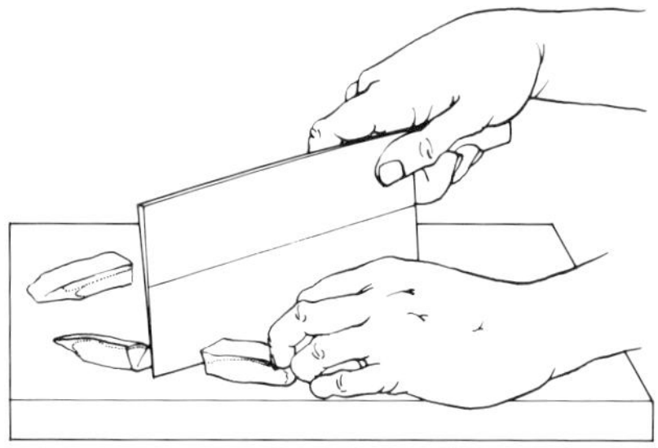

3. Faites chauffer l'huile dans une friteuse ou un grand wok. Lorsqu'elle est très chaude (elle commence alors à fumer), faites dorer les travers de porc en plusieurs fois ; égouttez-les sur du papier absorbant. Laissez refroidir l'huile de friture et filtrez-la si vous souhaitez l'utiliser ultérieurement pour faire de nouveau frire du porc.

4. Dans un wok propre ou une poêle à frire, amenez les ingrédients de la sauce à ébullition puis réduisez le feu. Ajoutez les travers de porc, couvrez et laissez mijoter environ 40 minutes en remuant de temps à autre. Si nécessaire, allongez la sauce d'un peu d'eau pour éviter que la viande ne se dessèche. Écumez la surface de la sauce, disposez les travers dans un plat chaud et servez aussitôt.

PLAT DE CÔTES BRAISÉ

RÉGION : SHANGHAI

BRAISÉ – BON MARCHÉ – FACILE

PRÉPARATION : 22 MN – REPOS : 1 H – CUISSON : 2 H 30

J'apprécie beaucoup le plat de côtes de porc, très économique et courant dans la cuisine chinoise. De prime abord, cette viande paraît grasse et peu appétissante, mais sa consistance gélatineuse est très prisée des Chinois, et lorsqu'elle est correctement cuisinée sa saveur est sans égale. Dans cette recette, la cuisson prolongée opère un dégraissage presque complet ; ce plat succulent s'accompagne très bien d'un simple riz nature.

POUR 6 PERSONNES

1,5 kg de plat de côtes de porc
1 cuillerée à soupe de sel
3 cuillerées à soupe d'huile d'arachide

Liquide de cuisson
1 tronçon de gingembre frais de 8 cm
1,2 l de bouillon de poulet (page 62)
60 cl de vin de riz de Shaoxing ou de xérès sec
15 cl de sauce de soja claire
15 cl de sauce de soja noire
150 g de sucre chinois ou de sucre semoule
2 cuillerées à café d'épice aux cinq parfums en poudre
2 cuillerées à café de poivre blanc fraîchement moulu
3 cuillerées à soupe de sauce aux haricots jaunes entiers
3 cuillerées à soupe de sauce hoisin
6 brins de ciboule

1. Il n'est pas nécessaire de désosser cette pièce de viande pour la cuire ; si néanmoins vous demandez à votre boucher de le faire, mettez les os dans le liquide de cuisson pour plus de saveur.

2. Frottez la viande fraîche avec le sel et laissez reposer 1 heure, puis rincez soigneusement (cette opération sert à nettoyer la viande et à la raffermir, en la faisant légèrement dégorger). Essuyez la viande en la tamponnant avec du papier absorbant.

3. Dans un wok très chaud ou une grande poêle à frire, chauffez l'huile jusqu'à ce qu'elle commence à fumer, puis faites rissoler la viande du côté de la couenne seulement (couvrez le wok pour éviter les projections). Ajoutez de l'huile si nécessaire.

4. Coupez le gingembre en lamelles de 7 à 8 cm sur 1/2 cm d'épaisseur. Dans une grande casserole ou une cocotte, chauffez le gingembre et le reste des ingrédients du jus de cuisson à feu modéré, puis ajoutez la viande. Couvrez et laissez mijoter 2 heures à 2 heures 30, jusqu'à ce que la viande soit très tendre.

5. Lorsque la viande est cuite, sortez-la de la cocotte et laissez-la légèrement refroidir (vous pouvez congeler la sauce de cuisson pour un usage ultérieur après l'avoir écumée). Découpez la viande en fines tranches. Les Chinois servent la graisse et la couenne avec la viande, mais rien ne vous oblige à faire de même.

6. Si vous le désirez, faites épaissir une partie du liquide de cuisson avec un peu de Maïzena (après avoir écumé toute trace de gras) et nappez les tranches de porc avec cette sauce.

BŒUF ARC-EN-CIEL À LA LAITUE

RÉGION : HONGKONG

SAUTÉ – RAISONNABLE – DIFFICILE

PRÉPARATION : 30 MN – TREMPAGE : 20 MN – CUISSON : 15 MN

D'aucuns assurent que cette recette n'appartient pas à la cuisine chinoise traditionnelle et qu'elle a plutôt été inventée par un restaurateur de Hongkong… cela ne retire rien à ses qualités. Les légumes variés et colorés constituant l'arc-en-ciel sont sautés avec de la viande de bœuf hachée, agrémentés de sauce hoisin et garnis de vermicelle chinois, ce qui crée un assortiment de saveurs et de consistances délicieusement original. Ce plat fait un excellent hors-d'œuvre pour un repas de fête. Les convives déposent un peu de chaque ingrédient dans une feuille de laitue et dégustent ce mets avec les doigts.

POUR 4 À 6 PERSONNES

450 g de viande de bœuf hachée
1 cuillerée à soupe de vin de riz de Shaoxing ou de xérès sec
1 cuillerée à soupe de sauce de soja claire
2 cuillerées à café d'huile de sésame – 2 cuillerées à café de Maïzena
100 g de carottes – 100 g de courgettes
100 g de pousses de bambou en conserve
100 g de poivron rouge ou vert
15 g de champignons chinois séchés
225 g de cœur de laitue iceberg
25 g de vermicelle chinois
30 cl d'huile d'arachide (voir Les friteuses, page 40)

1 cuillerée à soupe d'huile d'arachide
1 cuillerée à soupe d'ail finement haché
1 cuillerée à soupe d'échalote et 3 cuillerées à soupe de ciboule finement hachées
2 cuillerées à café de sauce de soja noire
2 cuillerées à café de vin de riz de Shaoxing ou de xérès sec
2 ou 3 cuillerées à soupe de sauce hoisin
2 cuillerées à soupe de sauce d'huître
$^1/_2$ cuillerée à café de sel – $^1/_4$ de cuillerée à café de poivre gris moulu

4 cuillerées à soupe de sauce hoisin

Bœuf arc-en-ciel à la laitue

1. Faites tremper les champignons chinois 20 minutes dans de l'eau tiède, égouttez-les, rincez-les et exprimez l'excédent de liquide. Coupez et jetez les pieds, débitez les chapeaux en rubans de 5 cm de long.
2. Dans une jatte, mélangez soigneusement la viande avec le vin de riz ou de xérès, la sauce de soja claire, l'huile de sésame, la Maïzena, et laissez mariner environ 20 minutes.
3. Dans le même temps, épluchez les carottes et coupez-les en bâtonnets de 5 cm de long, ainsi que les pousses de bambou, les courgettes et le poivron. Détachez et lavez les feuilles de salade, essorez et réservez.
4. Dans un grand wok ou une friteuse, chauffez 30 cl d'huile et lorsqu'elle commence à fumer, faites frire le vermicelle jusqu'à ce que les filaments soient gonflés et croustillants. Égouttez-les sur du papier absorbant. L'huile peut être utilisée ultérieurement.
5. Versez 1 cuillerée à soupe de l'huile de friture dans un wok très chaud (ou une poêle à frire) et, quand elle commence à fumer, faites sauter la viande hachée pendant environ 1 minute. Retirez la viande et mettez-la dans une jatte.
6. Essuyez le wok, faites-le de nouveau chauffer à feu vif puis versez-y 1 cuillerée à soupe d'huile fraîche. Lorsque cette huile commence à fumer, ajoutez l'ail, l'échalote, la ciboule et faites rissoler pendant 10 secondes. Ajoutez alors les carottes et continuez à faire sauter pendant 1 minute. Pour finir, mettez les pousses de bambou, les courgettes, les poivrons, les champignons, la sauce de soja, la sauce hoisin, la sauce d'huître, le sel et le poivre. Faites sauter pendant 3 minutes, puis ajoutez la viande dans le wok et remuez de façon à bien l'enrober.
7. Présentez dans un plat de service chaud. Disposez la salade et le vermicelle dans des petites assiettes séparées, versez la sauce hoisin dans un petit bol et servez aussitôt.

RAGOÛT DE BŒUF

RÉGION : PÉKIN
BRAISÉ – RAISONNABLE – FACILE
PRÉPARATION : 15 MN – CUISSON : 2 H 25

En Chine, la viande de bœuf est souvent coriace, aussi la fait-on généralement cuire à l'étouffée. Les cuisiniers chinois ont appris depuis longtemps à faire de nécessité vertu, profitant de cette cuisson prolongée pour apporter à la viande les saveurs subtiles et complexes d'épices et de condiments variés.

Cette recette, version chinoise du bœuf en daube, fait appel à nombre des assaisonnements préférés des Chinois du nord. Choisissez pour la préparer une pièce de viande peu coûteuse, telle que la poitrine ou le jarret. L'un des ingrédients, le radis blanc chinois, ou *mooli,* se trouve dans les épiceries asiatiques, mais vous pouvez le remplacer par des navets ou des carottes. Le riz blanc accompagne parfaitement ce ragoût.

POUR 4 À 6 PERSONNES

1,5 kg de bœuf à braiser (poitrine ou jarret, par exemple)
4 brins de ciboule
2 cuillerées à soupe d'huile d'arachide
6 rondelles de gingembre frais
4 gousses d'ail épluchées et légèrement écrasées
4 piments forts séchés
450 g de radis blanc chinois

SAUCE DE CUISSON
90 cl de bouillon de poulet (page 62)
50 g de sucre chinois jaune ou de sucre semoule
1 1/2 cuillerée à soupe de sauce de soja claire
2 cuillerées à soupe de sauce de soja noire
3 cuillerées à soupe de vin de riz de Shaoxing ou de xérès sec
4 étoiles de badiane
2 cuillerées à café d'épice aux cinq parfums en poudre
5 cuillerées à soupe de sauce hoisin
1 cuillerée à soupe de sauce aux haricots jaunes entiers
2 cuillerées à soupe de tofu fermenté (facultatif)

1. Débitez la viande en dés de 5 cm, puis la ciboule en tronçons de 5 cm (légèrement en biseau).
2. Dans un wok très chaud (ou une grande poêle à frire), chauffez l'huile jusqu'à ce qu'elle commence à fumer, puis faites rissoler le bœuf pendant 10 minutes. Jetez l'excédent de matières grasses pour n'en laisser qu'une cuillerée à soupe dans le wok. Ajoutez la ciboule, le gingembre, l'ail et les piments, puis faites revenir avec la viande environ 5 minutes en remuant régulièrement.
3. Versez cette préparation dans une grande cocotte. Ajoutez les ingrédients de la sauce de cuisson, portez à ébullition, écumez et réduisez le feu. Couvrez et faites cuire à l'étouffée, à feu très doux, pendant 1 heure 30.
4. Pendant ce temps, épluchez le radis blanc et coupez-le en morceaux de 5 cm légèrement en biseau. Ajoutez-les à la viande, prolongez la cuisson d'environ 30 minutes (la viande doit être très tendre), puis faites réduire la sauce à feu vif pendant environ 15 minutes. Servez aussitôt, ou laissez refroidir pour réchauffer ultérieurement.

BŒUF À LA SAUCE D'HUÎTRE

RÉGION : CANTON

SAUTÉ – CHER – FACILE

PRÉPARATION : 10 MN – MARINADE : 20 MN – CUISSON : 10 MN

Ce plat était l'un des plus appréciés par les clients de notre restaurant familial. Une bonne sauce d'huître ne doit pas avoir un goût de marée mais plutôt une saveur carnée qui se marie très bien avec le bœuf ou le porc.

Ce plat très facile à préparer est délicieux avec du riz blanc et du chou chinois à la sauce de soja (page 214).

POUR 4 PERSONNES

450 g de bifteck dans le filet
1 cuillerée à soupe de sauce de soja claire
2 cuillerées à café d'huile de sésame
1 cuillerée à soupe de vin de riz de Shaoxing ou de xérès sec
2 cuillerées à café de Maïzena
3 cuillerées à soupe d'huile d'arachide
3 cuillerées à soupe de sauce d'huître
1 1/2 cuillerée à soupe de ciboule hachée menu

1. Découpez la viande en fines tranches de 5 cm de long. Mélangez-les, dans un bol, avec la sauce de soja, l'huile de sésame, le vin de riz ou le xérès et la Maïzena. Laissez mariner 20 minutes.
2. Dans un wok très chaud (ou une grande poêle à frire), chauffez l'huile d'arachide. Lorsqu'elle commence à fumer, faites sauter la viande pendant environ 5 minutes, puis retirez-la et égouttez-la soigneusement dans une passoire. Jetez l'huile.
3. Essuyez le wok et faites-le de nouveau chauffer à feu vif. Lorsqu'il est très chaud, versez-y la sauce d'huître, et, quand elle commence à frémir, ajoutez les tranches de viande pour les enrober de sauce. Transvasez dans un plat chaud, décorez de ciboule et servez aussitôt.

BŒUF SAUTÉ À L'ORANGE

RÉGIONS : PÉKIN ET SICHUAN

SAUTÉ – CHER – FACILE

PRÉPARATION : 10 MN – MARINADE : 20 MN – CUISSON : 6 MN

Ce plat est originaire du nord et de l'ouest de la Chine. Les Chinois emploient toujours du zeste séché, dont la saveur est d'autant plus prisée que le zeste est vieux, mais je préfère réaliser ce plat avec du zeste frais, dont l'aigreur s'accorde tout aussi bien avec la robuste saveur du bœuf. Cette recette sans difficulté change agréablement des sautés de bœuf habituels. Accompagnez ce plat de riz et de soupe de maïs au crabe (page 80)

POUR 4 PERSONNES

450 g de bifteck dans le filet
1 cuillerée à soupe de sauce de soja noire
1 cuillerée à soupe de vin de riz de Shaoxing ou de xérès sec
1 1/2 cuillerée à café de gingembre frais haché menu
2 cuillerées à café de Maïzena – 2 cuillerées à café d'huile de sésame
5 cuillerées à soupe d'huile d'arachide
2 piments forts séchés, coupés en deux dans la longueur
1 cuillerée à soupe de zeste d'orange séché, réhydraté et grossièrement haché (page 33)
2 cuillerées à café de poivre du Sichuan, grillé et moulu (facultatif ; page 27)
1 cuillerée à soupe de sauce de soja noire
1 1/2 cuillerée à café de sucre en poudre – 1/2 cuillerée à café de sel
2 cuillerées à café d'huile de sésame

1. Coupez le filet de bœuf en fines tranches de 5 cm de long, dans le sens des fibres. Mélangez dans un bol avec la sauce de soja, le vin de riz ou le xérès, le gingembre, la Maïzena et l'huile de sésame, puis laissez mariner environ 20 minutes.

2. Dans un wok très chaud (ou une grande poêle à frire), chauffez l'huile à feu vif puis, lorsqu'elle commence à fumer, sortez la viande de la marinade avec une écumoire et faites-la rissoler pendant 2 minutes tout en remuant. Égouttez la viande dans une passoire.

3. Jetez la majeure partie de l'huile pour n'en laisser dans le wok que l'équivalent de 2 cuillerées à café. Chauffez de nouveau le wok à feu vif, puis faites sauter les piments séchés pendant 10 secondes.

4. Remettez alors la viande dans le wok, ajoutez le reste des ingrédients et faites sauter pendant 4 minutes en mélangeant bien le tout et servez.

Bœuf sauté au gingembre

Région : Canton

Sauté – Cher – Difficile

Préparation : 10 mn – Marinade :20 mn – Cuisson : 5 mn

Cette recette cantonaise typique demeure l'une des manières les plus rapides et savoureuses de cuisiner le bœuf. Elle doit au gingembre sa subtile et odorante vigueur. Servez ce sauté avec une soupe de germes de soja au jambon (page 71) et une laitue à la sauce d'huître (page 223).

Pour 4 personnes

450 g de bifteck dans le filet
1/2 cuillerée à café de sel
2 cuillerées à café de sauce de soja claire
2 cuillerées à café de vin de riz de Shaoxing ou de xérès sec
1 cuillerée à café d'huile de sésame
1 cuillerée à café de Maïzena
3 cuillerées à soupe de gingembre frais émincé
1 1/2 cuillerée à soupe d'huile d'arachide
2 cuillerées à café d'huile d'arachide
2 cuillerées à café de bouillon de poulet (page 62) ou d'eau
1 1/2 cuillerée à café de sel
1 cuillerée à café de poivre blanc fraîchement moulu
1 cuillerée à café de sucre en poudre

1. Placez la viande pendant 20 minutes au freezer : ainsi raffermie, elle sera plus facile à trancher. Coupez-la en fines lamelles de 4 cm de long, puis mélangez dans une jatte avec le sel, la sauce de soja, le vin de riz ou le xérès, l'huile de sésame et la Maïzena. Laissez mariner 20 minutes environ.

2. Dans un wok très chaud (ou une grande poêle à frire), chauffez l'huile, puis, lorsqu'elle commence à fumer, sortez la viande de la marinade avec une écumoire et faites-la sauter pendant 2 minutes. Retirez la viande du wok.

3. Essuyez le wok et chauffez-le de nouveau à feu très vif. Versez-y 2 cuillerées à café d'huile et, lorsqu'elle est très chaude, faites revenir le gingembre quelques secondes, puis ajoutez le bouillon ou l'eau, le sel, le poivre et le sucre. Remettez le bœuf dans le wok pour bien le réchauffer et servez.

BOULETTES DE BŒUF À LA VAPEUR

RÉGION : CANTON
CUIT À LA VAPEUR – RAISONNABLE – FACILE
PRÉPARATION : 5 MN – CUISSON : 20 MN

Tout jeune marmiton dans les cuisines du restaurant familial, j'adorais déjà ces boulettes de bœuf cuites à la vapeur, que le blanc d'œuf et la Maïzena rendent légères et gonflées. Nous hachions le bœuf avec deux couperets – un dans chaque main –, auquel nous ajoutions blanc d'œuf et Maïzena – jusqu'à les incorporer parfaitement à la viande – puis les assaisonnements, et nous continuions à hacher pour obtenir une sorte de pâte légère. Aujourd'hui, les robots ménagers réalisent ces opérations en quelques minutes, et donnent aux boulettes une consistance plus homogène. Ces boulettes se réchauffent très bien (à la vapeur) ; servez-les à l'apéritif ou lors d'un buffet.

POUR 4 PERSONNES

350 g de viande de bœuf hachée
2 blancs d'œuf – 5 cuillerées à soupe d'eau très froide
1 cuillerée à café de sel – 1 cuillerée à café de Maïzena
1 1/2 cuillerée à soupe de sauce de soja claire
2 cuillerées à café de poivre gris fraîchement moulu
1 cuillerée à soupe d'huile de sésame
3 cuillerées à soupe de coriandre fraîche hachée menu
3 cuillerées à soupe de ciboule hachée menu
2 cuillerées à café de sucre en poudre

1. Passez la viande au robot ménager pendant quelques secondes. Versez lentement le blanc d'œuf et l'eau froide puis mixez quelques secondes de plus pour bien les incorporer. Ajoutez le reste des ingrédients et mixez pendant environ 1 minute pour obtenir une pâte légère. Façonnez cette préparation à la main en une douzaine de boulettes de 4 cm de diamètre (de la grosseur d'une balle de golf).

2. Versez ensuite 5 cm d'eau dans un cuit-vapeur (ou un wok – voire une grande casserole ou cocotte – dans lequel vous aurez posé une grille) et portez à ébullition. Posez les boulettes dans une assiette supportant la chaleur, placez-la dans le cuit-vapeur (ou sur la grille) et laissez cuire à la vapeur pendant 15 minutes environ.

3. Jetez le liquide accumulé dans l'assiette, disposez les boulettes dans un plat chaud et servez aussitôt.

BŒUF SAUTÉ AUX POIS GOURMANDS

RÉGION : CANTON

SAUTÉ – CHER – FACILE

PRÉPARATION : 15 MN – MARINADE : 20 MN – CUISSON : 10 MN

Cette recette constitue ma version d'un sauté de bœuf très apprécié dans les pays occidentaux. Ce plat, d'une extrême simplicité, entrera dans la composition d'un repas familial chinois aussi typique que délicieux, accompagné de riz blanc et de poisson à la ciboule et au gingembre (page 170). Toutes sortes de légumes frais peuvent remplacer les pois gourmands.

POUR 4 PERSONNES

450 g de bifteck dans le filet
2 cuillerées à café de sauce de soja claire
2 cuillerées à café de vin de riz de Shaoxing ou de xérès sec
2 cuillerées à café d'huile de sésame
1/2 cuillerée à café de sel
1 pincée de poivre gris moulu
2 cuillerées à café de Maïzena
100 g de poivron vert ou rouge
3 cuillerées à soupe d'huile d'arachide
250 g de pois gourmands épluchés
15 cl de bouillon de poulet (page 62) ou d'eau
2 cuillerées à soupe de sauce d'huître

1. Coupez la viande en fines lamelles de 5 cm de long. Dans une jatte, mélangez la viande, la sauce de soja, le vin de riz ou le xérès, l'huile de sésame, le sel, le poivre et la Maïzena. Laissez mariner 20 minutes. Coupez le poivron en lamelles de 5 cm de long.

2. Dans un wok très chaud (ou une grande poêle à frire), chauffez l'huile puis, lorsqu'elle commence à fumer, sortez la viande de la marinade avec une écumoire et faites-la sauter pendant 3 minutes. Réservez les lamelles de bœuf et récupérez l'huile.

3. Essuyez le wok (ou la poêle) et mettez-le de nouveau à feu très vif. Versez 1 cuillerée à soupe d'huile de cuisson dans le wok puis, quand elle est bien chaude, faites revenir le poivron et les poids gourmands pendant 2 minutes. Ajoutez le bouillon et la sauce d'huître, portez à ébullition. Remettez la viande dans le wok ; remuez soigneusement. Déposez dans un plat chaud et servez aussitôt.

Bœuf sauté aux pois gourmands

BŒUF HACHÉ AUX ŒUFS BROUILLÉS

RÉGIONS : CANTON ET FUJIAN

SAUTÉ – BON MARCHÉ – FACILE

PRÉPARATION : 5 MN – MARINADE : 20 MN – CUISSON : 10 MN

Peu coûteux et faciles à accommoder, les œufs figurent très souvent dans les plats de la cuisine familiale chinoise. Parce qu'ils sont plutôt fades, les œufs se marient très bien avec de nombreux ingrédients plus savoureux et relevés. Cette « omelette chinoise » se sert avec du riz nature et des légumes sautés.

POUR 4 PERSONNES

225 g de viande de bœuf hachée
2 1/2 cuillerées à soupe d'huile d'arachide
6 œufs battus
2 cuillerées à café d'huile de sésame
1 pincée de sel – 1 pincée de poivre gris moulu
1 cuillerée à café de sauce de soja claire
4 cuillerées à soupe de ciboule hachée menu

MARINADE

2 cuillerées à café de sauce de soja claire
2 cuillerées à café de vin de riz de Shaoxing ou de xérès sec
2 cuillerées à café d'huile de sésame
1 cuillerée à café de sucre en poudre
1/2 cuillerée à café de sel – 1 pincée de poivre gris moulu

2 cuillerées à soupe de ciboule hachée menu

1. Dans une jatte, mélangez soigneusement la viande aux ingrédients de la marinade, laissez mariner 20 minutes.
2. Dans un wok très chaud (ou une poêle à frire), chauffez à feu vif 1 cuillerée à soupe d'huile d'arachide ; quand l'huile commence à fumer, ajoutez la viande. Faites revenir pendant 2 minutes sans cesser de remuer, puis retirez la viande et égouttez-la soigneusement dans une passoire.
3. Mélangez les œufs avec l'huile de sésame, le sel, le poivre, la sauce de soja et la ciboule.
4. Essuyez le wok, puis chauffez-le de nouveau à feu très vif. Versez-y 1 1/2 cuillerée à soupe d'huile d'arachide puis, lorsqu'elle commence à fumer, recouvrez-en parfaitement les parois du wok. Ajoutez la préparation à l'œuf et faites revenir à feu vif en remuant jusqu'à ce que l'œuf com-

mence à cuire. Remettez la viande dans le wok et continuez à faire sauter pendant 1 minute pour réchauffer la viande et achever la cuisson des œufs.

5. Disposez dans un plat chaud, décorez de ciboule et servez aussitôt.

AGNEAU SAUTÉ À L'AIL

RÉGION : PÉKIN

SAUTÉ – RAISONNABLE – FACILE

PRÉPARATION : 10 MN – MARINADE : 20 MN – CUISSON : 10 MN

L'agneau sauté est particulièrement délicieux. Cette façon de l'accommoder, avec quantité d'ail et de ciboule, répond parfaitement à la puissante saveur de cette viande et est très appréciée en Chine. Les pièces les plus tendres de l'agneau, dont les côtelettes et le filet, conviennent le mieux pour ce plat, que vous servirez, par exemple, avec du riz et des aubergines braisées aux épices (page 202).

POUR 4 PERSONNES

450 g de filet ou de côtelettes de filet d'agneau désossées
1 cuillerée à soupe de vin de riz de Shaoxing ou de xérès sec
2 cuillerées à café de sauce de soja noire
1 cuillerée à soupe de sauce de soja claire
2 cuillerées à café d'huile de sésame
1 1/2 cuillerée à café de Maïzena
1 cuillerée à soupe d'huile d'arachide
2 oignons de ciboule finement hachés
6 gousses d'ail épluchées et émincées
2 cuillerées à café de gingembre frais finement haché
1 cuillerée à café de poivre du Sichuan grillé et moulu (page 27)

1. Tranchez la viande en fines lamelles. Dans un bol, mélangez-la avec le vin de riz ou le xérès, les sauces de soja, l'huile de sésame et la Maïzena ; laissez mariner 20 minutes. Retirez la viande de la marinade et réservez-la. Conservez un peu de marinade.

2. Dans un wok très chaud (ou une grande poêle à frire), chauffez l'huile à feu très vif puis, quand elle commence à fumer, ajoutez les lamelles d'agneau marinées et la marinade réservée. Faites revenir 2 minutes.

3. Ajoutez la ciboule, l'ail, le gingembre, et continuez à faire sauter pendant 4 minutes. Servez aussitôt, dans un plat chaud, saupoudré de poivre du Sichuan.

MARMITE MONGOLE

RÉGION : PÉKIN

MIJOTÉ – RAISONNABLE – DIFFICILE

PRÉPARATION : 35 MN – CUISSON : 1 MN

Ce mets, comparable à nos fondues, fut introduit en Chine du nord après la conquête mongole, au XIIIe siècle ; bientôt, toutes les régions du pays l'adoptèrent, en y ajoutant leurs touches personnelles – l'agneau fut parfois remplacé par du bœuf ; les Cantonais mirent au point leur fondue aux chrysanthèmes, avec des pétales de fleurs comestibles. Dans cette recette, qui respecte la méthode traditionnelle, de fines tranches d'agneau et des légumes variés mijotent dans un bouillon. Chacun fait cuire ses aliments dans la marmite, posée au centre de la table. Quand la fin du repas approche, on plonge du vermicelle chinois dans le reste du bouillon, consommé alors comme une soupe. Les Chinois se servent d'un récipient chauffant spécial à charbon de bois, mais vous pouvez fort bien employer un réchaud et un caquelon. Si vous possédez une authentique marmite chinoise, utilisez-la uniquement dans une pièce bien aérée, fenêtres ouvertes, ou en plein air, car les émanations d'oxyde de carbone peuvent être dangereuses.

POUR 4 À 6 PERSONNES

1 kg ou 1,5 kg de viande d'agneau maigre
175 g de vermicelle chinois
225 g d'épinards
225 de chou chinois
1,2 l de bouillon de poulet (page 62)
2 cuillerées à soupe de sauce de soja claire
2 cuillerées à café de sauce de soja noire
1 1/2 cuillerée à soupe de vin de riz de Shaoxing ou de xérès sec
1 cuillerée à soupe d'huile de sésame
1 cuillerée à café de sel
1/2 cuillerée à café de poivre gris fraîchement moulu
1 cuillerée à café de sucre en poudre
2 cuillerées à café de gingembre frais finement haché
3 cuillerées à soupe de ciboule finement hachée
1 cuillerées à soupe d'ail haché
3 cuillerées à soupe de coriandre fraîche finement hachée

Marmite mongole

SAUCE
3 cuillerées à soupe de pâte de sésame ou de beurre de cacahuètes
1 1/2 cuillerée à soupe de sauce de soja claire
1 cuillerée à soupe de sauce de soja noire
2 cuillerées à soupe de vin de riz de Shaoxing ou de xérès sec
2 cuillerées à café de sauce pimentée
1 cuillerée à soupe de sucre en poudre
1 cuillerée à soupe d'eau chaude

1. À l'aide d'un couperet, ou d'un couteau bien aiguisé, découpez la viande en tranches très fines. Plongez le vermicelle chinois dans de l'eau tiède pendant 5 minutes, puis égouttez-le et coupez les filaments en tronçons de 12 cm de long. Retirez les côtes des épinards et lavez soigneusement les feuilles. Coupez le chou chinois en morceaux de 7 à 8 cm de long.

2. Mélangez tous les ingrédients de la sauce dans un bol. Placez devant chaque convive un ramequin de sauce, ainsi qu'une assiette contenant de l'agneau, des épinards et du chou chinois.

3. Dans une casserole, mettez le bouillon à chauffer et portez-le à ébullition puis allumez le réchaud. Versez le bouillon à la louche dans le caquelon, ajoutez les sauces de soja, le vin de riz ou le xérès, l'huile de sésame, le sel, le poivre, le sucre, le gingembre, la ciboule, l'ail et la coriandre.

4. Chacun choisit un morceau de viande ou de légume et le fait cuire brièvement dans le bouillon. Lorsqu'il ne reste plus ni viande ni légumes, déposez le vermicelle chinois dans le caquelon pour bien le chauffer, puis répartissez la soupe dans des bols.

5. La fondue chinoise est également excellente avec du steak, des boulettes de poisson, des huîtres, des grosses crevettes, des calmars, des champignons et de la laitue, mais elle ressemble alors davantage à une fondue cantonaise aux chrysanthèmes qu'à une marmite mongole.

AGNEAU À LA PÉKINOISE

RÉGION : PÉKIN

BRAISÉ – RAISONNABLE – FACILE

PRÉPARATION : 15 MN – CUISSON : 1 H 45

Les Chinois cuisinent le mouton et la chèvre plus que l'agneau, et ont mis au point maintes techniques de cuisson à l'étouffée, faisant appel à des épices destinées à masquer partiellement le goût puissant de ces viandes. Ce plat familial est idéal en hiver servi avec du riz blanc et du chou chinois à la sauce de soja (page 214)

POUR 4 PERSONNES

450 g d'épaule d'agneau désossée
2 brins de ciboule – 1/2 petit oignon finement haché
2 tronçons de gingembre frais de 7 à 8 cm
1 cuillerée à soupe d'huile d'arachide

SAUCE DE CUISSON
1 l de bouillon de poulet (page 62)
50 g de sucre chinois jaune ou de sucre semoule
2 cuillerées à soupe de sauce de soja noire
3 cuillerées à soupe de vin de riz de Shaoxing ou de xérès sec
1 bâton de cannelle ou 1 morceau d'écorce de cannelle chinoise
1 1/2 cuillerée à soupe de pâte de sésame ou de beurre de cacahuètes
2 étoiles de badiane – 2 cuillerées à soupe de sauce hoisin

1. Découpez la viande en dés de 5 cm. Faites blanchir 5 minutes dans de l'eau bouillante, puis retirez la viande et jetez l'eau. Coupez la ciboule, en biseau, en tronçons de 7 à 8 cm de long, et le gingembre en lamelles de 7 à 8 cm sur 1/2 cm (en biseau également).

2. Dans un wok très chaud (ou une grande poêle à frire), chauffez l'huile à feu vif et, lorsqu'elle commence à fumer, faites rissoler les morceaux de viande, puis ajoutez la ciboule, le gingembre et l'oignon ; continuez à faire sauter pendant 5 minutes.

3. Transvasez dans une grande cocotte et ajoutez les ingrédients de la sauce de cuisson. Portez à ébullition, écumez la graisse en surface, puis réduisez le feu. Couvrez et faites mijoter à feu très doux pendant 1 h 30, jusqu'à ce que la viande soit très tendre. Vous pouvez congeler la sauce de cuisson pour y cuire ultérieurement de l'agneau. Déposez la viande dans un plat chaud et servez aussitôt.

FOIE SAUTÉ À LA SAUCE ÉPICÉE

RÉGION : CANTON

SAUTÉ – BON MARCHÉ – FACILE

PRÉPARATION : 15 MN – MARINADE : 20 MN – CUISSON : 5 MN

Le foie de porc est une spécialité chinoise délicieuse à condition d'être correctement cuisinée. Mon oncle préparait un foie de porc aux légumes savoureux : son secret était de couper le foie en fines tranches qu'il faisait sauter brièvement avant de les égoutter, cela pour les débarrasser de toute amertume. Cette recette est accommodée avec une sauce relevée dont les saveurs épicées équilibrent et atténuent le goût puissant du foie. Je sers ce plat avec du riz blanc et des légumes verts.

POUR 4 PERSONNES

225 g de foie de veau ou de porc
3 brins de ciboule
15 cl d'huile d'arachide

MARINADE

1 blanc d'œuf
1 cuillerée à soupe de vin de riz de Shaoxing ou de xérès sec
2 cuillerées à café d'huile de sésame
2 cuillerées à café de sel
1/2 cuillerée à café de poivre blanc fraîchement moulu
2 cuillerées à café de gingembre frais finement haché
2 cuillerées à café de Maïzena

SAUCE

2 cuillerées à café de sauce de soja claire
2 cuillerées à café de vin de riz de Shaoxing ou de xérès sec
2 cuillerées à café de sucre en poudre
1 1/2 cuillerée à soupe de sauce aux haricots jaunes entiers
2 cuillerées à café de sauce pimentée

1. Tranchez le foie en fines lamelles de 7 à 8 cm de long. Dans un bol, mélangez le foie avec le blanc d'œuf, le vin de riz ou le xérès, l'huile de sésame, le sel, le poivre, le gingembre et la Maïzena. Laissez mariner au moins 20 minutes au réfrigérateur.

2. Coupez la ciboule, en biseau, en tronçons de 5 cm. Dans un autre bol, mélangez les ingrédients de la sauce.

3. Chauffez un wok à feu très vif (ou une poêle à frire), ajoutez l'huile et, lorsqu'elle commence à fumer, sortez le foie de la marinade à l'aide d'une écumoire et faites-le rissoler pendant 2 minutes. Retirez le foie, et gardez environ 2 cuillerées à café d'huile dans le wok.

4. Chauffez de nouveau le wok, puis faites revenir la ciboule pendant 1 minute en remuant, avant d'ajouter les ingrédients de la sauce.

5. Quand la sauce parvient à ébullition, remettez le foie dans le wok, enrobez-le bien de sauce, faites revenir 30 secondes à feu vif et servez.

ROGNONS D'AGNEAU SAUTÉS

RÉGION : SICHUAN

SAUTÉ – BON MARCHÉ – DIFFICILE

PRÉPARATION : 15 MN – DÉGORGEMENT : 20 MN – CUISSON : 5 MN

Les rognons d'agneau sont délicieux rissolés. Lorsque j'étais jeune cuisinier, on m'a enseigné une merveilleuse technique pour nettoyer les rognons que j'utilise encore aujourd'hui. On incise la surface des rognons avant de les rouler dans du bicarbonate de soude, cela les attendrit et neutralise leur acidité. On rince ensuite le bicarbonate, puis on roule les rognons dans un mélange de vinaigre et de sel afin de supprimer toute trace d'amertume. La saveur ainsi obtenue est parfaitement fraîche et nette. Servez ce plat avec une soupe de maïs au crabe (page 80) et du riz nature.

POUR 4 PERSONNES

450 g de rognons d'agneau ou de porc
1 1/2 cuillerée à café de bicarbonate de soude
2 cuillerées à café de vinaigre de riz blanc ou de vinaigre de cidre
1 cuillerée à café de sel
1 cuillerée à soupe d'huile d'arachide
3 piments rouges séchés, dont 1 fendu en deux dans la longueur
1 cuillerée à soupe d'ail finement haché
1 cuillerée à soupe de sauce de soja noire
2 cuillerées à café de vin de riz de Shaoxing ou de xérès sec
1/2 cuillerée à café de poivre du Sichuan grillé et finement moulu (facultatif; page 27)
1 cuillerée à café de sucre en poudre
1/2 cuillerée à café de sel
1 cuillerée à café d'huile de sésame
2 cuillerées à café de ciboule finement hachée

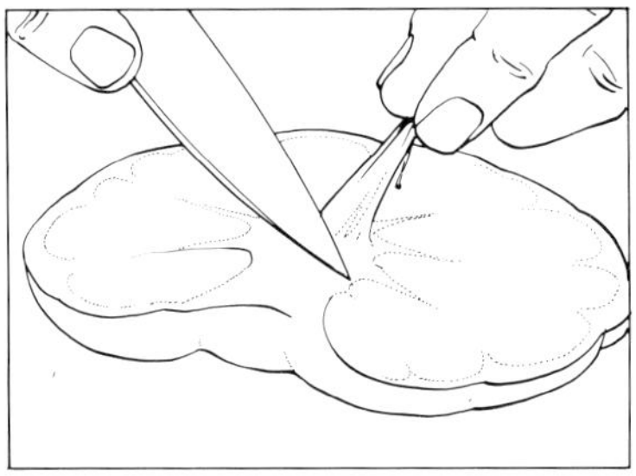
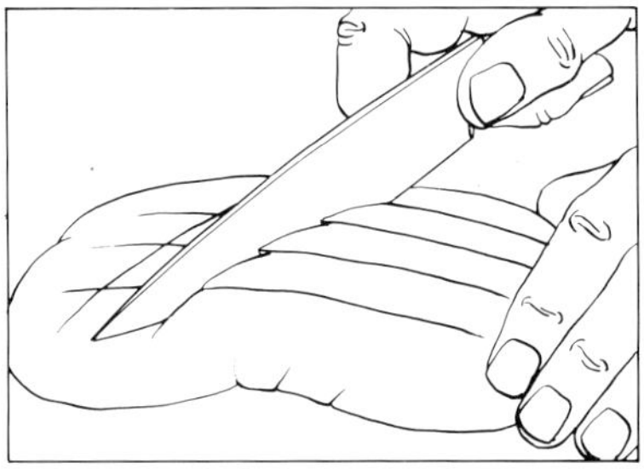

1. À l'aide d'un couteau pointu et bien aiguisé, retirez la fine membrane externe des rognons. Ouvrez-les ensuite en deux horizontalement, avec un couperet ou un couteau affilé, puis ôtez les petites boules de graisse et les membranes coriaces qui les entourent. Entaillez les rognons en losanges (voir schéma ci-dessus), puis coupez-les en fines tranches.

2. Saupoudrez ces tranches avec le bicarbonate de soude, laissez reposer 20 minutes environ puis rincez soigneusement à l'eau froide avant de les rouler dans du vinaigre salé. Mettez-les à égoutter dans une passoire pendant 30 minutes au moins (davantage de préférence). Essuyez les tranches de rognon en les tamponnant avec du papier absorbant.

3. Chauffez un wok à feu très vif (ou une grande poêle à frire), ajoutez l'huile puis, lorsqu'elle commence à fumer, faites sauter les piments séchés pendant une vingtaine de secondes pour parfumer l'huile et enlevez-les. Faites alors rissoler les rognons environ 1 minute en remuant pour les enrober d'huile.

4. Ajoutez le reste des ingrédients et mélangez soigneusement le tout. Continuer à faire sauter pendant environ 2 minutes, jusqu'à ce que les tranches de rognon commencent à se recroqueviller. Transvasez dans un plat chaud, décorez de ciboule et servez.

ROGNONS À LA SAUCE AIGRE ET PIMENTÉE

RÉGION : SICHUAN

SAUTÉ – BON MARCHÉ – FACILE

PRÉPARATION : 15 MN – DÉGORGEMENT : 20 MN – CUISSON : 5 MN

Les rognons de porc sautés dans cette sauce aigre et pimentée sont à la fois tendres et savoureux : les goûts contrastés de la sauce complètent à la perfection la puissante saveur des rognons. Comme pour la recette des rognons d'agneau sautés, qui précède, je vous conseille de faire mariner les rognons dans du bicarbonate de soude puis de les rouler dans du vinaigre et du sel. Ce plat économique s'accompagne très bien de riz nature et de légumes sautés.

Pour 4 personnes

450 g de rognons de porc
1 cuillerée à café de bicarbonate de soude
2 cuillerées à café de vinaigre de riz blanc ou de vinaigre de cidre
1 cuillerée à café de sel
1 cuillerée à soupe d'huile d'arachide
1 cuillerée à soupe de gingembre frais haché menu

Sauce

2 cuillerées à café d'ail haché menu
2 cuillerées à café de gingembre frais finement haché
1 cuillerée à soupe de sauce pimentée
1 cuillerée à soupe de vinaigre de riz blanc ou de vinaigre de cidre
2 cuillerées à café de sucre en poudre
1 cuillerée à soupe de sauce de soja noire
1 cuillerée à café de poivre du Sichuan, grillé et moulu (facultatif ; page 27)
1 1/2 cuillerée à soupe de bouillon de poulet (page 62) ou d'eau

2 cuillerées à soupe de ciboule hachée

1. À l'aide d'un couteau pointu, retirez la fine membrane externe des rognons, puis ouvrez-les en deux horizontalement avec un couperet ou un couteau affilé. Supprimez les petites boules de graisse et les membranes coriaces qui les entourent. Entaillez les rognons en dessinant des losanges, puis coupez-les en lamelles de 2 à 3 cm. Saupoudrez-les de bicarbonate de soude, puis laissez reposer environ 20 minutes.

2. Rincez abondamment à l'eau froide, puis roulez les lamelles dans du vinaigre et du sel. Laissez-les s'égoutter dans une passoire pendant au moins 30 minutes (davantage de préférence). Essuyez les rognons avec du papier absorbant.

3. Chauffez un wok à feu très vif (ou une grande poêle à frire), puis versez-y l'huile. Quand elle commence à fumer, faites revenir le gingembre environ 20 secondes pour aromatiser l'huile.

4. Faites revenir les rognons pendant 1 minute en remuant, ajoutez les ingrédients de la sauce et mélangez le tout. Poursuivez la cuisson pendant 2 minutes environ, jusqu'à ce que les rognons commencent à se recroqueviller. Transvasez dans un plat chaud, décorez de ciboule et servez.

LES VOLAILLES

En Chine, le poulet est la plus prisée des volailles. Pour impressionner un invité, une hôtesse chinoise annoncera, par exemple, qu'elle a tué un poulet en son honneur. On en sert fréquemment lors des grands repas de fête. Le poulet occupait ainsi la première place lors de nos réunions familiales ! Tous les dimanches matin, ma mère rapportait à la maison un poulet vivant, acheté au marché du Chinatown de Chicago, où nous habitions. Les caquètements du volatile me réveillaient immanquablement. Le poulet était rapidement tué, puis préparé selon l'une des nombreuses recettes maternelles. L'une de mes préférées consistait à le faire lentement pocher, puis macérer, avant de le servir avec de la sauce de soja et une sauce à la ciboule.

Rares sont les habitations équipées d'un four, ce sont généralement des cuisiniers professionnels qui se chargent de faire rôtir les poulets, vendus dans des boutiques spécialisées. Chez soi, on fait braiser, sauter, frire ou mijoter le poulet – on peut aussi le cuire à la vapeur. L'une des vertus du poulet est sa saveur discrète (mais néanmoins caractéristique), qui se marie fort bien avec maints assaisonnements, condiments, épices et sauces. Le poulet se prête à des préparations très variées, ce qui lui vaut d'être aussi apprécié, en Chine, que le porc.

Les Chinois préfèrent acheter leurs poulets vivants pour s'assurer de leur parfaite fraîcheur au moment de la cuisson. De toute évidence, cette pratique n'est guère commode en Occident. En Europe comme en Amérique du Nord, on trouve partout des poulets peu coûteux, mais, malheureusement, les méthodes d'élevage modernes font que les volailles du commerce sont souvent fades. Évitez, dans la mesure du possible, de cuisiner du poulet surgelé, qui manque tout particulièrement de saveur, et efforcez-vous de choisir une volaille bien fraîche, à la belle couleur rosée, à la consistance bien ferme. Le mieux est d'acheter des poulets fermiers ou nourris au maïs. Non seulement leur élevage est moins barbare que celui des poulets de batterie, et de plus, leur saveur est bien supérieure. En Chine, on n'apporte pas le poulet entier sur la table pour le découper, on le découpe toujours en morceaux de la grosseur d'une bouchée, qui sont habituellement présentés dans un plat de bois. Toutefois, un certain nombre des recettes figurant dans ce chapitre peuvent être réalisées avec des morceaux de poulet plutôt qu'une volaille entière. Toutes les parties du poulet servent. La viande brune des cuisses et des pilons est tout spécialement prisée, pour son goût plus prononcé.

Les poulets fermiers, ou classe A, sont ceux qui conviennent le mieux pour la cuisson à la vapeur ou à l'étouffée, ou pour être frits ; quant aux volailles de moindre qualité, recourez-y si possible, pour le bouillon. Les coquelets se prêtent bien à la préparation de sautés.

Faites cuire votre poulet aussitôt que possible après son achat, et réfrigérez-le jusqu'à utilisation. Si vous souhaitez le conserver frais, commencez par retirer l'emballage et les abats, rincez-le soigneusement à l'eau froide et séchez-le parfaitement en le tamponnant avec du papier absorbant. Emballez-le dans du film étirable et placez-le au réfrigérateur, où il se conservera deux jours.

Le canard est également apprécié par les Chinois : le canard laqué – ou canard à la pékinoise – est même l'un des mets les plus célèbres de la cuisine chinoise. Lorsqu'on le prépare chez soi, on ne le fait pas rôtir, on le découpe pour cuire les morceaux à l'étouffée ou pour les faire sauter. Le canard peut aussi être cuit à la vapeur puis frit, ce qui dégraisse sa chair et la rend très tendre. Il est toujours préférable de cuisiner du canard frais, et le moins gras possible, plutôt que de la volaille surgelée ; la conservation est identique à celle du poulet. Si vous utilisez du canard surgelé, veillez à bien le décongeler avant de le faire cuire.

Le gibier à plumes est abondamment employé en cuisine chinoise. Le pigeon et la caille, que l'on trouve facilement en Occident, s'accommodent parfaitement selon les recettes chinoises – en ragoût ou dans des soupes, avec des herbes médicinales et aromatiques –, qui tendent à atténuer leur saveur parfois très puissante.

POULET AUX HARICOTS NOIRS

RÉGION : CANTON

SAUTÉ OU BRAISÉ – BON MARCHÉ – FACILE

PRÉPARATION : 10 MN – MARINADE : 1 H – CUISSON : 25 MN

Cette recette est l'une de mes favorites, notamment parce qu'elle évoque des souvenirs d'enfance : l'odeur d'une sauce aux haricots noirs aillée qui m'accueillait fréquemment à mon retour de l'école. Ma mère préparait ce plat avec des ailes de poulet, l'un des morceaux les plus savoureux. Elles sont idéales pour la préparation des sautés, car elles cuisent rapidement, mais d'autres morceaux conviennent tout aussi bien. J'emploie ici des cuisses de poulet désossées, à la chair tendre et juteuse. Servez ce plat avec du riz blanc et des épinards sautés à l'ail (page 231). Vous pouvez le préparer à l'avance et le faire réchauffer, ou bien le servir froid.

POUR 4 PERSONNES

450 g de cuisses de poulet désossées
1 cuillerée à soupe de sauce de soja claire
1 1/2 cuillerée à soupe de vin de riz de Shaoxing ou de xérès sec
1/2 cuillerée à café de sel
1 cuillerée à café de sucre en poudre
1 cuillerée à café d'huile de sésame
2 cuillerées à café de Maïzena
1 cuillerée à soupe d'huile d'arachide
1 cuillerée à soupe de gingembre frais haché menu
1 1/2 cuillerée à soupe d'ail finement haché
1 cuillerée à soupe d'échalote finement hachée
1 1/2 cuillerée à soupe de ciboule finement hachée
2 1/2 cuillerées à soupe de haricots noirs, rincés et grossièrement hachés
15 cl de bouillon de poulet (page 62) ou d'eau
2 cuillerées à soupe de ciboule finement hachée

1. Si vous utilisez des morceaux de poulet, recoupez-les en tronçons de 5 cm. Mélangez la sauce de soja, le vin de riz ou le xérès, le sel, le sucre, l'huile de sésame et la Maïzena, et nappez-en le poulet.

2. Laissez mariner 1 heure environ, puis égouttez soigneusement le poulet et jetez la marinade.

3. Chauffez un wok à feu très vif (ou une grande poêle à frire) ; versez-y l'huile puis, lorsqu'elle fume, faites sauter le poulet pendant 5 minutes, jusqu'à ce qu'il commence à dorer.

4. Ajoutez le gingembre, l'ail, l'échalote, la ciboule et les haricots noirs et faites revenir 2 minutes avant d'ajouter le bouillon. Portez à ébullition puis réduisez le feu. Couvrez le wok et faites mijoter 15 minutes, jusqu'à ce que le poulet soit cuit. Servez garni de ciboule hachée.

Poulet au concombre

Régions : Pékin et Sichuan

Sauté – Bon marché – Facile

Préparation : 10 mn – Dégorgement : 20 mn – Cuisson : 6 mn

Il est rare que l'on consomme les concombres crus en Chine. Ils sont d'ailleurs délicieux cuits. Dans cette recette, on les fait sauter avec du blanc de poulet, de l'ail et du piment. Ce plat très simple accompagne fort bien un porc glacé au gingembre (page 95) ou une soupe de tomates aux fleurs d'œuf (page 66).

Pour 4 personnes

450 g de blancs de poulet sans la peau
450 g de concombre
2 cuillerées à café de sel
1 cuillerée à soupe d'huile d'arachide
1 1/2 cuillerée à soupe d'ail finement haché
1 cuillerée à soupe de ciboule finement hachée
1 cuillerée à soupe de sauce de soja claire
1 cuillerée à soupe de vin de riz de Shaoxing ou de xérès sec
1 cuillerée à café de sauce pimentée ou de poivre de Cayenne
2 cuillerées à café d'huile de sésame

1. Découpez le poulet en dés de 2 à 3 cm et réservez. Épluchez le concombre, coupez-le en deux, videz-le de ses pépins à l'aide d'une petite cuiller, puis coupez-le en dés de 2 à 3 cm ; saupoudrez de sel et laissez s'égoutter les dés de concombre pendant 20 minutes dans une passoire afin de leur faire rendre leur excédent d'eau. Rincez les dés de concombre à l'eau froide puis séchez-les avec du papier absorbant.

2. Chauffez un wok à feu très vif (ou une grande poêle à frire), versez-y l'huile d'arachide puis, lorsqu'elle commence à fumer, faites revenir les morceaux de poulet pendant quelques secondes.

3. Ajoutez alors tous les autres ingrédients à l'exception du concombre et faites sauter 2 minutes. Ajoutez les dés de concombre et poursuivez la cuisson 3 minutes en remuant. Servez chaud.

POULET AUX CACAHUÈTES

RÉGION : SICHUAN
SAUTÉ – BON MARCHÉ – FACILE
PRÉPARATION : 10 MN – CUISSON : 5 MN

Ce classique de la cuisine chinoise, originaire de l'ouest du pays, y est plus connu sous l'appellation poulet Gongbao – il devrait son nom à un certain Ding Baozhen, qui fut gouverneur du Sichuan au XIXe siècle. Il existe de multiples versions de cette recette ; rapide et facile à préparer, celle-ci est proche de la formule originale. Elle s'accompagnera très bien de riz et de chou blanc chinois sauté (page 219).

POUR 4 PERSONNES

225 g de blanc de poulet
1 1/2 cuillerée à soupe d'huile d'arachide
1 piment fort séché fendu dans la longueur
75 g de cacahuètes fraîches décortiquées (page 16)

SAUCE
1 cuillerée à soupe de bouillon de poulet (page 62) ou d'eau
1 cuillerée à soupe de vin de riz de Shaoxing ou de xérès sec
2 cuillerées à café de sauce de soja noire
1 cuillerée à café de sucre en poudre
1 cuillerée à café d'ail finement haché
2 cuillerées à café de ciboule finement hachée
1/2 cuillerée à café de gingembre frais finement haché
1 cuillerée à café de vinaigre de riz blanc ou de vinaigre de cidre
1/2 cuillerée à café de sel
1 cuillerée à café d'huile de sésame

1. Découpez le blanc de poulet en dés de 2 à 3 cm.
2. Chauffez un wok à feu très vif (ou une grande poêle à frire). Versez-y l'huile puis, lorsqu'elle commence à fumer, faites revenir le piment quelques secondes (vous pouvez l'enlever quand il noircit, ou le laisser). Ajoutez le poulet et les cacahuètes et faites sauter le tout 1 minute. Retirez le poulet, les cacahuètes et le piment – si ce n'est déjà fait.
3. Versez dans le wok tous les ingrédients de la sauce à l'exception de l'huile de sésame. Portez à ébullition puis réduisez le feu. Remettez le poulet, les cacahuètes et le piment dans le wok et faites cuire 2 minutes dans la

sauce sans cesser de remuer. Ajoutez l'huile de sésame, mélangez soigneusement, retirez le piment.

4. Transférez la préparation dans un plat chaud et servez aussitôt.

POULET AU CURRY ET AUX POIVRONS

RÉGION : CANTON

SAUTÉ – RAISONNABLE – FACILE

PRÉPARATION : 15 MN – RÉFRIGÉRATION : 20 MN – CUISSON : 10 MN

Le curry se marie très bien avec le poulet, surtout – selon les principes propres à la cuisine de Chine méridionale – sous la forme d'une sauce légère et subtile qui ne masque pas la délicate saveur du poulet. Vous pouvez employer la méthode traditionnelle, qui fait appel à l'huile, ou remplacer celle-ci par de l'eau (le résultat sera évidemment moins gras). Les poivrons apportent leur croquant, qui contraste fort agréablement avec la tendreté du poulet. Servez ce plat avec une soupe de tomates aux fleurs d'œufs (page 66) et du riz blanc cuit à la vapeur.

POUR 4 PERSONNES

450 g de blancs de poulet sans la peau
1 blanc d'œuf
1 cuillerée à café de sel
2 cuillerées à café de Maïzena
225 g de poivrons rouges ou verts
30 cl d'huile d'arachide ou d'eau
1 cuillerée à soupe d'huile d'arachide
1 cuillerée à soupe d'ail finement haché
15 cl de bouillon de poulet (page 62)
1 1/2 cuillerée à soupe de pâte de curry de Madras
2 cuillerées à café de sucre en poudre
1 1/2 cuillerée à soupe de vin de riz de Shaoxing ou de xérès sec
1 1/2 cuillerée à soupe de sauce de soja claire
1 cuillerée à café de Maïzena mélangée à 1 cuillerée à soupe d'eau

1. Découpez les blancs de poulet en dés de 2 à 3 cm. Mélangez, dans un bol, avec le blanc d'œuf, le sel et 2 cuillerées à café de Maïzena, puis réfrigérez environ 20 minutes.

2. Lavez, videz les poivrons, et coupez-les en dés de 2 à 3 cm.

3. Chauffez un wok à feu très vif (ou une poêle à frire). Versez-y l'huile, puis, quand elle fume, retirez le wok du feu. Ajoutez aussitôt les morceaux de poulet en remuant vigoureusement pour éviter qu'ils adhèrent. Lorsque les morceaux de poulet commencent à blanchir – après 2 minutes environ –, égouttez-les rapidement dans une passoire placée au-dessus d'un récipient pour recueillir l'huile, que vous jetez.

4. Si vous utilisez de l'eau plutôt que de l'huile, portez-la à ébullition dans une casserole, retirez du feu et ajoutez aussitôt les morceaux de poulet en remuant vigoureusement. Lorsque le poulet commence à blanchir, égouttez dans une passoire.

5. Essuyez le wok et faites-le de nouveau chauffer à feu très vif. Ajoutez 1 cuillerée à soupe d'huile ; quand elle commence à fumer, faites revenir le poivron et l'ail 2 minutes sans cesser de remuer. Ajoutez le reste des ingrédients et faites cuire 2 minutes. Ajoutez le poulet et poursuivez la cuisson 2 minutes pour bien enrober la viande de sauce.

POULET AU CITRON

RÉGION : CANTON

SAUTÉ – BON MARCHÉ – FACILE

PRÉPARATION : 10 MN – RÉFRIGÉRATION : 20 MN – CUISSON : 10 MN

Les Chinois du sud se sont fait une spécialité du poulet cuisiné au citron. Contrairement aux nombreuses versions qui baignent dans une sauce si sucrée qu'elle en est écœurante, cette recette maintient l'équilibre entre les saveurs acides et sucrées. Le poulet au citron est parfois cuit à la vapeur, mais j'estime qu'il est tout aussi savoureux sauté, surtout si l'on enrobe préalablement les morceaux d'une préparation au blanc d'œuf et à la Maïzena. Servez ce plat accompagné de riz nature et d'une salade de brocolis au sésame (page 212).

POUR 4 PERSONNES

450 g de blancs de poulet sans la peau
1 blanc d'œuf
1 cuillerée à café de sel
1 cuillerée à café d'huile de sésame
2 cuillerées à café de Maïzena
30 cl d'huile d'arachide ou d'eau

SAUCE

5 cuillerées à soupe de bouillon de poulet (page 62) ou d'eau
3 cuillerées à soupe de jus de citron frais
1 cuillerée à soupe de sucre en poudre
1 cuillerée à soupe de sauce de soja claire
1 ½ cuillerée à soupe de vin de riz de Shaoxing ou de xérès sec
1 cuillerée à soupe d'ail finement haché
2 piments forts séchés coupés en deux
1 cuillerée à café de Maïzena mélangée à 1 cuillerée à café d'eau
2 cuillerées à café d'huile de sésame

---

2 cuillerées à soupe de ciboule finement hachée

---

1. Découpez le poulet en lamelles de 7 à 8 cm de long ; mélangez-les dans une jatte avec le blanc d'œuf, le sel, l'huile de sésame et la Maïzena, puis réfrigérez environ 20 minutes.

2. Chauffez un wok à feu très vif (ou une poêle à frire), versez-y l'huile d'arachide, puis, lorsqu'elle fume, retirez le wok du feu. Faites aussitôt revenir le poulet en remuant vigoureusement pour qu'il n'attache pas. Lorsque les lamelles de poulet commencent à blanchir – après 2 minutes environ –, égouttez rapidement le poulet dans une passoire en inox placée sur une jatte. Jetez l'huile.

3. Si vous utilisez de l'eau à la place de l'huile, faites-la bouillir dans une casserole, retirez celle-ci du feu et ajoutez aussitôt les morceaux de poulet en remuant vigoureusement. Quand le poulet commence à blanchir, égouttez-le dans une passoire.

4. Essuyez le wok et faites-le de nouveau chauffer à feu vif. Mettez-y le bouillon, le jus de citron, le sucre, la sauce de soja, le vin de riz ou le xérès, l'ail et les piments, puis portez rapidement à ébullition. Ajoutez le mélange de Maïzena et d'eau et laissez mijoter 1 minute.

5. Déposez les morceaux de poulet dans la sauce et faites-les revenir de façon à bien les enrober. Ajoutez l'huile de sésame, en remuant. Transvasez dans un plat chaud, garnissez de ciboule hachée et servez.

ÉMINCÉ DE POULET AUX LÉGUMES

RÉGION : FUJIAN

SAUTÉ – RAISONNABLE – FACILE

PRÉPARATION : 20 MN – RÉFRIGÉRATION : 20 MN – CUISSON : 10 MN

Cette recette toute simple, rapide et facile à préparer, a sa place dans une cuisine familiale. Le secret de sa réussite repose sur une cuisson des lamelles de poulet qui évite tout dessèchement. On les fait blanchir rapidement dans de l'huile ou de l'eau. Les légumes que j'ai choisis ici peuvent être remplacés par des asperges, des carottes ou des petits pois, à votre convenance. Ce plat s'accompagne, par exemple, de riz et de soupe de courge au jambon (page 73).

POUR 4 PERSONNES

450 g de blancs de poulet sans la peau
1 blanc d'œuf
1 cuillerée à café de sel
2 cuillerées à café de Maïzena
175 g de germes de soja frais
100 g de poids gourmands épluchés
175 g de châtaignes d'eau fraîches – épluchées –, ou en conserve – rincées – (page 18)
4 brins de ciboule
30 cl d'huile d'arachide ou d'eau
1 cuillerée à soupe d'huile d'arachide
1 cuillerée à soupe de sauce de soja claire
2 cuillerées à café de vin de riz de Shaoxing ou de xérès sec
1 1/2 cuillerée à café de sel
1 cuillerée à café de sucre en poudre
2 cuillerées à café d'huile de sésame

1. Émincez le poulet en très fines lamelles et mélangez-les dans une jatte avec le blanc d'œuf, le sel et la Maïzena. Réfrigérez une vingtaine de minutes.

2. Pendant ce temps, épluchez les germes de soja, émincez les poids gourmands, les châtaignes d'eau et la ciboule.

3. Chauffez un wok à feu très vif (ou une grande poêle à frire), versez-y l'huile, puis, quand elle fume, retirez le wok du feu. Faites aussitôt rissoler le

Émincé de poulet aux légumes

poulet en remuant vigoureusement pour qu'il n'attache pas. Lorsque la viande commence à blanchir – après 2 minutes environ –, égouttez-la dans une passoire en inox placée au-dessus d'une jatte et jetez l'huile.

4. Si vous utilisez de l'eau et non de l'huile, portez-la à ébullition dans une casserole, retirez-la du feu et faites cuire le poulet en remuant vigoureusement environ 2 minutes. Lorsque la viande blanchit, égouttez-la.

5. Faites de nouveau chauffer le wok à feu vif, ajoutez 1 cuillerée à soupe d'huile et faites revenir les légumes 1 minute sans cesser de remuer. Ajoutez la sauce de soja, le vin de riz, le sel et le sucre, puis faites sauter 2 minutes. Remettez le poulet dans le wok, ajoutez l'huile de sésame et réchauffez le tout.

ÉMINCÉ DE POULET AU SÉSAME

RÉGION : SICHUAN

SAUTÉ – BON MARCHÉ – FACILE

PRÉPARATION : 10 MN – RÉFRIGÉRATION : 20 MN – CUISSON : 8 MN

Cette recette constitue ma version personnelle d'un plat du Sichuan communément nommé poulet au goût étrange, parce qu'il intègre des saveurs multiples, épicées, aigres, sucrées et salées à la fois. Cet émincé de poulet est aussi délicieux froid que chaud – je le laisse simplement refroidir pour le servir à température ambiante. Le croquant des graines de sésame offre un agréable contraste avec la tendreté du poulet. Ce mets s'accompagne à la perfection de soupe de courge au jambon (page 73) et d'une salade de brocolis au sésame (page 212).

POUR 3 À 4 PERSONNES

450 g de blancs de poulet sans la peau
1 blanc d'œuf
1/2 cuillerée à café de sel
2 cuillerées à café de Maïzena
30 cl d'huile d'arachide ou d'eau
1 cuillerée à soupe d'huile d'arachide
1 cuillerée à soupe de graines de sésame blanches

SAUCE
2 cuillerées à café de sauce de soja noire
2 cuillerées à café de vinaigre de riz noir ou de vinaigre de cidre
2 cuillerées à café de sauce pimentée
2 cuillerées à café d'huile de sésame
2 cuillerées à café de sucre en poudre
1 cuillerée à soupe de vin de riz de Shaoxing ou de xérès sec
1 cuillerée à café de grains de poivre du Sichuan grillés (page 27)
1 1/2 cuillerée à soupe de ciboule finement hachée

1. Découpez les blancs de poulet en lamelles de 7 à 8 cm. Mélangez-les dans une petite jatte avec le blanc d'œuf, le sel et la Maïzena. Réfrigérez 20 minutes environ.
2. Chauffez un wok à feu très vif (ou une grande poêle à frire). Versez-y l'huile, puis, quand elle commence à fumer, retirez le wok du feu. Faites aussitôt revenir les lamelles de poulet en remuant vigoureusement pour éviter qu'elles attachent. Quand le poulet blanchit (après 2 minutes environ), égouttez-le rapidement dans une passoire en inox placée sur une jatte et jetez l'huile.
3. Si vous utilisez de l'eau et non de l'huile, portez-la à ébullition dans une casserole, retirez-la du feu et faites cuire le poulet en remuant vigoureusement environ 2 minutes. Lorsque la viande blanchit, égouttez-la.
4. Essuyez le wok, chauffez-le à feu très vif, versez-y 1 cuillerée à soupe d'huile et faites aussitôt dorer les graines de sésame (30 secondes environ). Ajoutez les ingrédients de la sauce et portez à ébullition.
5. Remettez les lamelles de poulet dans le wok et faites cuire le tout 2 minutes sans cesser de remuer, de façon à bien enrober la viande de sauce et de sésame. Servez chaud ou laissez refroidir pour servir à température ambiante.

POULET AUX NOIX

RÉGIONS : FUJIAN, PÉKIN ET CANTON

SAUTÉ – BON MARCHÉ – FACILE

PRÉPARATION : 10 MN – RÉFRIGÉRATION : 20 MN – CUISSON : 8 MN

Cette recette allie la consistance croquante des noix au fondant du poulet dans un mets sauté d'un beau classicisme. Les noix peuvent être remplacées par des amandes ou des pignons. Les ingrédients doivent être d'une parfaite fraîcheur, condition indispensable de la réussite de ce plat, que j'aime servir avec des concombres farcis (page 222) et une soupe de maïs au crabe (page 80).

POUR 4 PERSONNES

450 g de blancs de poulet sans la peau
1 blanc d'œuf – 1 cuillerée à café de sel – 2 cuillerées à café de Maïzena
75 g de noix (cerneaux ou morceaux)
30 cl d'huile d'arachide ou d'eau
1 cuillerée à soupe d'huile d'arachide
2 cuillerées à café d'ail finement haché
1 cuillerée à café de gingembre frais et 2 cuillerées à soupe de ciboule finement hachés
2 cuillerées à soupe de vin de riz de Shaoxing ou de xérès sec
1 1/2 cuillerée à soupe de sauce de soja claire

1. Découpez les blancs de poulet en dés de 2 à 3 cm. Dans une jatte, mélangez-les avec le blanc d'œuf, le sel et la Maïzena, puis réfrigérez 20 minutes environ.

2. Faites blanchir les noix en les plongeant 5 minutes dans une casserole d'eau bouillante, puis égouttez-les.

3. Chauffez un wok à feu très vif (ou une grande poêle à frire). Versez-y l'huile, puis, quand elle commence à fumer, retirez le wok du feu. Faites aussitôt revenir les morceaux de poulet en remuant pour éviter qu'ils attachent. Lorsque la viande commence à blanchir (après 2 minutes environ), égouttez-la dans une passoire en inox placée au-dessus d'une jatte et jetez l'huile.

4. Si vous utilisez de l'eau, portez-la à ébullition dans une casserole, retirez-la du feu et faites cuire le poulet en remuant environ 2 minutes. Lorsque la viande blanchit, égouttez-la.

5. Essuyez le wok, chauffez-le à feu très vif, ajoutez 1 cuillerée à soupe d'huile et faites aussitôt rissoler les noix pendant 1 minute. Ajoutez l'ail, le gingembre, la ciboule, et faites sauter quelques secondes. Ajoutez les autres ingrédients puis les morceaux de poulet et faites cuire le tout 2 minutes sans cesser de remuer. Servez aussitôt.

POULET IVRE

RÉGION : SHANGHAI

MIJOTÉ ET MACÉRÉ – RAISONNABLE – FACILE

PRÉPARATION : 10 MN – MACÉRATION : 48 H – CUISSON : 35 MN

On saisit mieux le nom de cette recette en apprenant la quantité de vin de riz nécessaire à sa réalisation. Sachez que l'alcool dans lequel macère le poulet peut être réutilisé. Selon moi, ce mets traditionnel donne toute sa mesure lorsqu'il est cuisiné avec du véritable vin de riz de Shaoxing (plutôt qu'avec du xérès). Il est possible de préparer ce plat au moins deux jours à l'avance, ce qui en fait un mets idéal pour un repas de fête.

POUR 4 PERSONNES

3 tronçons de gingembre frais de 5 cm
1,2 l de bouillon de poulet (page 62)
3 cuillerées à soupe de sauce de soja claire
1 cuillerée à soupe de sel
1 brin de ciboule
1 poulet de 1,5 à 1,750 kg
1,2 l de vin de riz de Shaoxing ou de xérès sec

1. Coupez le gingembre en lamelles de 1/2 cm d'épaisseur.
2. Dans une grande cocotte, portez le bouillon à ébullition, puis ajoutez le gingembre, la sauce de soja, le sel, la ciboule et le poulet. Si le bouillon ne recouvre pas le poulet, ajoutez en un peu ou étendez-le d'eau. Portez de nouveau à ébullition puis réduisez le feu. Laissez mijoter 30 minutes en écumant régulièrement pour retirer la graisse en surface. Retirez la cocotte du feu, couvrez-la et laissez reposer 30 minutes.
3. Sortez le poulet du liquide de cuisson et laissez-le refroidir. Le liquide de cuisson peut être dégraissé et conservé en vue d'un usage ultérieur, comme fond de bouillon ou pour faire cuire du riz.
4. Coupez le poulet dans la longueur et posez les moitiés dans une grande jatte. Recouvrez de vin de riz et réfrigérez pendant 2 jours en retournant de temps à autre.
5. Déposez le poulet dans un plat de service et arrosez-le de vin de riz. Le reste du vin de riz peut être gardé au réfrigérateur : il vous servira dans la préparation d'autres recettes.

POULET AUX NOIX DE CAJOU

RÉGION : CANTON

SAUTÉ – BON MARCHÉ – FACILE

PRÉPARATION : 10 MN – RÉFRIGÉRATION : 20 MN – CUISSON : 6 MN

Ce plat illustre le penchant des Chinois pour les contrastes de consistances. De tendres et succulents morceaux de poulet sont ici mêlés à des noix de cajou croquantes, à la saveur légèrement sucrée. La version originale serait préparée avec des cacahuètes, mais ce plat fait néanmoins appel aux meilleurs principes de la cuisson à la chinoise : le poulet est enrobé d'une préparation au blanc d'œuf qui préserve tous ses sucs, puis on le fait sauter avec des épices pour lui donner plus de saveur.

POUR 4 PERSONNES

450 g de blancs de poulet sans la peau
1 blanc d'œuf
1 cuillerée à café de sel
2 cuillerées à café de Maïzena
30 cl d'huile d'arachide ou d'eau
2 cuillerées à café d'huile d'arachide
50 g de noix de cajou
1 cuillerée à soupe de vin de riz de Shaoxing ou de xérès sec
1 cuillerée à soupe de sauce de soja claire
1 cuillerée à soupe de ciboule finement hachée

1. Découpez les blancs de poulet en dés de 1 cm. Dans une petite jatte, mélangez-les avec le blanc d'œuf, le sel et la Maïzena, puis réfrigérez 20 minutes.

2. Chauffez un wok à feu très vif (ou une grande poêle à frire), versez-y l'huile, puis, quand elle commence à fumer, retirez le wok du feu. Faites aussitôt rissoler le poulet pendant environ 2 minutes en remuant vigoureusement pour éviter qu'il attache. Lorsque la viande blanchit, égouttez-la dans une passoire en inox placée au-dessus d'une jatte et jetez l'huile.

3. Si vous remplacez l'huile par de l'eau, portez-la à ébullition dans une casserole, retirez-la du feu puis faites cuire le poulet environ 2 minutes sans cesser de remuer. Quand la viande blanchit, égouttez-la.

4. Essuyez le wok, chauffez-le à feu vif, ajoutez les 2 cuillerées à café d'huile et les noix de cajou, puis faites rissoler pendant 1 minute. Ajoutez le reste des ingrédients, remettez le poulet dans le wok et faites sauter 2 minutes. Servez aussitôt, garni de ciboule hachée.

POULET AU PIMENT

RÉGION : SICHUAN

FRIT OU BRAISÉ – BON MARCHÉ – FACILE

PRÉPARATION : 10 MN – MACÉRATION : 30 MN – CUISSON : 30 MN

Ce poulet épicé se prépare à l'avance sans problème ; il suffit de le réchauffer au moment de servir. Cette recette se caractérise par les contrastes de saveurs chers à la cuisine relevée de l'ouest de la Chine. Le goût de ce mets est aussi délicieux que sa fragrance.

POUR 4 PERSONNES

450 g de cuisses de poulet désossées sans la peau et découpées en dés de 2 à 3 cm
1 cuillerée à café de sel
4 brins de ciboule
15 cl d'huile d'arachide
3 piments forts séchés fendus en deux dans la longueur
1 cuillerée à café d'huile d'arachide
2 cuillerées à café de gingembre frais finement haché
1 cuillerée à soupe de sauce pimentée
30 cl de bouillon de poulet (page 62)
2 cuillerées à café de poivre du Sichuan grillé et fraîchement moulu (page 27)
2 cuillerées à café de sucre en poudre
2 cuillerées à soupe de sauce de soja noire

1. Frottez les cuisses de poulet avec le sel et laissez reposer 30 minutes environ. Coupez la ciboule en tronçons de 5 cm.
2. Chauffez un wok à feu très vif (ou une poêle), versez-y l'huile puis, quand elle commence à fumer, faites revenir les piments quelques secondes – vous pouvez les enlever quand ils noircissent ou les laisser. Réduisez le feu, faites lentement dorer les morceaux de poulet dans le wok puis égouttez-les dans une passoire. Essuyez le wok.
3. Faites de nouveau chauffer le wok à feu très vif, versez-y 1 cuillerée à café d'huile, faites frire la ciboule et le gingembre, ajoutez la sauce pimentée en veillant à ne pas faire brûler cette sauce. Quelques secondes plus tard, ajoutez le bouillon de poulet, le poivre du Sichuan, le sucre et la sauce de soja.
4. Réduisez le feu, ajoutez les morceaux de poulet, couvrez et laissez mijoter 20 à 30 minutes en retournant de temps à autre le poulet. Retirez la graisse à l'aide d'une écumoire, puis servez le poulet nappé de sauce.

POULET AU VINAIGRE

RÉGION : PÉKIN

CUIT À LA VAPEUR ET FRIT – RAISONNABLE – DIFFICILE

PRÉPARATION : 20 MN – MACÉRATION : 30 MN – CUISSON : 1 H 15

Ici, le secret de la réussite est de cuire le poulet à la vapeur avant de le faire frire, afin qu'il soit moelleux à l'intérieur et croustillant à l'extérieur. Servi avec une sauce aillée, il s'accompagne très bien de riz blanc et de brocolis sautés au gingembre (page 211).

POUR 4 À 6 PERSONNES

4 tronçons de gingembre frais de 8 cm
4 brins de ciboule
1 poulet de 1 kg
2 cuillerées à café de sel
1 l d'huile d'arachide (voir Les friteuses, page 40)

SAUCE
1 cuillerée à soupe d'ail finement haché
2 cuillerées à soupe de vinaigre de riz blanc ou de vinaigre de cidre
2 cuillerées à soupe de sauce de soja claire
2 1/2 cuillerées à soupe de blanc de ciboule finement haché

1. Coupez le gingembre en lamelles de 1/2 cm. Coupez la ciboule en tronçons de 7 à 8 cm. Frottez le poulet avec du sel puis garnissez-le de gingembre et de ciboule. Laissez reposer 30 minutes à température ambiante.
2. Préparez un cuit-vapeur ou placez une grille dans un wok (ou une cocotte) et versez-y 5 cm d'eau. Portez à ébullition. Déposez le poulet dans une assiette supportant la chaleur, puis placez-la dans le cuit-vapeur ou sur la grille. Réduisez le feu et couvrez. Faites cuire à la vapeur à feu doux pendant 1 heure, jusqu'à ce que le poulet soit bien cuit. Remettez de temps à autre de l'eau bouillante.
3. Posez le poulet sur une grille au-dessus d'une lèchefrite et laissez sécher environ 3 heures dans un lieu frais et bien aéré. Pour accélérer ce processus, placez-le pendant 2 heures devant un ventilateur. La peau du poulet doit ressembler à du parchemin.
4. Coupez le poulet en deux dans la longueur, puis essuyez l'intérieur avec du papier absorbant.
5. Mélangez les ingrédients de la sauce et réservez. Chauffez un wok à feu très

Poulet au vinaigre

vif (ou une grande poêle), versez-y l'huile, puis, quand elle commence à fumer, faites frire un demi-poulet jusqu'à ce qu'il soit bien doré et croustillant. Retirez-le de l'huile et faites frire l'autre demi-poulet. Égouttez sur du papier absorbant.

6. Lorsque le poulet a suffisamment refroidi, découpez-le en morceaux de la grosseur d'une bouchée. Déposez dans un plat chaud, nappez de sauce et servez aussitôt.

POULET BRAISÉ AUX POIREAUX

RÉGIONS : PÉKIN ET SHANGHAI

SAUTÉ ET BRAISÉ – BON MARCHÉ – FACILE

PRÉPARATION : 20 MN – MARINADE : 20 MN – CUISSON : 35 MN

Les poireaux sont appréciés dans le nord et l'est de la Chine. Leur saveur, moins prononcée que celle de l'ail ou de l'oignon, se marie bien avec celle du poulet. Il faut les nettoyer très soigneusement, de préférence après qu'ils ont été coupés. Ce plat riche et chaleureux convient parfaitement pour un menu hivernal. J'aime le faire cuire dans une marmite chinoise en terre cuite, mais toute cocotte à fond épais conviendra. Servez ce poulet braisé avec du riz blanc ou des nouilles bouillies nature, en l'accompagnant d'une sauce au gingembre et à la ciboule (page 35).

POUR 4 PERSONNES

450 g de cuisses de poulet sans la peau
2 cuillerées à café d'huile de sésame
2 cuillerées à café de vin de riz de Shaoxing ou de xérès sec
2 cuillerées à café de sauce de soja claire
1 1/2 cuillerée à café de Maïzena
225 g de poireaux
1 cuillerée à soupe d'huile d'arachide
2 brins de ciboule finement hachés
1 cuillerée à soupe de gingembre frais émincé
1/2 cuillerée à café de sel
1/2 cuillerée à café de poivre gris fraîchement moulu
20 cl de bouillon de poulet (page 62)
2 cuillerées à café de vin de riz de Shaoxing ou de xérès sec
1 cuillerée à soupe de sauce de soja noire
2 cuillerées à café d'huile de sésame
1 cuillerée à café de sucre en poudre

1. Essuyez les cuisses de poulet en les tamponnant avec du papier absorbant. À l'aide d'un couperet ou d'un grand couteau, découpez-les en morceaux de 5 cm par 2 à 3 cm et mettez-les dans une jatte. Mélangez les morceaux de poulet, l'huile de sésame, le vin de riz ou le xérès, la sauce de soja claire et la Maïzena. Laissez mariner 20 minutes.
2. Coupez et jetez le vert et les parties jaunies des poireaux, fendez le blanc en deux puis coupez-le (légèrement en biseau) en tronçons de 6 cm de long. Lavez soigneusement les poireaux pour les débarrasser de toute trace de terre.
3. Chauffez un wok à feu très vif (ou une grande poêle à frire). Versez-y l'huile, puis, lorsqu'elle commence à fumer, faites revenir la ciboule et le gingembre. Sortez le poulet de la marinade à l'aide d'une écumoire, puis mettez-le dans le wok avec les poireaux, le sel et le poivre. Faites sauter environ 5 minutes pour bien faire dorer les ingrédients, retirez-les du wok et jetez l'huile.
4. Dans une casserole de taille moyenne, portez le bouillon à ébullition ; ajoutez le vin de riz ou le xérès, la sauce de soja noire, l'huile de sésame et le sucre, puis le poulet et les légumes. Écumez la surface et réduisez le feu. Couvrez et faites cuire à l'étouffée environ 25 minutes. Enlevez de nouveau la graisse qui subsiste. Servez chaud, ou laissez refroidir et réfrigérez.

Poulet Fujian

Région : Fujian

Cuit à la vapeur et frit – Bon marché – Facile

Préparation : 20 mn – Marinade : 1 h – Cuisson : 45 mn

Cette recette de l'est de la Chine recourt à deux cuissons successives. Le poulet mariné est d'abord cuit à la vapeur afin d'en préserver le moelleux et la saveur, puis les morceaux sont séchés et frits pour les rendre dorés et croustillants.

Pour 4 à 6 personnes

750 g de cuisses de poulet désossées, débarrassées de leur peau et découpées en dés de 5 cm
60 cl d'huile d'arachide (voir Les friteuses, page 40)

Marinade
1 cuillerée à soupe de vin de riz de Shaoxing ou de xérès sec
1 1/2 cuillerée à soupe de sauce de soja claire
1 cuillerée à soupe de sauce de soja noire
1 cuillerée à soupe de pâte de crevettes (page 25)
1 cuillerée à soupe de ciboule finement hachée
2 cuillerées à café de gingembre frais finement haché

1 cuillerée à café de poivre du Sichuan grillé et fraîchement moulu (page 27)
ou 1 cuillerée à café de grains de poivre gris
2 cuillerées à café de sucre
2 cuillerées à café de sel
Maïzena pour saupoudrer

CONDIMENT
poivre du Sichuan grillé au gros sel (page 36)

1. Dans une jatte, mélangez tous les ingrédients de la marinade à l'exception de la Maïzena. Frottez les morceaux de poulet avec ce mélange et laissez reposer 1 heure dans un lieu frais.
2. Préparez un cuit-vapeur ou placez une grille dans un wok (ou une cocotte) et versez-y 5 cm d'eau. Portez à ébullition. Déposez les morceaux de poulet dans une assiette supportant la chaleur, puis placez-la dans le cuit-vapeur ou sur la grille. Réduisez le feu et couvrez le wok ou la cocotte. Faites cuire 30 minutes à la vapeur, à feu doux.
3. Retirez les morceaux de poulet cuits, puis laissez-les refroidir et sécher complètement, ce qui prend à peu près 1 heure. La préparation peut être effectuée, jusqu'à ce point, un jour à l'avance.
4. Faites chauffer l'huile dans une friteuse ou un wok. Saupoudrez les morceaux de poulet de Maïzena, secouez-les pour enlever l'excédent, faites-les frire en plusieurs fois de façon qu'ils soient bien cuits et chauds à cœur. Égouttez les morceaux de poulet sur du papier absorbant.
5. Servez chaud, accompagné de poivre du Sichuan grillé au gros sel présenté à part.

POULET À LA SAUCE DE SOJA

RÉGIONS : CANTON ET FUJIAN
MIJOTÉ – RAISONNABLE – FACILE
PRÉPARATION : 10 MN – RÉFRIGÉRATION : 1 H – CUISSON : 30 MN

Mes amis sont souvent surpris lorsqu'ils dégustent pour la première fois un poulet à la sauce de soja. Au lieu du goût salé auquel ils s'attendent, ils découvrent un poulet tendre et succulent baignant dans une sauce à la fois riche et subtile. La technique de cuisson employée ici donne tout son moelleux au poulet, qui absorbe à la perfection les riches saveurs de la sauce. Cette volaille pochée peut être servie chaude mais j'estime qu'elle est meilleure à température ambiante, voire réfrigérée et servie froide en hors-d'œuvre ou à l'occasion d'un pique-nique. Une partie du liquide de cuisson peut servir de sauce, le reste étant congelé et réutilisé pour préparer un autre poulet à la sauce de soja.

POUR 4 À 6 PERSONNES

6 tronçons de gingembre frais de 5 cm
1 poulet fermier de 1,5 à 1,750 kg
6 brins de ciboule
2 cuillerées à soupe de sel
1 cuillerée à café de poivre gris fraîchement moulu

SAUCE
1,75 l de bouillon de poulet (page 62) ou d'eau
60 cl de sauce de soja noire
15 cl de sauce de soja claire
30 cl de vin de riz de Shaoxing ou de xérès sec,
ou 15 cl de xérès sec mélangé à 15 cl de bouillon de poulet (page 62)
175 g de sucre chinois jaune ou de sucre semoule
5 étoiles de badiane
5 morceaux d'écorce de cannelle chinoise ou 5 bâtons de cannelle
3 cuillerées à soupe de cumin

quelques brins de coriandre fraîche

1. Mélangez tous les ingrédients de la sauce dans une grande cocotte puis chauffez à feu moyen.
2. Dans le même temps, coupez le gingembre en lamelles de $^{1}/_{2}$ cm. Garnissez le poulet de ciboule, de gingembre, de sel et de poivre. Posez le poulet dans la cocotte, sur le « ventre ». Si la sauce ne recouvre pas le poulet, ajoutez un peu de bouillon.
3. Augmentez légèrement le feu jusqu'à ce que la sauce frémisse, puis laissez mijoter environ 30 minutes en écumant régulièrement. Retournez le poulet. Coupez le feu, couvrez bien la cocotte et laissez refroidir 1 heure avant de transférer le poulet dans une assiette.
4. Lorsqu'il a bien refroidi, placez-le au réfrigérateur ou découpez-le en morceaux pour le servir. Dégraissez la sauce avant d'en napper le poulet. Servez décoré de brins de coriandre fraîche.

Poulet croustillant

Région : Canton

Mijoté et frit – Raisonnable – Difficile

Préparation : 15 mn – Cuisson : 1 h

Cette recette de poulet, l'une de mes préférées, figurait immanquablement au menu des repas organisés par ma famille dans les grandes occasions. Bien que l'on serve généralement le poulet en friture dans les restaurants, il n'est pas difficile de cuisiner chez soi ce plat savoureux Sa préparation demande un peu de patience, mais une bonne partie du travail peut être effectuée la veille. Ce poulet frit trônera superbement au centre d'une table de fête.

Pour 4 à 6 personnes

1 poulet fermier de 1,5 kg
1,2 l d'huile d'arachide

Sauce de cuisson

3,5 l d'eau
2 morceaux d'écorce de cannelle chinoise ou 2 bâtons de cannelle
25 cl de sauce de soja noire
3 cuillerées à soupe de sauce de soja claire
12 cl de vin de riz de Shaoxing ou de xérès sec
3 étoiles de badiane
1 cuillerée à soupe de zeste d'orange ou de citron séché réhydraté et finement haché (page 33)
3 rondelles de gingembre frais
2 brins de ciboule
50 g de sucre chinois jaune ou de sucre semoule

Glaçage

3 cuillerées à soupe de miel
30 cl d'eau
2 cuillerées à soupe de sauce de soja noire
2 cuillerées à soupe de vinaigre de riz noir ou de vinaigre de cidre
1 citron coupé en quartiers
poivre du Sichuan grillé au gros sel (page 36)

1. Mélangez tous les ingrédients de la sauce dans une grande cocotte, portez à ébullition puis réduisez le feu. Déposez le poulet sur le « ventre », et faites-le mijoter 30 à 40 minutes.

2. Placez le poulet cuit sur une grille au-dessus d'une lèchefrite et laissez-le sécher environ 3 heures dans un lieu frais et bien aéré – la peau du poulet doit alors ressembler à du parchemin.
3. Coupez le poulet en deux dans la longueur, essuyez l'intérieur avec du papier absorbant.
4. Dans un wok, portez à ébullition les ingrédients du glaçage et arrosez-en la peau du poulet. Laissez de nouveau le poulet sécher 2 heures dans un lieu frais et bien aéré, mais pas au réfrigérateur.
5. Chauffez l'huile dans une friteuse, faites-y frire un demi-poulet, peau en dessous et, lorsqu'il est doré et croustillant, sortez-le de la friteuse puis égouttez-le sur du papier absorbant. Procédez de même avec l'autre moitié, enfin découpez le poulet en morceaux de la grosseur d'une bouchée.
6. Disposez dans un plat, décorez de citron et servez accompagné de poivre du Sichuan grillé au gros sel.

POULET POCHÉ

RÉGION : CANTON
POCHÉ – RAISONNABLE – DIFFICILE
PRÉPARATION : 30 MN – CUISSON : 25 MN

Cette recette cantonaise fait appel à une technique de pochage – généralement appliquée à des aliments délicats – qui donne une consistance moelleuse, satinée, presque veloutée. On fait mijoter le poulet dans une eau additionnée d'ingrédients, puis on couvre soigneusement la cocotte pour achever la cuisson hors du feu. Cette eau de cuisson peut être conservée pour faire cuire du riz ou préparer du bouillon. Ce plat est rehaussé par une sauce d'accompagnement à base d'échalote et de gingembre, aux parfums mis en valeur par l'adjonction d'un peu d'huile chaude.

POUR 4 PERSONNES

1 poulet fermier de 1,5 à 1,750 kg
1 cuillerée à soupe de sel
6 rondelles de gingembre frais
6 brins de ciboule
poivre gris fraîchement moulu

SAUCE CANTONAISE
4 cuillerées à soupe de blanc de ciboule finement haché
2 cuillerées à café de gingembre frais finement haché
2 cuillerées à café de sel
2 cuillerées à soupe d'huile d'arachide

1. Frottez le poulet de sel, placez-le dans une grande cocotte, recouvrez-le d'eau et portez à ébullition. Ajoutez le gingembre, la ciboule et le poivre, couvrez soigneusement, réduisez le feu et faites mijoter 20 minutes avant de laisser refroidir la volaille dans son liquide de cuisson pendant 1 heure.

2. Mélangez tous les ingrédients de la sauce sauf l'huile dans une jatte en Pyrex. Chauffez un wok à feu vif (ou une petite casserole), versez-y l'huile puis, quand elle commence à fumer, ajoutez-la aux ingrédients de la sauce et mélangez.

3. Placez le poulet sur une planche à découper ; filtrez le liquide de cuisson, que vous emploierez pour préparer du bouillon ou faire cuire du riz. Découpez le poulet en morceaux de la grosseur d'une bouchée, dressez dans un plat chaud et servez la sauce à part.

POULET EN PAPILLOTES

RÉGION : CANTON

FRIT – RAISONNABLE – ÉLABORÉ

PRÉPARATION : 1 H – MARINADE : 1 H – CUISSON : 15 MN

Cette méthode de cuisson du poulet est aussi originale qu'ingénieuse : on enrobe une fine lamelle de poulet de divers ingrédients fort savoureux, puis le tout dans du papier sulfurisé, avant de faire frire. Lors de la cuisson, les saveurs se mêlent délicieusement. Il convient de bien refermer les papillotes afin que l'huile ne puisse s'y insinuer. Certains restaurants chinois trichent, en faisant brièvement mariner le poulet dans un mélange de sauce hoisin et de sauce de soja, puis en enveloppant les lamelles dans du papier d'aluminium. Bien que la méthode présentée exige un peu plus de travail, le résultat est à la hauteur des efforts consentis.

HORS-D'ŒUVRE POUR 8 PERSONNES

225 g de blancs de poulet sans la peau

MARINADE

2 cuillerées à soupe de sauce d'huître
1 cuillerée à soupe de sauce de soja claire
1 cuillerée à soupe de sauce de soja noire
1 cuillerée à soupe de vin de riz de Shaoxing ou de xérès sec
2 cuillerées à café de sucre en poudre
1 cuillerée à café d'huile de sésame
sel et poivre gris fraîchement moulu

Poulet en papillotes

30 lamelles de piments forts de 4 cm de long
60 lamelles de ciboule de 4 cm de long (coupées en biseau)
30 lamelles de gingembre frais, et pelé de 4 cm sur 1/2
30 fines rondelles de châtaignes d'eau fraîches – épluchées –, ou en conserve – rincées – (page 18)
60 feuilles de coriandre fraîche
30 petites tranches carrées de jambon de Parme de 8 cm de côté

Papillotes
30 carrés de papier sulfurisé de 15 cm de côté
1,2 l d'huile d'arachide

1. Découpez les blancs de poulet en 30 lamelles de 4 cm sur 1/2, et mélangez-les avec la marinade dans une jatte en verre. Laissez mariner, au minimum, 1 heure au réfrigérateur.
2. Prenez un carré de papier sulfurisé, un coin vers vous, puis repliez légèrement ce coin. Déposez au centre du carré les ingrédients suivants : une lamelle de piment, une feuille de coriandre, une lamelle de poulet et une de jambon, deux lamelles de ciboule, une lamelle de gingembre, une rondelle de châtaigne d'eau et enfin une autre feuille de coriandre.
3. Repliez un bord sur les ingrédients, puis rabattez les deux côtés, pliez la papillote en deux en laissant le bord supérieur ouvert. Rentrez ce rabat pour fermer la papillote. Procédez de même pour toutes les papillotes.
4. Chauffez un wok à feu très vif, versez-y l'huile et, quand elle commence à fumer, déposez une dizaine de papillotes et faites-les frire 3 minutes environ. Retirez les papillotes à l'aide d'une écumoire puis égouttez-les soigneusement. Faites frire de même le reste des papillotes.
5. Disposez dans un plat de service chaud, et laissez les convives défaire leurs papillotes.

POULET À LA MANGUE

RÉGION : HONGKONG

SAUTÉ – RAISONNABLE – FACILE

PRÉPARATION : 20 MN – RÉFRIGÉRATION : 20 MN – CUISSON : 10 MN

Ce plat, qui appartient à la nouvelle cuisine, résulte d'une rencontre culinaire entre la Chine et l'Asie du Sud Est. J'ai eu l'occasion de le déguster à plusieurs reprises à Hongkong, et chaque fois je l'ai trouvé délicieux. La saveur et la consistance de la mangue – très peu cuite – s'accordent à la perfection avec la délicatesse du poulet. Importées de Thaïlande et des Philippines, les mangues comptent parmi les fruits tropicaux les plus appréciés des habitants de Hongkong, qui, comme l'indique cette recette, n'hésitent pas à les accommoder avec toutes sortes d'ingrédients savoureux et relevés.

POUR 4 PERSONNES

450 g de blancs de poulet débarrassés de leur peau et coupés en morceaux de 2 à 3 cm
1 blanc d'œuf
1 cuillerée à café d'huile de sésame
1 cuillerée à café de sel
2 cuillerées à café de Maïzena
poivre gris fraîchement moulu
60 cl d'huile d'arachide ou d'eau
1 1/2 cuillerée à soupe d'huile d'arachide
1 cuillerée à soupe de gingembre frais finement haché
1 cuillerée à soupe d'ail finement haché
1 1/2 cuillerée à soupe de vin de riz de Shaoxing ou de xérès sec
1 cuillerée à café de sel
1 cuillerée à café d'huile de sésame
2 mangues épluchées et coupées en morceaux de 2 à 3 cm
1 cuillerée à soupe de coriandre fraîche finement hachée

1. Dans une jatte, mélangez les morceaux de poulet avec le blanc d'œuf, l'huile de sésame, le sel, la Maïzena et le poivre. Réfrigérez une vingtaine de minutes.

2. Chauffez un wok à feu très vif (ou une grande poêle à frire). Versez-y l'huile, puis, quand elle commence à fumer, retirez le wok du feu. Faites aussitôt revenir les morceaux de poulet, environ 2 minutes, en remuant pour qu'ils n'attachent pas ; quand ils blanchissent, égouttez-les dans une passoire en inox et jetez l'huile.

3. Si vous utilisez de l'eau plutôt que de l'huile, portez-la à ébullition dans une casserole, retirez du feu et ajoutez aussitôt les morceaux de poulet en remuant vigoureusement. Lorsque le poulet commence à blanchir, égouttez-le dans une passoire.

4. Faites chauffer 1 1/2 cuillerée à soupe d'huile dans le wok, puis faites revenir le gingembre et l'ail 30 secondes sans cesser de remuer. Ajoutez le vin de riz ou le xérès, le sel, l'huile de sésame et les mangues. Faites sauter pendant 2 minutes, jusqu'à ce que les morceaux de mangue soient bien chauds. Ajoutez les morceaux de poulet et mélangez délicatement. Saupoudrez de coriandre, déposez dans un plat chaud et servez aussitôt.

SALADE DE POULET

RÉGIONS : PÉKIN ET SICHUAN

CUIT À LA VAPEUR – RAISONNABLE – FACILE

PRÉPARATION : 35 MN – CUISSON : 1 H

Je sers souvent cette salade en entrée, en plat principal d'un dîner estival, ou encore en pique-nique. Facile à préparer, elle s'accompagne d'une sauce des plus savoureuses.

POUR 4 À 6 PERSONNES

1 poulet de 1,2 à 1,5 kg cru, ou 1 poulet rôti
1 cuillerée à soupe de sel
225 g de germes de soja frais
225 g de concombre
100 g de carottes

SAUCE

3 cuillerées à soupe de pâte de sésame (page 29) ou de beurre de cacahuètes
2 cuillerées à soupe de sauce pimentée
2 cuillerées à soupe de ciboule finement hachée
1 cuillerée à soupe d'huile de sésame
3 cuillerées à soupe de vinaigre de riz blanc ou de vinaigre de cidre
2 cuillerées à soupe de sauce de soja claire
1 1/2 cuillerée à soupe de sauce de soja noire
1 1/2 cuillerée à soupe d'ail finement haché
1 cuillerée à café de sel
1/2 cuillerée à café de poivre gris fraîchement moulu
1/2 cuillerée à café de poivre du Sichuan moulu

2 cuillerées à café de sucre en poudre
15 cl de bouillon de poulet (page 62)

1. Si vous utilisez un poulet cru, frottez-le de sel. Préparez un cuit-vapeur ou placez une grille dans un wok ou une cocotte et versez-y 5 cm d'eau. Portez rapidement à ébullition. Déposez le poulet dans une assiette supportant la chaleur, puis placez-la dans le cuit-vapeur ou sur la grille. Réduisez le feu et couvrez le wok ou la cocotte. Faites cuire à la vapeur, à feu doux, 1 heure, jusqu'à ce que le poulet soit bien cuit. Retirez le poulet et laissez-le refroidir complètement.
2. Épluchez les germes de soja ; épluchez le concombre, coupez-le en deux dans la longueur, épépinez-le à l'aide d'une petite cuiller, puis coupez-le en bâtonnets de 7 à 8 cm de long. Pelez les carottes et coupez-les en bâtonnets de 7 à 8 cm de long.
3. Détachez toute la viande du poulet et débitez-la en fines lamelles avec un couperet ou un couteau bien aiguisé.
4. Disposez les lamelles de poulet dans un plat ; entourez-les de germes de soja ainsi que de bâtonnets de concombre et de carotte.
5. Mélangez soigneusement tous les ingrédients de la sauce dans un robot ménager, ou dans un bocal que vous secouerez énergiquement. Nappez le poulet et les légumes de sauce, mélangez délicatement et servez aussitôt.

Canard laqué

Région : Pékin
Rôti – Cher – Élaboré
Préparation : 30 mn – Séchage : 5 h – Cuisson : 1 h 30

Les Chinois ont une vénération particulière pour le canard, qu'ils considèrent comme un symbole de plénitude et de fidélité. Bien entendu, la saveur de sa chair n'est pas la moindre de ses vertus. En mettant au point la recette du canard laqué (ou canard à la pékinoise), les cuisiniers chinois sont parvenus à maîtriser l'art de tirer le meilleur parti de la viande riche et succulente de cette volaille tout en minimisant les effets de son défaut majeur – la proportion élevée d'os et de gras. Ce plat fut très probablement créé dans les cuisines impériales. Il se répandit ensuite dans diverses couches de la société, lorsque d'anciens cuisiniers de la cour l'inscrivirent à leur carte. On trouve désormais le canard laqué dans toutes les régions de Chine, où sa préparation est une véritable discipline artistique.

Des canetons spécialement élevés sont nourris pendant un mois et demi de maïs, de sorgho, d'orge et de soja. Après les avoir tués et nettoyés, on leur injecte de l'air dans la trachée-artère afin de séparer la peau de la chair – cela permet à la peau de rôtir à part et de rester croustillante et à la graisse de fondre et redonner tout son moelleux à la viande. On verse ensuite de l'eau chaude sur le canard pour refermer les pores de la peau, puis on le suspend pour le faire sécher. Pendant ce séchage, on badigeonne abondamment le canard d'une solution de sucre de malt. Il est ensuite rôti dans un four à bois. Le résultat est un canard à la belle peau brillante, dorée et croustillante, à la viande tendre, aromatique et non grasse.

Cette préparation prend du temps, mais j'ai inventé une méthode, plus simple, qui donne un résultat très comparable à celui que l'on obtient selon les procédés traditionnels – à condition toutefois de ne pas se précipiter. On sert habituellement le canard laqué avec des crêpes chinoises, des brins de ciboule en houppes et une sauce de soja sucrée (à Hongkong et en Occident, elle est généralement remplacée par une sauce hoisin, très comparable mais vinaigrée). Chaque convive dépose un peu de sauce sur une crêpe, puis un peu de peau et de viande de canard, ainsi qu'une houppe de ciboule, avant de rouler la crêpe pour déguster le tout avec les doigts ou à l'aide de baguettes. Ce délicieux mets de gala est proprement inoubliable.

Pour 4 à 6 personnes

1 canard de 1,6 à 1/8 kg

Sirop au miel

1 citron
1,2 l d'eau
3 cuillerées à soupe de miel
3 cuillerées à soupe de sauce de soja noire
15 cl de vin de riz de Shaoxing ou de xérès sec

Accompagnement

Crêpes chinoises (page 260)
6 cuillerées à soupe de sauce de soja sucrée ou de sauce hoisin
24 houppes de ciboule (page 52)

Sauce

1 cuillerée à café d'huile de sésame
2 cuillerées à café de pâte de haricots de soja doux
2 cuillerées à café de sucre
12,5 cl d'eau

1. Si le canard est surgelé, faites-le bien décongeler. Rincez le canard puis séchez-le soigneusement en le tamponnant avec du papier absorbant. Traversez la base du cou avec un fil de cuisine et nouez-le.
2. Avec un couteau bien aiguisé, coupez le citron en rondelles de 1/2 cm d'épaisseur, en laissant l'écorce. Déposez ces rondelles dans une grande casserole avec tous les autres ingrédients du sirop et portez à ébullition. Réduisez le feu et laissez mijoter 20 minutes environ.
3. À l'aide d'une louche, arrosez à plusieurs reprises le canard de ce sirop de façon à bien enrober la peau.
4. Suspendez le canard au-dessus d'un plat ou d'une lèchefrite, laissez-le sécher dans un lieu frais et bien aéré, 4 à 5 heures au minimum, davantage si possible. Pour accélérer le séchage, placez le canard devant un ventilateur pendant 4 à 5 heures. Lorsqu'il est bien séché, sa peau doit être parcheminée.
5. Pendant le séchage, préparez la sauce de soja sucrée. Chauffez l'huile de sésame dans une petite casserole, ajoutez les ingrédients et portez à ébullition. Faites cuire en tournant pour parfaitement mélanger. Laissez refroidir. La sauce peut se garder 15 jours au réfrigérateur.
6. Préchauffez le four à 240 °C (thermostat 9). Pendant ce temps, posez le canard sur une grille, sur le dos, au-dessus d'une lèchefrite contenant 15 cl d'eau (cela évitera les projections de graisse). Faites rôtir 15 minutes, puis réglez le four sur 180 °C (thermostat 4) et poursuivez la cuisson pendant 1 h 10.
7. Sortez le canard du four et laissez-le refroidir au moins 10 minutes avant de découper la peau et la viande en morceaux avec un couperet ou un couteau bien aiguisé. Disposez dans un plat chaud et servez aussitôt avec des crêpes chinoises, des houppes de ciboule et un bol de sauce de soja sucrée ou de sauce hoisin.

CANARD BRAISÉ

RÉGION : CANTON
FRIT ET BRAISÉ – RAISONNABLE – FACILE
PRÉPARATION : 25 MN – CUISSON : 1 H 30

La sauce de cuisson utilisée pour cette recette est comparable à celle du poulet à la sauce de soja (page 142). Elle peut être congelée puis réutilisée. Contrairement au poulet, le canard doit mijoter longuement à l'étouffée pour être bien cuit et débarrassé de sa graisse cutanée. On voit fréquemment ce genre de canards braisés suspendus à des crochets dans les magasins d'alimentation en Chine, en Asie du Sud-Est, à Taiwan et Hongkong, ainsi que dans les quartiers chinois des grandes métropoles occidentales. Très facile à préparer chez soi, le canard braisé se réchauffe très bien, et j'estime qu'il est meilleur servi à température ambiante. Il s'accompagnera fort bien de vermicelle chinois épicé (page 255) et de laitue à la sauce d'huître (page 223).

POUR 4 À 6 PERSONNES

1 canard de 1,6 à 1/8 kg frais ou surgelé
1,2 l d'huile d'arachide

SAUCE
1,2 l de bouillon de poulet (page 62) ou d'eau
1,2 l de sauce de soja noire
30 cl de sauce de soja claire
45 l de vin de riz de Shaoxing ou de xérès sec
ou 25 cl de xérès sec mélangé à 25 cl de bouillon de poulet (page 62)
100 g de sucre chinois jaune ou de sucre semoule
5 étoiles de badiane
3 morceaux d'écorce de cannelle chinoise ou 3 bâtons de cannelle
2 cuillerées à soupe de graines de fenouil
1 cuillerée à soupe de cumin
quelques brins de coriandre fraîche

1. Coupez le canard en deux dans la longueur. Essuyez soigneusement chaque moitié avec du papier absorbant.
2. Chauffez l'huile dans un wok à feu très vif (ou une grande poêle à frire) ; lorsqu'elle commence à fumer, faites frire les deux moitiés du canard, la peau en dessous. Réduisez le feu puis continuez de faire frire à feu moyen jusqu'à ce que la peau soit dorée (15 à 20 minutes). Ne retournez pas les demi-canards mais arrosez-les fréquemment d'huile durant la cuisson. Égouttez le canard sur du papier absorbant.
3. Mélangez tous les ingrédients de la sauce dans une grande casserole puis portez à ébullition. Ajoutez les demi-canards puis réduisez le feu. Couvrez et faites cuire à l'étouffée, à feu doux, pendant 1 heure, jusqu'à ce que le canard soit bien tendre.
4. Écumez la graisse de la surface de la sauce et retirez les demi-canards, laissez-les refroidir puis découpez-les en petits morceaux.
5. Déposez dans un plat tiède, garnissez de brins de coriandre et servez aussitôt. Si vous préférez, laissez complètement refroidir le canard pour le servir à température ambiante.
6. Une fois la sauce refroidie, retirez toute la graisse restant. Cette sauce peut alors être congelée et réutilisée pour faire cuire du canard ou du poulet. Ce plat est excellent réchauffé.

CANARD CROUSTILLANT

RÉGION : SICHUAN

CUIT À LA VAPEUR ET FRIT – RAISONNABLE – DIFFICILE

PRÉPARATION : 40 MN – RÉFRIGÉRATION : 24 H – CUISSON : 2 H 10

Dans ma famille, conformément à la tradition chinoise, le canard était un mets de choix réservé aux grandes occasions. Cette recette est l'une de mes préférées : elle est d'ailleurs très appréciée dans les pays occidentaux. La longueur de la préparation ne doit pas vous rebuter car la plupart des tâches à accomplir sont fort simples et peuvent tout à fait être exécutées la veille. Vos efforts seront amplement récompensés par le résultat. La cuisson à la vapeur vise à débarrasser la chair du canard de la majeure partie de sa graisse pour la rendre moelleuse. En faisant ensuite frire le canard, on confère à sa peau une consistance croustillante du meilleur effet.

POUR 4 À 6 PERSONNES

1 canard de 1,6 à 1,8 kg frais ou surgelé
2 cuillerées à soupe d'épice aux cinq parfums en poudre
60 g de poivre du Sichuan et 25 g de poivre gris, en grains
3 cuillerées à soupe de cumin
200 g de sel gemme
4 tronçons de gingembre frais de 8 cm – 4 brins de ciboule
Maïzena ou farine de taro pour saupoudrer
1,2 l d'huile d'arachide

ACCOMPAGNEMENT
poivre du Sichuan grillé au gros sel (page 36)
boulettes à la vapeur (page 256)

1. Si le canard est surgelé, faites-le bien décongeler. Tamponnez-le avec du papier absorbant pour bien le sécher, puis frottez-le, à l'intérieur comme à l'extérieur, d'épice aux cinq parfums, de poivre du Sichuan, de poivre gris et de cumin. Recouvrez l'extérieur du canard de sel gemme, en vous assurant que les grains adhèrent de façon uniforme. Enveloppez soigneusement le canard dans du film étirable et réfrigérez pendant 24 heures.

2. Après ce laps de temps, débarrassez le canard du sel. Coupez le gingembre en lamelles de 7 à 8 cm par 1/2 cm. Débitez la ciboule en tronçons de 7 à 8 cm. Remplissez le canard avec le gingembre et la ciboule, puis placez-le dans un plat en Pyrex ou en porcelaine supportant la chaleur.

3. Préparez un cuit-vapeur, ou placez une grille dans un wok ou une cocotte, et versez-y 5 cm d'eau. Portez rapidement à ébullition. Placez le canard dans le cuit-vapeur ou sur la grille. Réduisez le feu et couvrez le wok ou la cocotte. Faites cuire à la vapeur à feu doux, 2 heures environ, en enlevant de temps à autre l'excédent de graisse. Remettez régulièrement de l'eau bouillante afin que la production de vapeur soit constante.

4. Retirez le canard, videz tout le jus et la graisse. Jetez le gingembre et la ciboule. Laissez sécher et refroidir le canard dans un plat 2 heures environ. Vous pouvez alors le réfrigérer.

5. Juste avant de servir, découpez le canard en quarts, saupoudrez de Maïzena ou de farine de taro (secouez pour enlever l'excédent).

6. Chauffez l'huile dans une friteuse ou un wok ; quand elle commence à fumer, faites frire les quarts de canard en 2 fois de façon que les morceaux soient bien chauds et croustillants. Égouttez sur du papier absorbant puis débitez en petits morceaux.

7. Pour déguster ce plat, plongez un morceau de canard dans le poivre du Sichuan grillé au gros sel, puis glissez-le dans une boulette à la vapeur fendue pour confectionner une sorte de petit sandwich.

CANARD RÔTI À LA CANTONAISE

RÉGION : CANTON

RÔTI – RAISONNABLE – DIFFICILE

PRÉPARATION : 25 MN – SÉCHAGE : 8 H – CUISSON : 1 H 30

L'un des plus délicieux modes de cuisson du canard consiste à le faire rôtir « à la cantonaise » accompagné d'une marinade aromatique. Cette méthode est fort ingénieuse, car non seulement la marinade communique ses saveurs au canard, mais elle rend, entre autres, la viande très moelleuse. La peau devient croustillante et les jus de la volaille se mêlent à la marinade pour composer une sauce succulente.

Ce canard est sans doute connu de nombre d'entre vous, qui avez eu l'occasion d'en voir aux devantures des rôtisseries des quartiers chinois du monde entier. Il est donc facile de l'acheter tout prêt, mais il n'est guère plus difficile de le cuisiner soi-même pour lui accorder une place de choix lors d'un repas de fête.

POUR 4 À 6 PERSONNES

1 canard de 1,5 à 2 kg

MARINADE

1 cuillerée à soupe d'huile d'arachide

3 cuillerées à soupe de gingembre frais finement haché

5 gousses d'ail épluchées et écrasées
6 brins de ciboule coupés en tronçons de 7 à 8 cm de long
1 cuillerée à soupe de sauce aux haricots jaunes entiers
2 cuillerées à soupe de sauce de soja claire
2 cuillerées à soupe de vin de riz de Shaoxing ou de xérès sec
1 1/2 cuillerée à soupe de sucre chinois jaune concassé ou de sucre semoule
3 étoiles de badiane – 10 brins de coriandre fraîche
1 cuillerée à soupe de grains de poivre du Sichuan grillés (page 27)
15 cl de bouillon de poulet (page 62)

SAUCE D'ARROSAGE

1,2 l d'eau – 6 cuillerées à soupe de miel
4 cuillerées à soupe de sauce de soja noire
3 cuillerées à soupe de vin de riz de Shaoxing ou de xérès sec
2 cuillerées à soupe de vinaigre de riz noir ou de vinaigre de cidre

1. Si le canard est surgelé, faites-le bien décongeler. Tamponnez-le avec du papier absorbant pour bien le sécher. Traversez la base du cou avec un fil de cuisine et nouez-le.

2. Chauffez un wok à feu très vif (ou une grande poêle à frire). Versez-y l'huile, puis, quand elle commence à fumer, faites revenir le gingembre et l'ail 10 secondes en remuant. Ajoutez le reste des ingrédients de la marinade. Lorsque la marinade commence à frémir, retirez-la du feu et laissez bien refroidir.

3. Versez la marinade à l'intérieur du canard, refermez-le en le cousant, ou à l'aide d'une brochette.

4. Mélangez les ingrédients de la sauce dans une casserole de taille moyenne et portez à ébullition. Avec une louche ou une grande cuiller, arrosez à plusieurs reprises le canard de cette sauce jusqu'à ce que toute la peau en soit enduite.

5. Suspendez le canard au-dessus d'un plat ou d'une lèchefrite, laissez sécher au minimum 8 heures – davantage si possible – dans un lieu frais et bien aéré. Pour accélérer le séchage, placez le canard devant un ventilateur pendant 4 à 5 heures. Lorsque le canard est bien séché, sa peau présente un aspect parcheminé.

6. Préchauffez le four à 240 °C (thermostat 9). Pendant ce temps, placez le canard sur une grille, sur le dos, au-dessus d'une lèchefrite contenant 15 cl d'eau (cela évitera les projections de graisse). Faites rôtir 15 minutes au four, puis réglez le four sur 180 °C (thermostat 4) et poursuivez la cuisson 1 h 10.

7. Sortez le canard du four et laissez-le refroidir au moins 10 minutes avant de le découper. Retirez délicatement la couture ou la brochette et laissez s'égoutter la marinade. À l'aide d'un couperet ou d'un couteau aiguisé, découpez le canard en petites portions et disposez-les dans un plat chaud. Dégraissez la marinade et servez-la en sauce d'accompagnement.

Pigeon braisé aux cinq parfums

Régions : Fujian et Canton

Braisé – Raisonnable – Difficile

Préparation : 20 mn – Cuisson : 45 mn

Dans cette recette, l'épice aux cinq parfums confère aux pigeons une saveur exquise, et la sauce au soja, dans laquelle ils cuisent, leur donne une superbe couleur brun doré. Les cuisiniers chinois font fréquemment blanchir les pigeons avant de les braiser afin de les débarrasser de leurs impuretés. La cuisson à l'étouffée a pour avantage de préserver tout le moelleux de la volaille. Les pigeonneaux sont très tendres, mais, si vous le souhaitez, vous pouvez les remplacer par des cailles ou un autre type de petit gibier à plumes. Ce plat, excellent froid, est parfait pour un pique-nique.

Hors-d'œuvre pour 4 personnes

2 pigeonneaux de 350 à 450 g fendus en deux dans la longueur

Sauce

40 cl de sauce de soja noire
15 cl de sauce de soja claire
3 cuillerées à soupe de sauce hoisin
2 cuillerées à soupe d'épice aux cinq parfums en poudre
15 cl de vin de riz de Shaoxing ou de xérès sec
50 g de sucre chinois jaune ou de sucre semoule
2 cuillerées à soupe de ciboule finement hachée
1 cuillerée à soupe de gingembre frais finement haché

1. Faites blanchir les pigeons en les plongeant 5 minutes environ dans une grande casserole d'eau bouillante. Sortez-les avec une écumoire et jetez l'eau.

2. Mélangez les ingrédients de la sauce dans une casserole de taille moyenne, portez à ébullition, réduisez le feu, ajoutez les pigeons, couvrez et faites cuire à feu doux environ 35 minutes, ou jusqu'à ce que la chair des pigeons soit tendre. Retirez les pigeons avec une écumoire et laissez-les refroidir. La sauce de cuisson peut être conservée et congelée afin de préparer de nouveau ce plat.

3. Découpez les pigeons en morceaux de la grosseur d'une bouchée, et déposez-les dans un plat de service chaud. Décorez de ciboule et de gingembre avant de servir.

Si vous désirez consommer ce plat froid, laissez-le refroidir, saupoudrez de gingembre et de ciboule, enveloppez de film étirable et réfrigérez jusqu'au moment de servir.

PIGEON FRIT

RÉGION : CANTON

BRAISÉ ET FRIT – RAISONNABLE – DIFFICILE

PRÉPARATION : 25 MN – SÉCHAGE : 2 H – CUISSON : 45 MN

L'une des sorties dominicales favorites des habitants de Hongkong les mène à Shatin, ville des Nouveaux Territoires, où ils jouent au mah-jong – célèbre jeu de dominos chinois – et dégustent du pigeon. Les Chinois du sud apprécient fortement la saveur de gibier du pigeon, qu'ils font brièvement braiser avant de laisser sécher puis de le frire au dernier moment. Ainsi cuisinés, les pigeons sont très savoureux ; leur chair est tendre et leur peau croustillante. Le secret de cette recette est le liquide de cuisson, que l'on utilise à maintes reprises (dans certains restaurants, on l'emploie même pendant des années).

La préparation de ce plat prend du temps, mais elle n'est pas compliquée, et une grande partie du travail peut s'effectuer plusieurs heures à l'avance. Le résultat convient parfaitement pour un repas de fête. Servez-le avec du riz, des aubergines braisées aux épices (page 202) et du poivre du Sichuan grillé au gros sel (page 36).

HORS-D'ŒUVRE POUR 4 PERSONNES

2 pigeonneaux de 225 à 350 g coupés en deux dans la longueur
4 tronçons de gingembre frais de 8 cm
90 cl d'huile d'arachide (voir Les friteuses, page 40)

SAUCE DE CUISSON

1,2 l de bouillon de poulet (page 62)
5 cuillerées à soupe de sauce de soja noire
3 cuillerées à soupe de sauce de soja claire
15 cl de vin de riz de Shaoxing ou de xérès sec
3 cuillerées à soupe de sucre chinois jaune ou de sucre semoule
1 cuillerée à café de sel
6 morceaux de zeste d'orange frais ou de zeste d'agrume séché réhydraté, finement haché (page 33)
3 morceaux d'écorce de cannelle chinoise ou 3 bâtons de cannelle
3 étoiles de badiane (facultatif)
1 cuillerée à café de poivre blanc moulu
2 cuillerées à café d'huile de sésame

1. Faites bouillir de l'eau dans une grande casserole, puis faites-y blanchir les pigeons 2 minutes environ afin de les débarrasser de leurs impuretés et de tendre la peau. Sortez les pigeons et jetez l'eau.

2. Coupez le gingembre en lamelles de 7 à 8 cm de long. Mélangez tous les ingrédients de la sauce de cuisson dans une grande casserole et portez à ébullition. Ajoutez les pigeons et le gingembre, réduisez le feu, couvrez et faites mijoter 30 minutes, jusqu'à ce que les pigeons soient tout juste tendres.

3. Retirez les pigeons avec une écumoire et placez-les sur une grille au-dessus d'un plat ou d'une lèchefrite, dans une pièce bien fraîche et bien aérée. Laissez-les sécher 2 heures environ. Lorsqu'ils sont bien secs, leur peau doit présenter un aspect parcheminé. Le liquide de cuisson peut être congelé en vue d'un usage ultérieur.

4. Juste avant de servir, faites frire les pigeons dans l'huile chaude – dans un wok ou une friteuse –, jusqu'à ce qu'ils soient bien dorés et croustillants. Retournez-les fréquemment avec une écumoire afin qu'ils soient uniformément frits et dorés – cela prendra environ 10 minutes.

5. Égouttez-les sur du papier absorbant et laissez-les refroidir quelques minutes. À l'aide d'un couperet ou d'un grand couteau, découpez chaque pigeon en 4 ou 6 portions ; disposez dans un plat chaud et servez aussitôt.

CAILLES SAUTÉES

RÉGIONS : FUJIAN ET CANTON

SAUTÉ – BON MARCHÉ – FACILE

PRÉPARATION : 20 MN – MARINADE : 20 MN – CUISSON : 20 MN

Les cailles sont très appréciées dans le sud et le sud-est de la Chine parce que leur saveur est délicieuse et qu'elles se prêtent très bien à la préparation de sautés. Cette technique de cuisson retient le goût et les sucs du gibier tout en évitant une cuisson excessive. Les pousses de bambou et les châtaignes d'eau apportent une note croquante qui s'accorde à la perfection avec la tendreté de la chair des cailles.

Cette recette est une adaptation d'un mets de banquet du restaurant *Lee Gardens Rainbow Room* de Hongkong, où l'on ne sert que les blancs des cailles. Ce plat est tout aussi agréable sans qu'il soit besoin de désosser les cailles – tâche fastidieuse s'il en est. De par ses saveurs puissantes et ses superbes coloris, ce plat est parfaitement approprié pour un repas de fête, en hors-d'œuvre ou en mets principal. Servez les cailles sautées avec une soupe de maïs au crabe (page 80) et du riz.

HORS-D'ŒUVRE POUR 4 PERSONNES

4 cailles de 100 g
225 g de châtaignes d'eau fraîches – épluchées –, ou en conserve – rincées – (page 18)
225 g de pousses de bambou – 6 brins de ciboule
15 cl d'huile d'arachide
30 cl de bouillon de poulet (page 62)
2 cuillerées à soupe de sauce d'huître – 2 cuillerées à café de sucre en poudre
2 cuillerées à café de Maïzena mélangées à 2 cuillerées à café d'eau

MARINADE

2 cuillerées à soupe de vin de riz de Shaoxing ou de xérès sec
2 cuillerées à soupe de sauce de soja claire
1 cuillerée à soupe de Maïzena
2 cuillerées à café d'huile de sésame
1/2 cuillerée à café de sel
1/2 cuillerée à café de poivre blanc fraîchement moulu

1. Si les cailles sont surgelées, faites-les bien décongeler. Séchez-les à l'intérieur comme à l'extérieur avec du papier absorbant, puis coupez chaque volaille en 6 morceaux.
2. Dans une jatte, mélangez soigneusement les cailles avec les ingrédients de la marinade, laissez mariner 20 minutes.
3. Coupez les châtaignes d'eau en rondelles, rincez les pousses de bambou puis coupez-les en lamelles ; débitez la ciboule en tronçons de 7 à 8 cm, en léger biseau.
4. Chauffez un wok à feu très vif (ou une grande poêle à frire). Retirez la moitié des morceaux de caille de la marinade avec une écumoire. Versez la moitié de l'huile d'arachide dans le wok, puis, quand elle commence à fumer, faites rissoler les morceaux de caille 5 minutes environ sans cesser de remuer. Faites égoutter dans une passoire, puis jetez l'huile.
5. Chauffez de nouveau le wok, puis faites sauter le reste des cailles dans l'autre moitié de l'huile d'arachide. Égouttez les morceaux de caille, et laissez, cette fois, l'équivalent d'une cuillerée à soupe d'huile dans le wok.
6. Chauffez une nouvelle fois le wok à feu très vif. Mettez-y la ciboule, les châtaignes d'eau – si vous en utilisez des fraîches – et les pousses de bambou. Faites revenir 2 minutes environ, puis ajoutez le reste des ingrédients – à l'exception des châtaignes d'eau si elles sont en conserve. Portez à ébullition.
7. Remettez les cailles dans le wok et faites cuire 3 minutes environ. Veillez à bien enrober de sauce tous les morceaux. Si vous recourez à des châtaignes d'eau en conserve, ajoutez-les à ce stade et poursuivez la cuisson 2 minutes. Servez chaud.

CAILLES RÔTIES

RÉGION : CANTON

RÔTI – BON MARCHÉ – FACILE

PRÉPARATION : 15 MN – CUISSON : 30 MN

J'adore me trouver en Chine méridionale ou à Hongkong en automne car c'est la saison des ortolans de riz. Ces petits oiseaux, capturés au filet dans les rizières, sont simplement cuits au barbecue sur des brochettes, et accommodés avec une sauce assaisonnée. Je n'ai jamais pu trouver d'ortolans de riz en Europe ou en Amérique du Nord, mais j'ai découvert que l'on pouvait fort bien les remplacer par des cailles, faciles à préparer et aussi délicieuses froides – pour un pique-nique, par exemple – que chaudes. Si vous les servez chaudes, accompagnez-les d'aubergines braisées aux épices (page 202).

POUR 4 PERSONNES

4 cailles de 100 g
1 cuillerée à soupe de sel

SAUCE

3 cuillerées à soupe de sauce hoisin
1 cuillerée à soupe de vin de riz de Shaoxing ou de xérès sec
1 cuillerée à soupe de sauce de soja claire
2 cuillerées à café d'huile de sésame
1/2 cuillerée à café de sel
1/2 cuillerée à café de poivre blanc fraîchement moulu

1. Préchauffez le four à 240 °C (thermostat 9).

2. Si les cailles sont surgelées, veillez à bien les faire décongeler. Essuyez-les soigneusement avec du papier absorbant, puis frottez-les de sel à l'intérieur comme à l'extérieur.

3. Mélangez les ingrédients de la sauce dans un bol. Enduisez les cailles de cette sauce, à l'intérieur comme à l'extérieur.

4. Disposez les cailles dans un petit plat à rôtir et mettez-les au four ; faites rôtir 5 minutes puis baissez la température à 180 °C (thermostat 4) et poursuivez la cuisson 20 minutes. Éteignez le four et laissez les cailles encore 5 minutes avant de les sortir ; laissez-les reposer 10 minutes.

5. Servez les cailles entières ou, si vous préférez, coupez-les en 4 ou 6 morceaux avec un couperet ou un grand couteau et déposez-les dans un plat de service chaud.

Cailles rôties

LES POISSONS ET LES FRUITS DE MER

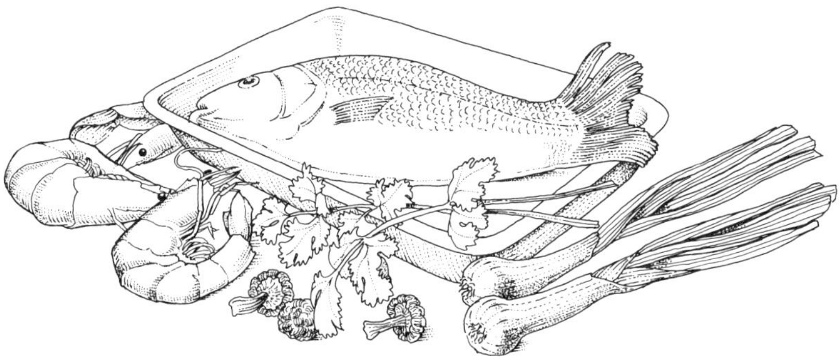

Depuis une décennie, la consommation des produits de la mer est en rapide augmentation dans le monde entier. Poissons et fruits de mer, généralement pauvres en graisse et en cholestérol, possèdent d'excellentes qualités nutritives.

Parmi les expériences culinaires que j'ai faites dans ma jeunesse, la consommation abondante de poissons et de fruits de mer frais reste certainement l'une des plus agréables. Dans ma famille, ces produits de la mer étaient considérés avec une affection toute particulière, qu'ils fussent dégustés au cours de repas très simples ou lors de grands festins. Une question se posait immanquablement : « Est-ce bien frais ? » Dès mon enfance, j'appris ainsi, comme le font tous les Chinois, à estimer à sa juste valeur la fraîcheur des poissons et des fruits de mer.

Il n'y a rien d'étonnant à ce qu'ils figurent en bonne place au répertoire culinaire chinois. Le littoral s'étire sur des milliers de kilomètres ; de plus, les innombrables rivières, lacs et canaux du pays pullulent de poissons, de mollusques et de crustacés d'eau douce. On estime à plusieurs centaines le nombre des espèces de poissons et de fruits de mer employées dans la cuisine chinoise. La plupart sont sauvages, mais quelques-unes, dont la carpe, font l'objet d'un élevage organisé. La pratique de l'aquiculture connaît même une croissance constante. Il est toujours préférable qu'il ne s'écoule pas plus de quelques heures entre la prise et la cuisson des poissons : sur les marchés de Chine méridionale et de Hongkong, ils sont même fréquemment vendus vivants, ce qui permet aux clients de les choisir dans les viviers et de les emporter chez eux ou dans les restaurants où ils seront cuisinés.

Les Chinois font appel à diverses techniques de cuisson qui visent toutes à retenir les sucs et le goût naturel des poissons et des fruits de mer. La cuisson à la vapeur est particulièrement appréciée de très nombreux chefs car elle exalte les saveurs et les parfums naturels des poissons tout en préservant leur consistance délicate, leur moelleux et leur forme. La cuisson rapide à l'étouffée est également employée, et l'on peut aussi faire frire poissons et fruits de mer. Les Chinois préfèrent le plus souvent cuire les poissons entiers, mais l'on peut fort bien cuisiner des filets et des darnes. Nous estimons que la chair demeure plus tendre et que la saveur est meilleure lorsque le poisson est employé entier, avec tête et queue. Le fait de servir un poisson entier est, en outre, un symbole de prospérité. La tête du poisson doit toujours être dirigée vers l'invité que l'on souhaite honorer : cette marque de courtoisie lui portera bonheur.

Les fruits de mer, et notamment les crevettes, les huîtres, les coquilles Saint-Jacques, les crabes, les langoustes, les calmars et les ormeaux occupent une place de choix dans la cuisine chinoise. Du fait de leur fragilité, il convient de les manipuler le moins possible et de les préparer le plus simplement qui soit. On les fait sauter, cuire à la vapeur, frire ou braiser. Les recettes de fruits de mer sont généralement interchangeables : ce qui fonctionne pour les crevettes donnera d'aussi bons résultats avec du crabe, de la langouste ou des pétoncles.

Lorsqu'ils ne disposent pas de fruits de mer frais, les cuisiniers chinois recourent à des produits séchés comme ingrédients principaux ou pour parfumer des soupes, des plats sautés ou braisés, ou encore des farces. La dessiccation a pour effet de concentrer les saveurs et les fragrances des fruits de mer.

Les Chinois s'efforcent de jouer des contrastes pour rehausser la saveur, la consistance et la couleur délicates des poissons et des fruits de mer ; par exemple, la recette des crevettes aigres-douces équilibre le goût subtil et le croquant des crevettes roses et la saveur relevée de la sauce. La plupart des recettes chinoises font appel à des crevettes fraîches et crues. Il devient de plus en plus aisé de s'en procurer – alors qu'il y a quelques années encore on ne trouvait, dans de nombreuses régions, que des crevettes cuites ou surgelées –, mais si vous ne pouvez éviter les crevettes cuites, choisissez les meilleures et les plus grosses et contentez-vous de bien les réchauffer au lieu de respecter les temps de cuisson indiqués. Les crevettes surgelées crues constituent une meilleure solution de remplacement. Quant aux crabes, il est souhaitable de les acheter vivants, ou fraîchement cuits. Vous trouverez à la page 192 des indications concernant l'utilisation des crabes vivants ou cuits dans leur carapace.

Des poissons tels que la morue, l'églefin et le bar, que l'on trouve désormais dans toutes les bonnes poissonneries, se prêtent parfaitement à divers modes de cuisson – on peut les faire frire, sauter ou braiser. Plie, sole et flétan seront le plus souvent cuits à la vapeur. Mieux vaut faire cuire à l'étouffée les poissons à chair huileuse, dont le rouget, la carpe ou l'anguille. Quant à la truite, on la fera rissoler à la poêle. Établissez de bonnes relations avec votre poissonnier et soyez inflexible quant à la fraîcheur de ses produits. Un poisson frais doit être ferme, avoir l'œil vif, les ouïes colorées et la peau luisante. Les fruits de mer doivent eux aussi être fermes, et ne pas dégager d'odeur forte.

POISSON FRIT AU GINGEMBRE

RÉGION : FUJIAN

FRIT – BON MARCHÉ – DIFFICILE

PRÉPARATION : 10 MN – MACÉRATION : 20 MN – CUISSON : 10 MN

Le poisson s'accorde à la perfection avec le gingembre, dont le piquant relève superbement les saveurs à la fois délicates et caractéristiques ; il s'emploie un peu à la manière du citron dans la cuisine occidentale. Dans ce plat très simple à préparer, le gingembre fournit un contrepoint subtilement odorant et légèrement relevé au poisson. Servez ce plat avec des aubergines braisées aux épices (page 202) et du poulet au concombre (page 125).

POUR 4 PERSONNES

450 g de filets de poisson blanc, frais et fermes (cabillaud, bar ou flétan…)
1 cuillerée à café de sel
Maïzena pour saupoudrer
15 cl d'huile d'arachide
3 cuillerées à soupe de gingembre frais émincé
2 cuillerées à soupe de bouillon de poulet (page 62) ou d'eau
1/2 cuillerée à café de poivre blanc fraîchement moulu
2 1/2 cuillerées à soupe de vin de riz de Shaoxing ou de xérès sec
2 cuillerées à café de sucre en poudre
2 cuillerées à café d'huile de sésame

3 cuillerées à soupe de ciboule hachée

1. Salez les filets de poisson, des deux côtés. Coupez les filets en lamelles de 2 à 3 cm de large, laissez reposer 20 minutes puis saupoudrez de Maïzena.

2. Chauffez un wok à feu très vif (ou une grande à poêle à frire). Versez-y l'huile, puis, quand elle commence à fumer, ajoutez le gingembre et quelques secondes plus tard le poisson.

3. Faites rissoler jusqu'à ce que les lamelles de poisson soient fermes et partiellement cuites. Retirez-les de l'huile et égouttez-les sur du papier absorbant. Jetez toute l'huile.

4. Essuyez le wok, portez à ébullition le reste des ingrédients, puis remettez les lamelles de poisson dans le wok et enrobez-les, en les retournant délicatement dans la sauce pendant 1 minute (veillez à ce que la chair ne s'émiette pas). Transvasez dans un plat chaud, garnissez de ciboule et servez aussitôt.

POISSON AUX ÉPICES

RÉGION : SICHUAN

FRIT – BON MARCHÉ – DIFFICILE

PRÉPARATION : 15 MN – MACÉRATION : 20 MN – CUISSON : 10 MN

Un poisson à chair blanche et ferme, tel que la morue, le bar, le flétan ou l'églefin, conviendra particulièrement bien pour cette recette car ces poissons charnus se tiennent bien à la cuisson. La carpe est souvent accommodée de cette manière en Chine. Servez ce plat avec du riz nature et un légume sauté.

POUR 4 PERSONNES

450 g de filets de poisson blanc, frais et fermes (cabillaud, bar ou flétan…)
1 cuillerée à café de sel
Maïzena pour saupoudrer
3 brins de ciboule
15 cl d'huile d'arachide
1 cuillerée à soupe d'ail finement haché
2 cuillerées à soupe de gingembre frais finement haché

SAUCE

15 cl de bouillon de poulet (page 62)
2 cuillerées à café de sauce aux haricots jaunes entiers
1 cuillerée à soupe de sauce pimentée
2 cuillerées à soupe de vin de riz de Shaoxing ou de xérès sec
2 cuillerées à café de sauce de soja noire
2 cuillerées à café d'huile de sésame
1/2 cuillerée à café de sel – 1 pincée de poivre blanc moulu

1. Salez les filets de poisson, des deux côtés. Coupez les filets en lamelles de 2 à 3 cm de large, laissez reposer 20 minutes puis saupoudrez de Maïzena. Coupez la ciboule en tronçons de 5 cm.

2. Chauffez un wok à feu très vif. Versez-y l'huile, puis, quand elle commence à fumer, réduisez le feu.

3. Faites revenir les lamelles de poisson jusqu'à ce qu'elles soient fermes et partiellement cuites. Retirez-les de l'huile et égouttez-les sur du papier absorbant. Conservez 1 cuillerée à soupe d'huile dans le wok et jetez le reste.

4. Chauffez de nouveau le wok, puis faites sauter la ciboule, l'ail et le gingembre pendant 30 secondes ; ajoutez les ingrédients de la sauce et portez à ébullition. Réduisez le feu, remettez le poisson dans le wok et laissez-le mijoter 2 minutes avant de présenter sauce et poisson dans un plat de service chaud.

Poisson frit à l'ail et à la ciboule

Région : Fujian

Frit – Raisonnable – Facile

Préparation : 10 mn – Macération : 15 mn – Cuisson : 10 mn

Cette recette très simple convient particulièrement bien pour cuisiner des poissons plats tels que sole ou plie. Dans les régions côtières de Chine, on accommode ainsi des brèmes de mer ou des lutians rouges. Le vin de riz, l'œuf et la sauce relevée mettent parfaitement en valeur la consistance et la saveur du poisson, mais il est impératif de ne pas prolonger la cuisson. Servez ce plat avec du riz et un légume sauté – par exemple, du chou chinois à la sauce de soja (page 214).

Pour 4 personnes

450 g de filets de sole ou de plie
1 cuillerée à café de sel
1/4 de cuillerée à café de poivre blanc moulu
50 g de Maïzena
2 œufs légèrement battus
15 cl d'huile d'arachide
3 cuillerées à soupe d'ail émincé
2 cuillerées à soupe de ciboule finement hachée
2 cuillerées à soupe de vin de riz de Shaoxing ou de xérès sec
1 cuillerée à café de sel
2 cuillerées à café d'huile de sésame

1. Si vous utilisez de la plie, demandez à votre poissonnier de retirer la peau sombre, ou faites-le vous-même avec un petit couteau pointu.
2. Coupez les filets de poisson en lamelles de 2 à 3 cm, salez et poivrez puis laissez reposer 15 minutes.
3. Enrobez les lamelles de poisson dans la Maïzena puis plongez-les dans l'œuf battu.
4. Chauffez un wok à feu très vif (ou une grande poêle à frire). Versez-y l'huile, puis, quand elle commence à fumer, réduisez le feu. Faites dorer les lamelles de poisson à feu moyen, des deux côtés, en plusieurs fois. Égouttez sur du papier absorbant et jetez l'huile.
5. Essuyez le wok, puis faites cuire le reste des ingrédients à petit bouillon pendant 2 minutes. Déposez les lamelles de poisson rissolées dans un plat chaud, nappez de sauce chaude et servez sans attendre.

POISSON À LA SAUCE AIGRE ET ÉPICÉE

RÉGION : SICHUAN
FRIT – RAISONNABLE – FACILE
PRÉPARATION : 10 MN – CUISSON : 10 MN

L'association d'une saveur aigre et d'un goût relevé est très appréciée dans la région du Sichuan. Ce plat simple et rapide à préparer est bien adapté pour un repas familial léger. Accompagnez-le, par exemple, d'épinards sautés à l'ail (page 231).

POUR 4 PERSONNES

450 g de filets de poisson blanc, frais et fermes (sole, plie...)
Maïzena pour saupoudrer
15 cl d'huile d'arachide

SAUCE
15 cl de bouillon de poulet (page 62)
2 cuillerées à soupe de vin de riz de Shaoxing ou de xérès sec
1 1/2 cuillerée à soupe de sauce de soja noire
1 cuillerée à soupe de purée de tomates
2 cuillerées à café de sauce pimentée
1/2 cuillerée à café de poivre blanc fraîchement moulu
2 cuillerées à soupe de vinaigre de riz noir ou de vinaigre de cidre
2 cuillerées à café de sucre en poudre

3 cuillerées à soupe de ciboule finement hachée

1. Si vous utilisez de la plie, demandez à votre poissonnier de retirer la peau sombre, ou faites-le vous-même avec un petit couteau pointu.
2. Coupez les filets de poisson dans la largeur et en léger biseau, en lamelles de 2 à 3 cm de large. Saupoudrez le poisson de Maïzena, et secouez pour éliminer l'excédent.
3. Chauffez un wok à feu très vif (ou une grande poêle à frire). Versez-y l'huile, puis, quand elle commence à fumer, réduisez le feu. Faites dorer les lamelles de poisson à feu doux, en 2 à 3 minutes – en plusieurs fois si nécessaire. Égouttez sur du papier absorbant et jetez l'huile.
4. Essuyez le wok, puis faites-le de nouveau chauffer. Mélangez tous les ingrédients de la sauce, portez à ébullition puis réduisez le feu. Ajoutez les lamelles de poisson rissolées et faites-les réchauffer dans la sauce 2 minutes. Déposez dans un plat chaud et servez garni de ciboule.

POISSON À LA CIBOULE ET AU GINGEMBRE

RÉGION : CANTON

CUIT À LA VAPEUR – CHER – FACILE

PRÉPARATION : 10 MN – REPOS : 20 MN – CUISSON : 5 À 14 MN

La cuisson du poisson à la vapeur est une grande tradition de Chine méridionale ; c'est ma méthode de préparation favorite car elle préserve dans toute sa pureté la saveur du poisson – cette cuisson est si douce qu'elle ne masque en rien le goût très frais d'un produit de qualité. Le poisson reste tendre et conserve tous ses sucs, de sorte que l'on peut savourer pleinement l'association des autres ingrédients. Demandez toujours à votre poissonnier de vous fournir le poisson le plus frais possible.

POUR 4 PERSONNES

450 g de filets de poisson blanc, frais et fermes (cabillaud, bar, sole…)
ou 1 poisson entier tel que sole ou turbot
1 cuillerée à café de gros sel
1 1/2 cuillerée à café de gingembre frais émincé

3 cuillerées à soupe de ciboule émincée
1 cuillerée à soupe de sauce de soja claire
2 cuillerées à café de sauce de soja noire
1 cuillerée à soupe d'huile d'arachide
2 cuillerées à café d'huile de sésame
2 gousses d'ail épluchées et émincées

1. Si vous utilisez un poisson entier, retirez les ouïes. Séchez le poisson en le tamponnant avec du papier absorbant. Frottez de sel des deux côtés, puis laissez reposer 30 minutes – pour raffermir la chair du poisson et éviter qu'elle ne soit trop humide.

2. Préparez un cuit-vapeur ou placez une grille dans un wok (ou une cocotte) et versez-y 5 cm d'eau. Portez à ébullition. Placez le poisson dans une assiette supportant la chaleur, recouvrez sa surface de gingembre, puis déposez-la dans le cuit-vapeur ou sur la grille.

3. Couvrez le wok (ou la cocotte) et faites cuire à la vapeur à feu doux jusqu'à ce que le poisson soit tout juste cuit (5 minutes environ pour un poisson plat, 12 à 14 minutes pour un poisson ou des filets plus épais).

4. Sortez l'assiette contenant le poisson cuit, garnissez de ciboule et arrosez avec les sauces de soja.

5. Faites chauffer les huiles dans une petite casserole, ajoutez l'ail et faites bien dorer. Versez ce mélange d'ail et d'huile sur le poisson et servez aussitôt.

Poisson à la ciboule et au gingembre

POISSON SAUTÉ AUX PETITS POIS

RÉGION : CANTON

SAUTÉ – RAISONNABLE – FACILE

PRÉPARATION : 10 MN – MACÉRATION : 20 MN – CUISSON : 5 MN

Ce plat est très apprécié en Chine méridionale, surtout lorsqu'il est préparé avec du serran. Il est cependant tout à fait possible d'utiliser des filets de cabillaud – l'essentiel est de choisir un poisson à chair blanche ferme, qui ne se désagrège pas à la cuisson. Servez ce sauté avec des haricots verts frits (page 205) et une soupe de courge au jambon (page 73).

POUR 4 PERSONNES

450 g de filets de poisson blanc, frais et ferme (cabillaud, flétan, bar…)
2 cuillerées à café de sel
100 g de petits pois frais ou surgelés
2 cuillerées à soupe d'huile d'arachide
50 g de jambon de Parme émincé ou de poitrine fumée maigre

SAUCE

15 cl de bouillon de poulet (page 62)
1 cuillerée à soupe de vin de riz de Shaoxing ou de xérès sec
1 cuillerée à soupe de sauce de soja claire
1 cuillerée à café de sel
½ cuillerée à café de poivre blanc fraîchement moulu
2 cuillerées à café de sucre en poudre
2 cuillerées à café de Maïzena mélangées à 2 cuillerées à café d'eau
2 cuillerées à café d'huile de sésame

1. Coupez les filets de poisson en lamelles de 2 à 3 cm de large, saupoudrez-les uniformément de sel et laissez reposer 20 minutes.

2. Si vous avez des petits pois frais, faites-les cuire 5 minutes dans de l'eau bouillante, puis égouttez-les dans une passoire. S'ils sont surgelés, faites-les simplement décongeler.

3. Chauffez un wok à feu très vif (ou une grande poêle à frire). Versez-y l'huile, puis, quand elle commence à fumer, faites revenir les lamelles de poisson, en remuant délicatement pour ne pas les briser, environ 2 minutes.

4. Ajoutez le jambon, les petits pois, le bouillon, le vin de riz ou le xérès, la sauce de soja, le sel, le poivre et le sucre. Portez à ébullition, puis incorporez la préparation à la Maïzena. Poursuivez la cuisson 1 minute, versez l'huile de sésame, remuez et servez aussitôt.

POISSON BRAISÉ

RÉGION : FUJIAN

FRIT ET BRAISÉ – BON MARCHÉ – FACILE

PRÉPARATION : 15 MN – MACÉRATION : 20 MN – CUISSON : 12 MN

Toutes les variétés d'ails et d'oignons figurent en bonne place dans la cuisine chinoise, mais les échalotes sont particulièrement prisées pour leur saveur caractéristique, qui selon moi se marie magnifiquement à celle du poisson. Un poisson à chair blanche et ferme tel que la morue, l'églefin ou le bar sera ici plus approprié que la plie ou la sole, un peu trop délicates. Ce plat s'accompagne fort bien de riz blanc et de légumes verts.

POUR 4 PERSONNES

450 g de filets de poisson à chair blanche (cabillaud ou flétan)
2 cuillerées à café de sel
15 cl d'huile d'arachide
275 g de petites échalotes épluchées (ou de ciboule)
2 cuillerées à soupe de gingembre frais finement haché
1 cuillerée à soupe de sauce de soja claire
1 cuillerée à soupe de sauce de soja noire
2 cuillerées à café de sucre en poudre – 2 cuillerées à café d'huile de sésame
2 cuillerées à soupe de vin de riz de Shaoxing ou de xérès sec
15 cl de bouillon de poulet (page 62)

1. Séchez les filets de poisson en les tamponnant avec du papier absorbant. Frottez-les de sel sur les deux faces, puis coupez-les en biseau, en lamelles de 3 à 4 cm de large. Laissez reposer 20 minutes, essuyez de nouveau – le sel fait rendre une partie de son eau au poisson.

2. Si vous recourez à de la ciboule, coupez les brins en tronçons de 7 à 8 cm.

3. Chauffez un wok à feu très vif. Versez-y l'huile, puis, quand elle commence à fumer, réduisez le feu. Faites revenir les lamelles de poisson à feu modéré jusqu'à ce qu'elles soient partiellement cuites – elles doivent être fermes. Retirez-les du wok et égouttez.

4. Conservez 1 cuillerée à soupe d'huile dans le wok, et jetez le reste.

5. Chauffez de nouveau le wok, faites revenir les échalotes (ou la ciboule) et le gingembre en remuant pendant 1 minute ; ajoutez le reste des ingrédients, portez à ébullition, réduisez le feu et faites mijoter 5 minutes, jusqu'à ce que les échalotes soient tendres.

6. Remettez le poisson dans le wok, couvrez et faites réchauffer dans la sauce pendant 2 minutes. À l'aide d'une écumoire, récupérez délicatement le poisson et les échalotes. Déposez dans un plat chaud, nappez de sauce et servez.

SAUMON AUX HARICOTS NOIRS

RÉGION : HONGKONG

CUIT À LA VAPEUR – RAISONNABLE – FACILE

PRÉPARATION : 15 MN – CUISSON : 15 MN

Les vertus du poisson et des fruits de mer sont particulièrement mises en valeur par un fond de saveurs piquantes. Dans cette recette, il s'agira de haricots noirs fermentés, qui apportent vigueur et intensité sans masquer la subtilité du poisson. Le saumon, employé ici, n'est pas un poisson chinois, mais il connaît une vogue croissante dans des lieux aussi cosmopolites que Hongkong ou Canton. Servez ce plat avec du riz nature cuit à la vapeur et un mets sauté.

POUR 4 PERSONNES

450 g de filets de saumon, sans arêtes ni peau, découpés en 4 portions identiques
1 cuillerée à café de sel
1/4 de cuillerée à café de poivre blanc moulu
2 cuillerées à soupe de haricots noirs, rincés et hachés
1 1/2 cuillerée à soupe d'ail finement haché
1 cuillerée à soupe de gingembre frais finement haché
1 1/2 cuillerée à soupe de vin de riz de Shaoxing ou de xérès sec
1 cuillerée à soupe de sauce de soja claire

3 cuillerées à soupe de ciboule finement hachée
1 petit bouquet de coriandre fraîche finement hachée
1 1/2 cuillerée à soupe d'huile d'arachide

1. Dans un bol, mélangez les haricots noirs, l'ail et le gingembre. Salez et poivrez les filets de saumon. Mettez-les dans un plat creux allant au feu, puis couvrez uniformément avec le mélange aux haricots noirs. Arrosez de vin de riz (ou de xérès) et de sauce de soja.

2. Préparez un cuit-vapeur, ou placez une grille dans un wok (ou une cocotte) et versez-y 5 cm d'eau. Portez à ébullition, à feu vif. Déposez le plat de poisson dans le cuit-vapeur ou sur la grille.

3. Couvrez le wok (ou la cocotte) et faites cuire à la vapeur à feu doux 8 à 10 minutes selon l'épaisseur des filets. Reconstituez de temps à autre le niveau d'eau bouillante. Parsemez le dessus des filets de ciboule et de coriandre.

4. Chauffez un wok à feu très vif (ou une grande poêle), versez-y l'huile, et, quand elle commence à fumer, nappez-en le poisson. Servez aussitôt.

POISSON AIGRE-DOUX

RÉGIONS : CANTON ET FUJIAN

FRIT – RAISONNABLE – FACILE

PRÉPARATION : 25 MN – CUISSON : 20 MN

Les sauces aigres-douces, à base de sucre et de vinaigre, contrastent délicieusement avec la saveur des poissons. Ce plat fait forte impression lorsqu'il est cuisiné avec un poisson entier, mais on peut tout aussi bien se contenter de filets. Vous pouvez préparer la sauce à l'avance et la réchauffer juste avant de servir.

POUR 4 PERSONNES

450 g de poisson à chair blanche et ferme tel que morue, églefin ou bar (poisson entier ou filets)
2 cuillerées à café de sel
1 cuillerée à café de poivre blanc fraîchement moulu
100 g de carottes – 100 g de petits pois
100 g de pois gourmands épluchés
Maïzena pour saupoudrer
1 œuf – 1 cuillerée à café d'huile de sésame
1,2 l d'huile d'arachide (voir Les friteuses, page 40)

SAUCE

2 cuillerées à soupe de ciboule finement hachée
1 1/2 cuillerée à soupe de gingembre frais finement haché
30 cl de bouillon de poulet (page 62)
1 cuillerée à soupe de sauce de soja claire
2 cuillerées à soupe de vin de riz de Shaoxing ou de xérès sec
1 1/2 cuillerée à soupe de purée de tomate
2 cuillerées à soupe de vinaigre de riz blanc ou de vinaigre de cidre
2 cuillerées à soupe de sucre en poudre – 1 cuillerée à café de sel
2 cuillerées à café de Maïzena mélangées à 2 cuillerées à café d'eau
1/2 cuillerée à café de poivre blanc fraîchement moulu

1. Si vous employez des filets de poisson, choisissez-en qui aient 2 cm d'épaisseur au moins et retirez la peau. Si vous avez un poisson entier, il devra être vidé, écaillé, débarrassé de ses nageoires et lavé à grande eau.
2. Avec un couteau ou couperet, entaillez en croisillons le dessus du poisson ou de chaque filet en veillant à ne pas trancher complètement la chair. Frottez de sel et de poivre, puis réservez.
3. Épluchez les carottes et coupez-les en dés, puis faites blanchir séparément carottes, petits pois et pois gourmands 4 minutes dans l'eau bouillante.

Plongez-les ensuite dans de l'eau froide puis égouttez-les.
4. Dans une casserole, mélangez les légumes et les ingrédients de la sauce, chauffez à feu modéré, puis, quand la sauce commence à frémir, remuez soigneusement et retirez du feu.
5. Saupoudrez soigneusement le poisson de Maïzena, et secouez pour enlever l'excédent. Mélangez l'œuf et l'huile de sésame dans un bol, nappez le poisson avec ce mélange puis saupoudrez de nouveau de Maïzena, en enlevant, là encore, l'excédent.
6. Chauffez l'huile dans une friteuse ou un wok ; quand elle commence à fumer, faites frire le poisson – ou les filets, un à un. Lorsqu'il est doré et croustillant, retirez-le de l'huile et égouttez-le sur du papier absorbant.
7. Faites chauffer la sauce à petit bouillon, disposez le poisson dans un plat chaud, nappez de sauce et servez.

BOULETTES DE POISSON AUX BROCOLIS

RÉGION : FUJIAN ET CANTON
POCHÉ ET SAUTÉ – RAISONNABLE – FACILE
PRÉPARATION : 25 MN – CUISSON : 15 MN

Nous proposions souvent ce plat dans le restaurant familial, généralement à l'intention des seuls clients chinois – mon oncle estimait que ses autres clients ne l'apprécieraient pas. Je me souviens combien la préparation était laborieuse car il fallait hacher le poisson jusqu'à ce qu'il fût réduit en pâte homogène. Aujourd'hui, grâce aux appareils ménagers modernes, quelques minutes suffisent pour confectionner ces boulettes... et j'ai fini par découvrir que mes amis européens les adoraient. Un assaisonnement réussi est pour beaucoup dans le succès de ce plat, que l'on servira avec du riz blanc et une soupe aigre et épicée (page 78).

POUR 4 PERSONNES

450 g de filets de poisson à chair blanche et ferme (cabillaud, bar ou flétan...)
1 blanc d'œuf – 2 cuillerées à café de sel
1 cuillerée à café de poivre blanc fraîchement moulu
2 cuillerées à café de Maïzena – 2 cuillerées à café d'huile de sésame
450 g de brocolis
1 1/2 cuillerée à soupe d'huile d'arachide
3 cuillerées à soupe de gingembre frais émincé
50 g de jambon de Parme émincé ou de poitrine maigre fumée
1 cuillerée à soupe de sauce de soja claire
2 cuillerées à soupe de vin de riz de Shaoxing ou de xérès sec

30 cl de bouillon de poulet (page 62)
2 cuillerées à café de Maïzena mélangées à 2 cuillerées à café d'eau
2 cuillerées à café d'huile de sésame

1. Retirez la peau des filets de poisson et coupez-les en carrés de 2 à 3 cm de côté. Dans le bol d'un robot ménager, mélangez le poisson, le blanc d'œuf, le sel, le poivre, la Maïzena et l'huile de sésame, puis réduisez en pâte lisse. Procédez par petites impulsions successives pour éviter que la préparation devienne caoutchouteuse.
2. Chauffez une casserole d'eau salée à petit bouillon. Prélevez quelques cuillerées de pâte de poisson et façonnez-les en boulettes de 2 à 3 cm de diamètre.
3. Pochez ces boulettes dans l'eau bouillante pendant 3 à 4 minutes, jusqu'à ce qu'elles flottent à la surface. Sortez-les avec une écumoire puis égouttez-les sur du papier absorbant.
4. Séparez les inflorescences des brocolis en petits bouquets, épluchez les tiges – souvent fibreuses –, puis coupez-les légèrement en biseau, en fines lamelles, afin qu'elles cuisent à la même vitesse que les fleurs.
5. Faites cuire les brocolis 5 minutes dans une casserole d'eau bouillante, égouttez-les, plongez-les dans de l'eau froide, égouttez de nouveau.
6. Chauffez un wok à feu très vif (ou une grande poêle à frire). Versez-y l'huile, puis, quand elle commence à fumer, faites sauter le gingembre et le jambon ou la poitrine fumée pendant 30 secondes ; ajoutez la sauce de soja, le vin de riz ou le xérès, le bouillon et la préparation à la Maïzena.
7. Portez à ébullition, puis ajoutez les brocolis et les boulettes de poisson. Mélangez soigneusement, à feu vif, pendant 1 minute. Ajoutez l'huile de sésame, transvasez dans un plat chaud et servez aussitôt.

POISSON AU VIN DE RIZ

RÉGION : SHANGHAI
SAUTÉ ET POCHÉ – RAISONNABLE – FACILE
PRÉPARATION : 15 MN – TREMPAGE : 20 MN – CUISSON : 8 MN

Cette élégante recette est originaire de Shanghai, où on la prépare chez les particuliers comme dans les meilleurs restaurants. Le poisson est enrobé d'un mélange au blanc d'œuf puis cuit à feu doux dans de l'huile – que l'on peut remplacer par de l'eau –, égoutté et mêlé à une riche sauce au vin. Les champignons ajoutent leur arôme fumé, qui accompagne délicieusement le goût subtil du poisson. Ce mets délicat et étonnamment simple à préparer convient fort bien pour un repas de fête.

POUR 4 PERSONNES

50 g de champignons parfumés séchés
450 g de poisson à chair blanche et ferme, tel que bar, flétan ou morue
1 blanc d'œuf
2 cuillerées à café de Maïzena
1 cuillerée à café de sel
1/2 cuillerée à café de poivre blanc fraîchement moulu
60 cl d'huile d'arachide ou d'eau

SAUCE AU VIN

3 cuillerées à soupe de vin de riz de Shaoxing ou de xérès sec
2 cuillerées à café de sauce de soja noire
1 cuillerée à café de sauce de soja claire
1 cuillerée à café de sel
1 cuillerée à café de poivre blanc fraîchement moulu
1 1/2 cuillerée à café de sucre jaune chinois ou de sucre semoule
15 cl de bouillon de poulet (page 62)
2 cuillerées à café de Maïzena mélangées à 1 cuillerée à soupe d'eau

1. Faites tremper les champignons 20 minutes dans de l'eau tiède, rincez-les, égouttez-les, exprimez l'excédent de liquide, ôtez et jetez les pieds puis émincez les chapeaux.
2. Coupez le poisson en morceaux de 5 cm, puis mélangez soigneusement dans une jatte avec le blanc d'œuf, la Maïzena, le sel et le poivre. Réfrigérez 20 minutes.
3. Chauffez un wok à feu très vif. Versez-y l'huile, puis, quand elle commence à fumer, retirez le wok du feu. Ajoutez aussitôt le poisson en remuant vigoureusement pour éviter qu'il attache. Quand le poisson commence à blanchir – après 2 minutes environ –, égouttez-le dans une passoire posée sur une jatte. Jetez l'huile.
4. Si vous utilisez de l'eau à la place de l'huile, portez-la à ébullition dans une casserole, retirez du feu et ajoutez aussitôt les morceaux de poisson. Quand le poisson blanchit, égouttez-le.
5. Faites chauffer les ingrédients de la sauce dans une casserole, ajoutez les champignons et faites cuire environ 2 minutes à petit bouillon. Ajoutez les morceaux de poisson pour bien les réchauffer, et servez aussitôt.

HUÎTRES À LA VAPEUR

RÉGION : HONGKONG

CUIT À LA VAPEUR – RAISONNABLE – FACILE

PRÉPARATION : 10 MN – CUISSON : 12 MN

Les Chinois de Hongkong adorent les huîtres fraîches cuites à la vapeur ; ce mode de préparation rehausse la saveur subtile et la consistance très agréable des fruits de mer. On fait parfois cuire les huîtres avec des haricots noirs fermentés, mais je préfère les accommoder tout simplement avec du gingembre et de la ciboule. On peut remplacer les huîtres par des clams ou des moules, mais le temps de cuisson devra alors être raccourci – surveillez attentivement pour éviter une cuisson excessive.

POUR 4 PERSONNES

16 grosses huîtres fraîches

SAUCE

2 cuillerées à café d'ail finement haché

1 cuillerée à soupe de gingembre frais finement haché

1 cuillerée à café de sauce pimentée – 2 piments forts frais épépinés et hachés

1 cuillerée à soupe de vin de riz de Shaoxing ou de xérès sec

1 cuillerée à soupe de sauce de soja claire – 2 cuillerées à café de sauce de soja noire

3 cuillerées à soupe de ciboule émincée

3 cuillerées à soupe d'huile d'arachide

quelques brins de coriandre fraîche

1. Nettoyez et grattez les huîtres. Mettez-les dans 2 plats séparés allant au feu (faites cuire en 2 fois).

2. Préparez un cuit-vapeur ou placez une grille dans un wok (ou une cocotte) et versez-y 5 cm d'eau. Portez à ébullition, à feu vif. Déposez l'un des plats d'huîtres dans le cuit-vapeur ou sur la grille. Couvrez le wok (ou la cocotte) et faites cuire à la vapeur, à feu doux 5 minutes environ, jusqu'à ce que les huîtres s'entrouvrent.

3. Dans le même temps, mélangez tous les ingrédients de la sauce, à l'exception de l'huile, dans une jatte supportant la chaleur. Chauffez un wok à feu très vif, versez-y l'huile. Quand elle commence à fumer, versez-la sur les ingrédients de la sauce et mélangez.

4. Sortez les huîtres du wok ou du cuit-vapeur. Pour chaque huître, enlevez l'écaille du dessus, versez 1 cuillerée de sauce, décorez de coriandre et servez.

5. Faites cuire le reste des huîtres pendant que vous servez les premières.

Huîtres frites

Région : Canton

Frit – Raisonnable – Difficile

Préparation : 10 mn – Repos de la pâte : 20 mn – Cuisson : 10 mn

Les huîtres qui proviennent de mer de Chine méridionale sont très charnues, aussi a-t-on pour habitude de les couper en morceaux, de les enrober d'une pâte et de les faire frire. Ce plat s'inspire d'une recette que m'a communiquée un ami restaurateur, qui exerce son activité dans un village de pêcheurs appelé Lau Fau Shan, dans les Nouveaux Territoires de Hongkong. J'ai apporté une touche occidentale à ces beignets en ajoutant de la chapelure.

Pour 4 personnes

450 g d'huîtres sans leurs écailles
1 œuf – 2 cuillerées à soupe de Maïzena
1 cuillerée à soupe d'eau – 1 cuillerée à café de sel
2 cuillerées à café de levure chimique
1/2 cuillerée à café de poivre blanc fraîchement moulu
2 cuillerées à café d'huile de sésame
50 g de chapelure
60 cl d'huile d'arachide (voir Les friteuses, page 40)

Accompagnement
quelques quartiers de citron
poivre du Sichuan grillé au gros sel (page 36)
ou sel aux cinq parfums (page 36)

1. Préparez une pâte à frire en mélangeant l'œuf, la Maïzena, l'eau, la levure, le sel, le poivre et l'huile de sésame. Laissez lever 20 minutes environ.
2. Égouttez les huîtres, puis essuyez-les avec du papier absorbant.
3. Plongez les huîtres dans la pâte puis roulez-les dans la chapelure. Réservez.
4. Chauffez un wok à feu très vif (ou une grande poêle à frire). Versez-y l'huile, puis, quand elle commence à fumer, réduisez le feu. Faites frire les huîtres enrobées à feu moyen pendant quelques minutes, jusqu'à ce qu'elles soient bien dorées.
5. Égouttez sur du papier absorbant, puis servez avec les quartiers de citron et le condiment de votre choix.

SAINT-JACQUES AUX ROGNONS

RÉGION : FUJIAN

SAUTÉ – CHER – DIFFICILE

PRÉPARATION : 30 MN – MACÉRATION : 30 MN – CUISSON : 6 MN

L'orsque les rognons sont bien préparés, leur consistance est très proche de celle des coquillages, et les saveurs des uns et des autres, fort différentes, se mêlent agréablement. Ce mets est tout à fait approprié pour un repas de fête. Accompagnez-le de riz blanc et de chou-fleur à la sauce d'huître (page 213).

POUR 4 PERSONNES

450 g de rognons de porc
1 cuillerée à café de bicarbonate de soude
1 cuillerée à café de vinaigre de riz blanc ou de vinaigre de cidre
1/2 cuillerée à café de sel
225 g de noix de coquille Saint-Jacques avec corail
2 cuillerées à soupe d'huile d'arachide
2 cuillerées à café de gingembre frais et 2 cuillerées à soupe de ciboule finement hachés
2 cuillerées à soupe de vin de riz de Shaoxing ou de xérès sec
1 cuillerée à soupe de sauce de soja claire – 2 cuillerées à café de sauce de soja noire
1 cuillerée à café de sucre en poudre – 1/2 cuillerée à café de sel
1/2 cuillerée à café de poivre blanc fraîchement moulu
1 cuillerée à café de Maïzena mélangée à 2 cuillerées à café de bouillon ou d'eau
2 cuillerées à café d'huile de sésame

1. À l'aide d'un couteau pointu, ôtez la fine membrane extérieure des rognons puis fendez-les en deux horizontalement, comme indiqué à la page 120. Retirez les nodules de graisse et les membranes coriaces qui les entourent. Entaillez en croisillons le dessus des rognons, ensuite coupez-les en fines tranches.

2. Roulez ces dernières dans le bicarbonate de soude et laissez reposer une vingtaine de minutes. Rincez à l'eau froide puis roulez les tranches dans le vinaigre et le sel. Laissez égoutter 30 minutes dans une passoire.

3. Coupez les coquilles Saint-Jacques en tranches épaisses horizontalement, puis réservez dans un bol. Ensuite, séchez les rognons avec du papier absorbant.

4. Chauffez un wok à feu très vif (ou une grande poêle à frire), versez-y 1 cuillerée à soupe d'huile ; quand elle commence à fumer, faites revenir les coquilles Saint-Jacques pendant 30 secondes, ajoutez le gingembre et la ciboule, et poursuivez la cuisson

30 secondes sans cesser de remuer. Videz le wok de ces ingrédients.

5. Essuyez le wok, puis chauffez-le de nouveau à feu très vif. Versez-y le reste de l'huile ; quand elle commence à fumer, faites revenir les rognons pendant 1 minute sans cesser de remuer, puis ajoutez le vin de riz ou le xérès, les sauces de soja, le sucre, le sel et le poivre. Faites sauter 1 minute puis remettez les coquilles Saint-Jacques dans le wok, ajoutez la préparation à la Maïzena et remuez environ 1 minute. Ajoutez l'huile de sésame, remuez et servez chaud.

Saint-Jacques à la sichuanaise

Région : Sichuan

Sauté – Cher – Facile

Préparation : 5 mn – Cuisson : 7 mn

Les Chinois apprécient les coquilles Saint-Jacques, qui se prêtent à une cuisson rapide à feu vif. Servez ce plat avec du riz blanc et une soupe de germes de soja au jambon (page 71).

Pour 4 personnes

1 1/2 cuillerée à soupe d'huile d'arachide
1 cuillerée à soupe de gingembre frais finement haché
1 cuillerée à soupe d'ail et 2 cuillerées à soupe de ciboule finement hachés
450 g de noix de coquille Saint-Jacques avec corail

Sauce

1 cuillerée à soupe de vin de riz de Shaoxing ou de xérès sec
2 cuillerées à café de sauce de soja claire – 2 cuillerées à café de sauce de soja noire
2 cuillerées à café de sauce pimentée – 2 cuillerées à café de purée de tomates
1 cuillerée à café de sucre – 1/2 cuillerée à café de sel
1/2 cuillerée à café de poivre blanc fraîchement moulu
2 cuillerées à café d'huile de sésame

1. Chauffez un wok à feu très vif (ou une grande poêle à frire). Versez-y l'huile, puis, quand elle commence à fumer, faites sauter le gingembre, l'ail et la ciboule pendant 10 secondes.

2. Ajoutez les coquilles Saint-Jacques et faites-les revenir 1 minute en remuant.

3. Ajoutez les ingrédients de la sauce, à l'exception de l'huile de sésame. Poursuivez la cuisson 4 minutes, jusqu'à ce que les coquilles soient fermes et enrobées de sauce.

4. Versez l'huile de sésame, prolongez la cuisson 1 minute avant de servir.

Saint-Jacques à la sichuanaise

LES CREVETTES

Selon la région où l'on habite, il est plus ou moins facile de se procurer de grosses crevettes roses fraîches, mais l'on trouve de plus en plus souvent des crevettes du Pacifique surgelées crues, non décortiquées, qui conviennent parfaitement pour les besoins de la cuisine chinoise – elles sont, de toute façon, préférables aux crevettes cuites décortiquées, qui n'absorbent pas les saveurs des sauces de cuisson.

POUR DÉCORTIQUER LES CREVETTES

Enlevez la tête d'un mouvement de torsion, et la queue en tirant dessus. Les crevettes sont alors faciles à décortiquer, les pattes venant avec la carapace. Si vous utilisez de gros bouquets frais, entaillez le dos de chaque crustacé pour enlever la « veine ». Lavez les crevettes avant de les faire cuire.

CREVETTES SURGELÉES CRUES : UN « TRUC » CHINOIS

Après avoir décortiqué et préparé les crevettes crues comme indiqué ci-dessus, rincez-les trois fois dans 1,2 l d'eau additionnée de 1 cuillerée à soupe de sel (renouvelez l'eau chaque fois). Cela raffermit les crevettes, leur donne une saveur nette et fraîche, ainsi qu'une consistance croquante.

CREVETTES À LA MANGUE

RÉGION : HONGKONG

SAUTÉ OU POCHÉ – CHER – FACILE

PRÉPARATION : 25 MN – RÉFRIGÉRATION : 20 MN – CUISSON : 6 MN

Cette recette très originale, d'inspiration exotique, illustre parfaitement l'évolution de l'art culinaire chinois tel qu'il se pratique à Hongkong, où la nouveauté d'origine étrangère enrichit la séculaire tradition indigène. J'ai eu, à plusieurs reprises, l'occasion de déguster ce plat à Hongkong et je l'ai chaque fois trouvé succulent. La douceur de la mangue, ici simplement chauffée plutôt que cuite, s'accorde idéalement avec les senteurs marines des crevettes. Importées de Thaïlande et des Philippines, les mangues comptent parmi les fruits tropicaux les plus appréciés des habitants de Hongkong ; comme l'indique cette recette, elles se marient avec des ingrédients très divers.

POUR 4 PERSONNES

450 g de grosses crevettes roses crues
1 blanc d'œuf
2 cuillerées à café de Maïzena
1 cuillerée à café de sel
1 cuillerée à café d'huile de sésame
1/2 cuillerée à café de poivre blanc fraîchement moulu
450 g de mangues
45 cl d'huile d'arachide ou d'eau
1 1/2 cuillerée à soupe d'huile d'arachide
1 1/2 cuillerée à soupe de gingembre frais finement haché
2 cuillerées à café d'ail finement haché
1 cuillerée à soupe de vin de riz de Shaoxing ou de xérès sec
1 cuillerée à café de sel
1/2 cuillerée à café de poivre blanc fraîchement moulu
2 cuillerées à café d'huile de sésame
2 cuillerées à soupe de ciboule finement hachée

1. Décortiquez les crevettes, et retirez éventuellement la veine (voir page ci-contre). Lavez les crevettes et essuyez-les en les tamponnant avec du papier absorbant. Mélangez-les soigneusement avec le blanc d'œuf, la Maïzena, le sel, l'huile de sésame et le poivre, puis réfrigérez 20 minutes.
2. Épluchez et dénoyautez les mangues. Coupez la chair en dés.
3. Chauffez un wok à feu très vif (ou une grande poêle à frire), versez-y l'huile, puis, quand elle fume, retirez le wok du feu. Faites aussitôt revenir les crevettes en remuant vigoureusement pour qu'elles n'attachent pas. Quand les crevettes commencent à blanchir – après 2 minutes de cuisson environ –, égouttez-les rapidement dans une passoire en inox placée sur une jatte. Jetez l'huile.
4. Si vous utilisez de l'eau plutôt que de l'huile, portez-la à ébullition dans une casserole, retirez-la du feu et ajoutez aussitôt les crevettes. Quand les crevettes blanchissent, égouttez-les.
5. Chauffez le wok (ou la poêle) à feu très vif, versez-y la 1/2 cuillerée d'huile puis, quand elle commence à fumer, faites sauter le gingembre et l'ail pendant 10 secondes.
6. Remettez les crevettes dans le wok, ajoutez le vin de riz ou le xérès, le sel et le poivre, remuez soigneusement 1 minute, ajoutez les dés de mangue et poursuivez la cuisson 1 minute en remuant délicatement. Ajoutez l'huile de sésame, mélangez, transvasez dans un plat de service chaud, garnissez de ciboule et servez.

OMELETTE CHINOISE AUX CREVETTES

RÉGION : CANTON

SAUTÉ – BON MARCHÉ – FACILE

PRÉPARATION : 15 MN – RÉFRIGÉRATION : 20 MN – CUISSON : 5 MN

Cette omelette chinoise ou *foo yung*, très appréciée en Occident, séduit par la simplicité de ses ingrédients, sa facilité de préparation, sa légèreté et sa délicieuse saveur. Vous pouvez remplacer les crevettes par du crabe, du poisson, et même de la viande de porc ou de bœuf hachée, mais j'estime que ce sont les crevettes roses de bonne qualité qui la mettent le mieux en valeur. Servez-la avec une soupe aigre et épicée (page 78) et un sauté de bœuf au gingembre (page 108).

POUR 4 PERSONNES

225 g de crevettes roses crues
1 blanc d'œuf
1 cuillerée à café de sel
1/2 cuillerée à café de poivre blanc fraîchement moulu
1 cuillerée à café d'huile de sésame
2 cuillerées à café de Maïzena
6 gros œufs battus
2 cuillerées à café d'huile de sésame
3 cuillerées à soupe de bouillon de poulet (page 62) ou d'eau
1 cuillerée à soupe de vin de riz de Shaoxing ou de xérès sec
1 cuillerée à café de sel
1/2 cuillerée à café de poivre gris fraîchement moulu
1 cuillerée à soupe de sauce de soja claire
1 cuillerée à café de sucre en poudre
2 cuillerées à soupe d'huile d'arachide
3 cuillerées à soupe de vert de ciboule finement haché

1. Décortiquez les crevettes et retirez éventuellement la veine (voir page 184). Lavez les crevettes et essuyez-les en les tamponnant avec du papier absorbant.
2. Dans un bol, mélangez soigneusement les crevettes avec le blanc d'œuf, 1 cuillerée de sel, le poivre blanc, 1 cuillerée d'huile de sésame et la Maïzena, puis réfrigérez 20 minutes.
3. Dans une jatte, mélangez les œufs et le reste des ingrédients, à l'exception de l'huile d'arachide et de la ciboule.
4. Chauffez un wok à feu très vif (ou une grande poêle à frire), versez-y 1 cuillerée à soupe d'huile, puis, quand elle commence à fumer, faites sauter les crevettes pendant 2 minutes, avant de les retirer avec une écumoire.

5. Essuyez le wok (ou la poêle), chauffez-le de nouveau à feu vif, puis versez-y 1 cuillerée à soupe d'huile. Ajoutez rapidement la préparation aux œufs et faites revenir pendant 1 minute sans cesser de remuer. Remettez les crevettes dans le wok et poursuivez la cuisson 1 minute en remuant. Garnissez de ciboule et servez aussitôt.

Crevettes braisées

Région : Pékin

Braisé – Raisonnable – Facile

Préparation : 10 mn – Cuisson : 5 mn

L'art d'accommoder les fruits de mer ou les poissons devrait toujours reposer sur la simplicité. C'est le cas de cette recette de crevettes – l'une des plus simples de la cuisine chinoise. Sa préparation ne demande que quelques minutes. Si vous recourez à des crevettes cuites, réduisez le temps de cuisson pour seulement les réchauffer.

Pour 4 personnes

500 g de crevettes roses crues

Sauce

15 cl de bouillon de poulet (page 62)
1 cuillerée à soupe de vin de riz de Shaoxing ou de xérès sec
1 cuillerée à café de sel
1 cuillerée à soupe de sucre en poudre
1 cuillerée à soupe de sauce de soja noire
1 cuillerée à café de sauce de soja claire
2 cuillerées à café de vinaigre de riz noir ou de vinaigre de cidre
2 cuillerées à soupe de ciboule finement hachée
1 cuillerée à soupe de gingembre frais finement haché
2 cuillerées à café d'ail finement haché
1 cuillerée à café de Maïzena mélangée à 2 cuillerées à café d'eau
2 cuillerées à café d'huile de sésame

1. Décortiquez les crevettes, et retirez éventuellement la veine (voir page 184). Lavez les crevettes et essuyez-les en les tamponnant avec du papier absorbant.
2. Mélangez les ingrédients de la sauce dans un wok ou une grande poêle à frire. Chauffez à petit bouillon, puis ajoutez les crevettes.
3. Faites mijoter 5 minutes, puis servez chaud.

CREVETTES AIGRES-DOUCES

RÉGION : FUJIAN ET CANTON
SAUTÉ ET MIJOTÉ – RAISONNABLE – FACILE
PRÉPARATION : 15 MN – CUISSON : 5 MN

Ce mets chinois a la faveur des Occidentaux, qui aiment l'association des saveurs douces et piquantes de la sauce avec la fermeté et la succulence des crevettes. Simple à préparer, ce plat peut être proposé lors d'un repas chinois ou comme hors-d'œuvre d'un repas à l'européenne.

POUR 4 PERSONNES

450 g de crevettes roses crues
225 g de châtaignes d'eau fraîches – épluchées –, ou en conserve – rincées – (page 18)
100 g de poivron rouge ou vert – 4 brins de ciboule
1 1/2 cuillerée à soupe d'huile d'arachide
1 cuillerée à soupe d'ail finement haché
2 cuillerées à café de gingembre finement haché

SAUCE
15 cl de bouillon de poulet (page 62)
2 cuillerées à soupe de vin de riz de Shaoxing ou de xérès sec
1 1/2 cuillerée à soupe de purée de tomates
3 cuillerées à soupe de sauce de soja claire – 2 cuillerées à café de sauce de soja noire
3 cuillerées à soupe de vinaigre de riz blanc ou de vinaigre de cidre
1 cuillerée à soupe de sucre en poudre
1 cuillerée à soupe de Maïzena mélangée à 2 cuillerées à soupe d'eau

1. Décortiquez les crevettes et retirez éventuellement la veine (voir à la page 184). Lavez les crevettes et essuyez-les avec du papier absorbant.
2. Coupez les châtaignes d'eau en rondelles, le poivron en carrés de 2 à 3 cm de côté, la ciboule, en léger biseau, en tronçons de 3 à 4 cm de long.
3. Chauffez un wok à feu très vif (ou une grande poêle à frire). Versez-y l'huile, puis, quand elle commence à chauffer, faites sauter 20 secondes l'ail, le gingembre et la ciboule.
4. Ajoutez alors les crevettes et faites les revenir 10 secondes sans cesser de remuer ; ajoutez le poivron et les châtaignes d'eau et faites sauter pendant 30 secondes.
5. Ajoutez tous les ingrédients de la sauce, portez à ébullition, puis réduisez le feu et laissez mijoter 4 minutes. Servez aussitôt, accompagné de riz blanc.

CREVETTES À LA PÉKINOISE

RÉGION : PÉKIN

FRIT – RAISONNABLE – ÉLABORÉ

PRÉPARATION : 25 MN – CUISSON : 5 MN

J'ai mis au point cette variante d'un plat très connu dans le nord de la Chine. La chapelure constitue une touche occidentale qui s'accorde très bien avec cette recette. Ce mets est d'une grande facilité d'exécution, mais il importe de ne faire frire les crevettes qu'à la dernière minute.

POUR 4 PERSONNES

450 g de crevettes roses crues non décortiquées
50 g de farine
50 g de chapelure
1 œuf – 2 cuillerées à café d'huile de sésame
1 cuillerée à café de sel
1/2 cuillerée à café de poivre blanc fraîchement moulu
30 cl d'huile d'arachide

SAUCE D'ACCOMPAGNEMENT
2 cuillerées à soupe de sauce hoisin
1 cuillerée à café d'huile de sésame

1. Décortiquez les crevettes, en conservant cependant la carapace de la queue. À l'aide d'un couteau pointu, fendez chaque crevette dans la longueur sans percer le dos. Ouvrez les crevettes de façon qu'elles figurent un papillon. Si vous utilisez de gros bouquets frais, ôtez soigneusement la veine (voir page 184). Lavez les crevettes et essuyez-les en les tamponnant avec du papier absorbant.
2. Versez la farine et la chapelure dans 2 assiettes distinctes. Battez l'œuf dans un bol, ajoutez 2 cuillerées d'huile de sésame, le sel et le poivre, puis mélangez soigneusement.
3. Roulez les crevettes dans la farine, puis dans la préparation à l'œuf et enfin dans la chapelure – secouez pour les débarrasser de l'excédent.
4. Faites chauffer l'huile à feu vif dans un wok (ou une grande poêle à frire). Quand elle commence à fumer, faites rissoler les crevettes en 2 fois. Égouttez-les sur du papier absorbant.
5. Mélangez la sauce hoisin et l'huile de sésame dans une soucoupe et servez avec les crevettes chaudes.

CREVETTES À LA SAUCE PIMENTÉE

RÉGION : SICHUAN

SAUTÉ – RAISONNABLE – FACILE

PRÉPARATION : 15 MN – CUISSON : 5 À 7 MN

La cuisine du Sichuan jouit d'une grande faveur à travers la Chine. De tous les plats de cette région, celui-ci est sans doute l'un des plus connus. Rapide et facile à préparer, il est délicieux avec des légumes sautés et du riz blanc. Méfiez-vous cependant des versions excessivement sucrées.

POUR 4 PERSONNES

450 g de crevettes roses crues
1 1/2 cuillerée à soupe d'huile d'arachide
2 cuillerées à soupe de gingembre frais finement haché
2 cuillerées à café d'ail finement haché
2 cuillerées à soupe de ciboule finement hachée

SAUCE
1 cuillerée à soupe de purée de tomates
2 cuillerées à café de sauce pimentée
1 cuillerée à café de vinaigre de riz noir ou de vinaigre de cidre
1/2 cuillerée à café de sel
1/2 cuillerée à café de poivre gris fraîchement moulu
1 cuillerée à café de sucre en poudre
2 cuillerées à café d'huile de sésame

1. Décortiquez les crevettes et retirez éventuellement la veine (voir à la page 184). Lavez les crevettes et essuyez-les en les tamponnant avec du papier absorbant.
2. Chauffez un wok à feu très vif (ou une grande poêle à frire). Versez-y l'huile, puis, quand elle commence à fumer, faites revenir le gingembre, l'ail et la ciboule pendant 20 secondes en remuant vigoureusement.
3. Ajoutez les crevettes et faites-les sauter 1 minute environ.
4. Ajoutez les ingrédients de la sauce et poursuivez la cuisson à feu très vif 3 à 5 minutes sans cesser de remuer, jusqu'à ce que les crevettes soient bien enrobées de sauce. Servez aussitôt.

CREVETTES FRITES AU GÂTEAU DE RIZ

RÉGION : SICHUAN
SAUTÉ ET FRIT – RAISONNABLE – ÉLABORÉ
PRÉPARATION : 30 MN – CUISSON : 25 MN

Ce plat spectaculaire vous vaudra sans nul doute des compliments admiratifs. Il exige de l'organisation et une certaine expérience de la cuisine chinoise. Il est donc prudent de se lancer dans sa préparation qu'après avoir réalisé quelques recettes parmi les plus simples de cet ouvrage. Pour que l'effet soit parfait, la sauce et le gâteau de riz doivent être bien chauds : en mélangeant les deux, vous obtiendrez le grésillement qui fait la réussite de ce mets. Servez avec une salade de germes de soja (page 210) et du chou blanc chinois sauté (page 219).

POUR 6 PERSONNES

450 g de crevettes roses crues non décortiquées
2 cuillerées à soupe d'huile d'arachide
1 cuillerée à soupe de gingembre frais finement haché
1 1/2 cuillerée à soupe d'ail et 3 cuillerées à soupe de ciboule finement hachés
1,2 l d'huile d'arachide (voir Les friteuses, page 40)
1 gâteau de riz confectionné selon la recette de la page 237, brisé en morceaux

SAUCE
100 g de poivron vert ou rouge en dés
1 1/2 cuillerée à soupe de vinaigre de riz noir ou de vinaigre de cidre
1 cuillerée à soupe de sauce de soja noire – 2 cuillerées à café de sauce de soja claire
1 1/2 cuillerée à soupe de sauce pimentée
1 1/2 cuillerée à soupe de purée de tomates
2 cuillerées à soupe de vin de riz de Shaoxing ou de xérès sec
2 cuillerées à café de sucre en poudre – 30 cl de bouillon de poulet (page 62)
1 cuillerée à soupe de Maïzena mélangée à 2 cuillerées à soupe d'eau
1 cuillerée à soupe d'huile de sésame

1. Décortiquez les crevettes. À l'aide d'un petit couteau pointu, fendez chaque crevette dans la longueur sans percer le dos. Ouvrez les crevettes de façon qu'elles ressemblent à un papillon.
2. Si vous utilisez de gros bouquets frais, ôtez soigneusement la veine (voir page 184). Lavez les crevettes et essuyez-les avec du papier absorbant.
3. Chauffez un wok à feu très vif (ou une grande poêle à frire). Versez-y les 2 cuillerées à soupe d'huile d'arachide.

Quand elle commence à fumer, faites revenir le gingembre quelques secondes sans cesser de remuer ; ajoutez l'ail et la ciboule, quelques secondes après, les crevettes.

4. Faites-les sauter rapidement jusqu'à ce qu'elles soient fermes, puis ajoutez tous les ingrédients de la sauce, à l'exception de la préparation à la Maïzena et de l'huile de sésame. Portez à ébullition, retirez du feu et incorporez la préparation à la Maïzena. Portez de nouveau à ébullition, mélangez l'huile de sésame et réduisez le feu.

5. Tandis que la sauce mijote à tout petit feu, faites frire le gâteau de riz. Chauffez un wok ou une friteuse à feu très vif ; versez-y 1, 2 l d'huile, et, quand elle commence à fumer, plongez-y un petit morceau de gâteau de riz pour vérifier qu'elle est bien chaude : le gâteau de riz doit être entouré de bulles et venir immédiatement flotter en surface.

6. Faites frire tous les morceaux 1 à 2 minutes, jusqu'à ce qu'ils gonflent et dorent légèrement. Retirez-les avec une écumoire, égouttez-les dans une assiette recouverte de papier absorbant.

7. Déposez-les dans un plat de service chaud, avant de les napper de sauce aux crevettes chaude. Un grésillement spectaculaire doit se produire.

8. Lorsque vous aurez pris l'habitude de préparer ce plat, vous pourrez effectuer cette dernière opération devant les convives attablés. L'huile qui a servi à frire le gâteau de riz peut être conservée pour un usage ultérieur : laissez-la refroidir, filtrez-la à l'aide de filtres à café en papier, puis transvasez-la dans un bocal.

LE CRABE

LA CHAIR DE CRABE EN CONSERVE OU SURGELÉE

Si vous utilisez de la chair de crabe surgelée, laissez-la décongeler avant emploi. La chair de crabe en conserve dégage une odeur assez forte ; rincez-la à l'eau froide. Je déconseille cependant la chair de crabe surgelée ou en conserve.

POUR CHOISIR UN CRABE

Chaque fois qu'ils le peuvent, les Chinois préfèrent acheter des crabes vivants et les faire cuire à mesure de leurs besoins. Dans les régions où l'on trouve surtout des crabes cuits, veillez à leur fraîcheur – ils ne doivent pas dégager d'odeurs fortes. Plus le crabe est lourd et mieux cela vaut.

LA CUISSON DES CRABES VIVANTS

Faites bouillir une grande casserole d'eau, ajoutez 2 cuillerées à café de sel puis plongez le crabe dans l'eau bouillante. Couvrez et faites cuire 5 à 7 minutes, jusqu'à ce que le crabe devienne rouge vif. Sortez-le à l'aide d'une écumoire puis égouttez-le dans une passoire. Laissez refroidir.

COMMENT EXTRAIRE LA CHAIR DU CRABE CUIT

Il n'est pas difficile d'extraire la chair de crabe de la carapace, mais cette opération exige un minimum de patience. Respectez la procédure suivante :

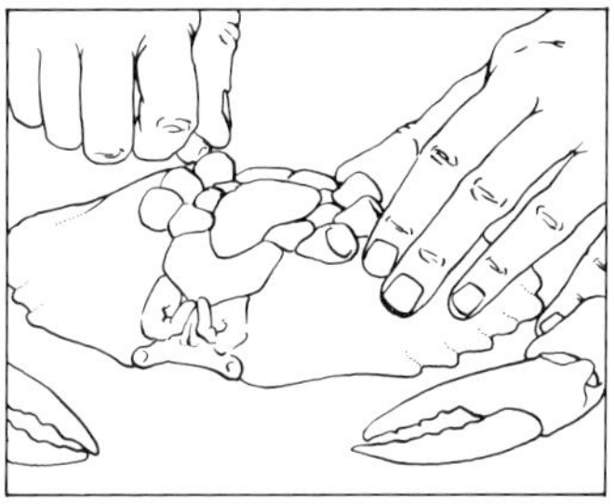

1. Posez le crabe à l'envers, carapace sur le plan de travail. Détachez les pinces puis les pattes d'un mouvement de torsion.

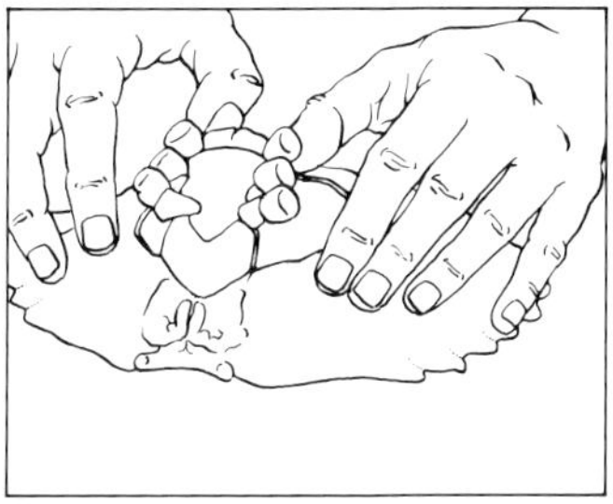

2. Arrachez l'opercule osseux du dessous de la carapace, puis extrayez le corps.

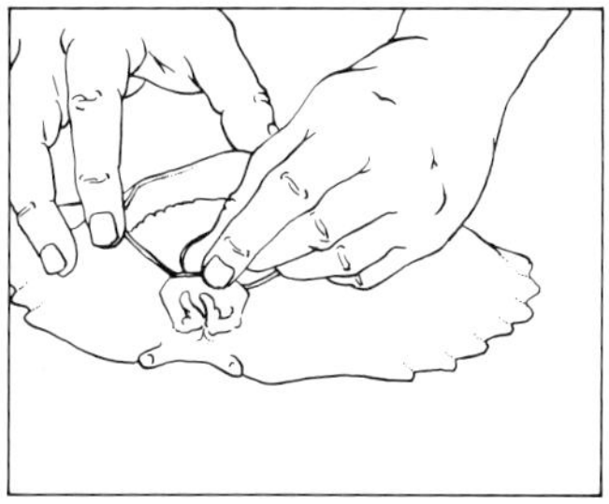

3. Jetez la petite poche stomacale et ses appendices, situés juste derrière la bouche du crabe.

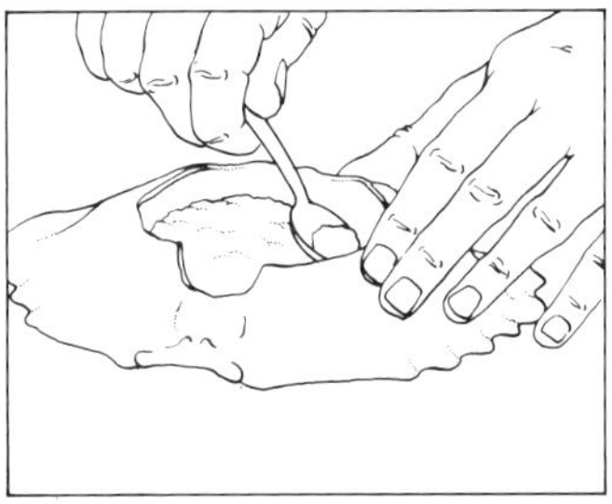

4. À l'aide d'une petite cuiller, videz la carapace de sa chair brune.

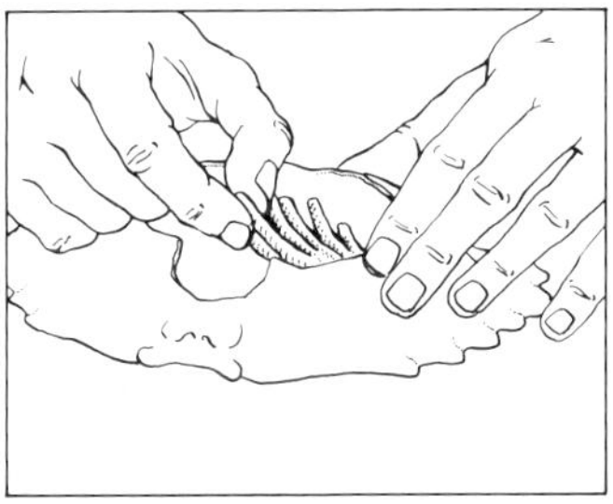

5. Arrachez et jetez les branchies – grisâtres, molles et plumeuses.

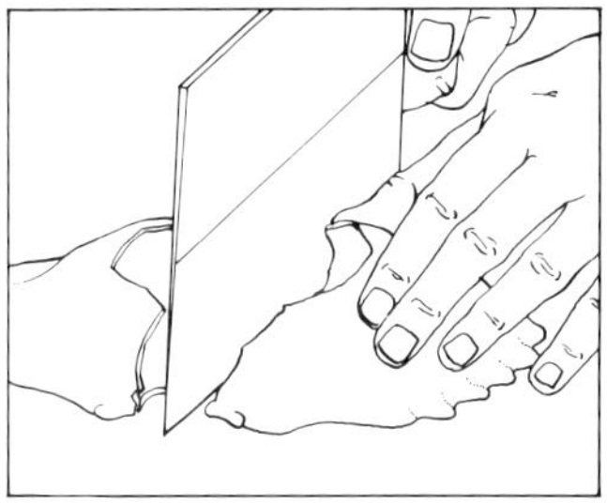

6. À l'aide d'un couperet ou d'un grand couteau, fendez le corps du crabe en deux, puis détachez toute la chair blanche du corps, des pinces et des pattes, en vous servant d'un couteau, d'une fourchette ou d'une brochette.

7. Mélangez chair brune et chair blanche.

Crabe aux haricots noirs

Région : Canton

Sauté – Raisonnable – Difficile

Préparation : 15 mn – Cuisson : 15 mn

Cette recette ne peut être réalisée qu'avec des crabes frais dans leur carapace, car c'est elle qui protège la chair lors de la cuisson. Si vous ne pouvez vous procurer des crabes frais, remplacez-les par des crevettes roses. J'ai ajouté ici de la viande de porc hachée, petit « truc » couramment employé par les cuisiniers chinois pour limiter les coûts (le crabe est souvent assez onéreux). J'adore déguster ce plat avec du riz blanc et des aubergines braisées aux épices (page 202).

Pour 4 à 6 personnes

1 crabe tourteau entier de 1,5 kg cuit dans sa carapace
2 cuillerées à soupe d'huile d'arachide
3 cuillerées à soupe de haricots noirs fermentés, rincés et hachés grossièrement
1 1/2 cuillerée à soupe d'ail finement haché
1 cuillerée à soupe de gingembre frais finement haché
3 cuillerées à soupe de ciboule finement hachée
225 g de viande de porc hachée
2 cuillerées à soupe de sauce de soja claire
1 cuillerée à soupe de sauce de soja noire
2 cuillerées à soupe de vin de riz de Shaoxing ou de xérès sec
45 cl de bouillon de poulet (page 62)
2 œufs battus – 2 cuillerées à café d'huile de sésame

1. Retirez l'opercule, la poche stomacale et les branchies du crabe (voir à la page 193). À l'aide d'un couperet ou d'un grand couteau, découpez le crabe – chair et carapace – en gros morceaux.

2. Chauffez un wok à feu très vif (ou une grande poêle à frire). Versez-y l'huile, puis, quand elle commence à fumer, faites revenir les haricots noirs, l'ail, le gingembre et la ciboule pendant 20 secondes sans cesser de remuer.

3. Ajoutez la viande de porc et faites-la rissoler 1 minute. Ajoutez les morceaux de crabe et tous les ingrédients, sauf les œufs et l'huile de sésame. Faites sauter à feu vif pendant 10 minutes.

4. Mélangez les œufs avec l'huile de sésame, puis incorporez à la préparation au crabe. Transvasez dans un grand plat chaud et servez aussitôt.

Il est tout à fait permis de déguster ce crabe avec les doigts. Posez alors sur la table un bol d'eau contenant des rondelles de citron pour se rincer les doigts.

Crabe aux haricots noirs

CRABE À LA CRÈME AUX ŒUFS

RÉGION : SHANGHAI

CUIT À LA VAPEUR – BON MARCHÉ – FACILE

PRÉPARATION : 10 MN – CUISSON : 25 MN

Les eaux littorales de Chine orientale regorgent de toutes sortes de crabes aussi charnus que délicieux. L'une des manières les plus courantes de les accommoder consiste à les faire cuire entiers à la vapeur puis à les ouvrir lors du repas ; on plonge alors les morceaux de crabe dans du vinaigre sucré. Dans cette recette originaire de Shanghai, la chair est mélangée à une crème aux œufs légère puis cuite à la vapeur : on obtient ainsi un merveilleux velouté. Je recommande une chair de crabe la plus fraîche qui soit pour la confection de ce plat, que l'on associera, par exemple, à du riz et à une soupe de maïs et de poulet au curry (page 68).

POUR 4 PERSONNES

225 g de chair de crabe cuite

CRÈME AUX ŒUFS

4 œufs

30 cl de bouillon de poulet (page 62)

2 cuillerées à café de gingembre frais finement haché

3 1/2 cuillerées à soupe de blanc de ciboule finement haché

1 1/2 cuillerée à soupe de vin de riz de Shaoxing ou de xérès sec

1 cuillerée à café de poivre blanc fraîchement moulu

1 cuillerée à café de sel

2 cuillerées à café de sauce de soja noire

2 cuillerées à soupe de ciboule finement hachée

1 cuillerée à soupe d'huile d'arachide

1. Dans une jatte, mélangez très soigneusement tous les ingrédients de la crème avec la chair de crabe. Versez cette préparation dans un plat creux supportant la chaleur.

2. Préparez un cuit-vapeur, ou placez une grille dans un wok (ou une cocotte) et versez-y 5 cm d'eau. Portez à ébullition, à feu vif. Déposez le plat contenant le crabe dans le cuit-vapeur ou sur la grille.

3. Réduisez le feu, couvrez le wok (ou la cocotte) et laissez cuire à la vapeur à feu doux 20 à 25 minutes, jusqu'à ce que la crème ait pris. Retirez la crème du wok, nappez-la de sauce de soja, puis garnissez de ciboule.

4. Dans le même temps, chauffez l'huile dans une petite casserole. Quand elle commence à fumer, versez-la sur la crème et servez aussitôt.

CRABE AU VINAIGRE ET AU GINGEMBRE

RÉGION : SHANGHAI

CUIT À LA VAPEUR – RAISONNABLE – DIFFICILE

PRÉPARATION : 30 MN – MARINADE : 30 MN – CUISSON : 20 MN

À la fin de l'automne, l'arrivée des crabes d'eau douce est un événement impatiemment attendu à Shanghai. Ces crabes sont alors pleins d'œufs, et la saveur de leur chair délicate est légèrement douceâtre. On les fait cuire le plus simplement du monde – à la vapeur, avec des herbes qui en atténuent la richesse –, pour les accompagner d'une sauce à base de vinaigre et de gingembre. Je vous propose ma version de cette recette facile et délicieuse. Accompagnez ce mets de choix de riz cantonais et d'un plat de légumes sautés.

POUR 4 À 6 PERSONNES

1 crabe de 1,5 kg cuit dans sa carapace
4 cuillerées à soupe de vin de riz de Shaoxing ou de xérès sec
2 cuillerées à soupe de gingembre frais et 3 brins de ciboule, émincés

SAUCE D'ACCOMPAGNEMENT
2 cuillerées à soupe de sauce de soja claire – 2 cuillerées à café de sucre en poudre
3 cuillerées à soupe de vinaigre de riz rouge ou noir, ou de vinaigre de cidre
2 cuillerées à soupe de gingembre frais émincé

1. Retirez l'opercule, la poche stomacale et les branchies du crabe (voir page 193). À l'aide d'un couperet ou d'un grand couteau, découpez le crabe – chair et carapace – en gros morceaux. Mélangez ces morceaux avec le vin de riz, le gingembre et la ciboule, puis laissez mariner 30 minutes.

2. Préparez un cuit-vapeur ou placez une grille dans un wok (ou une cocotte) et versez-y 5 cm d'eau. Portez à ébullition, à feu vif. Mettez les morceaux de crabe et les ingrédients de la marinade dans un plat creux supportant la chaleur, puis déposez ce plat dans le cuit-vapeur ou sur la grille. Réduisez le feu, couvrez le wok (ou la cocotte) et laissez cuire à la vapeur à feu doux, pendant 15 minutes.

3. Pendant ce temps, préparez la sauce en mélangeant tous les ingrédients dans un bol. Réservez-la.

4. Prenez les morceaux de crabe dans le plat, égouttez-les et jetez la marinade. Disposez le crabe dans un grand plat chaud et servez aussitôt, accompagné du bol de sauce.

Il est tout à fait permis de déguster ce crabe avec les doigts. Posez alors sur la table un bol d'eau contenant des rondelles de citron afin que les convives se rincent les doigts.

CALMARS SAUTÉS AUX LÉGUMES

RÉGIONS : CANTON ET FUJIAN

SAUTÉ – BON MARCHÉ – DIFFICILE

PRÉPARATION : 25 MN – CUISSON : 5 MN

Cuisinés à la chinoise, les calmars sont à la fois tendres et savoureux. Pour cela, il faut les blanchir dans une eau très chaude, puis les faire cuire un minimum de temps – juste assez pour les raffermir ; une cuisson prolongée les rendrait durs et caoutchouteux. Cette recette convient très bien aux crevettes roses. Servez ce plat avec une soupe aigre et épicée (page 78) et du riz blanc.

POUR 4 PERSONNES

450 g de calmars frais ou surgelés
100 g de poivron rouge ou vert en lamelles de 3 à 4 cm
1 1/2 cuillerée à soupe d'huile d'arachide
2 cuillerées à soupe d'ail et 1 cuillerée à soupe de gingembre frais finement hachés
100 g de pois gourmands épluchés
10 cl de bouillon de poulet (page 62)
1 cuillerée à soupe de vin de riz de Shaoxing ou de xérès sec
3 cuillerées à soupe de sauce d'huître
1 cuillerée à soupe de sauce de soja claire et 2 cuillerées à café de sauce de soja noire
2 cuillerées à café de Maïzena mélangées à 2 cuillerées à café d'eau
2 cuillerées à café d'huile de sésame – 2 cuillerées à café de sel

1. Avec un petit couteau pointu, fendez le corps en deux ; retirez la partie transparente et cartilagineuse. Lavez soigneusement les calmars à l'eau froide sous le robinet ; retirez la peau. Séparez les tentacules de la tête. Coupez la chair des calmars en lamelles de 3 à 4 cm de long. Si vous avez des calmars surgelés, veillez à ce qu'ils soient bien décongelés avant de les faire cuire.

2. Faites blanchir lamelles et tentacules 15 secondes dans une casserole d'eau bouillante – les calmars deviennent opaques et se raffermissent légèrement. Sortez-les de l'eau et égouttez-les.

3. Chauffez un wok à feu très vif, versez-y l'huile. Quand elle commence à fumer, faites revenir l'ail et le gingembre 15 secondes en remuant ; ajoutez le poivron et les pois gourmands, puis faites sauter 1 minute avant d'ajouter le reste des ingrédients, à l'exception des calmars.

4. Portez à ébullition, remuez rapidement, puis ajoutez les calmars et mélangez soigneusement. Poursuivez la cuisson 30 secondes et servez chaud.

Calmars sautés aux légumes

LES LÉGUMES

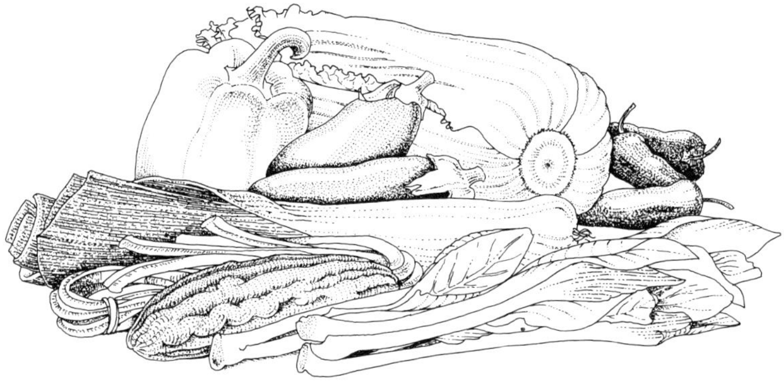

Tous les nutritionnistes s'accordent sur la place que doivent occuper les légumes dans un régime alimentaire équilibré. La cuisine chinoise, est, à cet égard, de première qualité. Tout petit déjà, j'adorais les légumes : cette prédilection fait de moi un vrai Chinois. Quant à mes amis européens, dans leur enfance, ils détestaient les légumes, et, aujourd'hui encore, ils rechignent souvent à en consommer. Leur comportement s'explique tout à fait si l'on sait qu'en Occident les légumes sont généralement trop cuits, ce qui anéantit leur saveur, dénature leurs coloris, les rend mous et sans grand intérêt. En Chine, les légumes ne sont jamais trop cuits... ni trop peu. Blanchis, sautés, frits ou même braisés, ils conservent leur goût et leur consistance. Pour cela, il faut savoir quand interrompre la cuisson. La simplicité est un autre facteur de réussite : il est très rare que les Chinois couvrent leurs légumes de sauces lourdes – ils préfèrent les saveurs et les consistances naturelles. Toutefois, l'on ne consomme guère de légumes crus en Chine, à moins qu'ils n'aient macéré dans du vinaigre. Même la laitue est cuite, et les salades chinoises froides sont toujours composées de légumes cuits ou macérés. Tous les repas chinois comprennent un ou deux plats de légumes, qui, outre leur valeur nutritive, contribuent à l'équilibre du repas par leur couleur et leur consistance.

Les Occidentaux trouvent généralement que les légumes accommodés à la chinoise sont délicieux. Cette excellence dans la préparation des légumes est, évidemment, le résultat d'une expérience culinaire plurimillénaire. De plus, la Chine a la chance de disposer depuis toujours de plantes comestibles très variées, auxquelles s'ajoutent depuis quelques siècles des légumes venus de pays étrangers, tels que les tomates, les carottes, les patates douces et diverses variétés de courges.

La tradition bouddhiste-taoïste est l'une des sources de ce talent dans la préparation des légumes : les bouddhistes évitent de consommer de la viande car ils ont en horreur l'idée de tuer tout être vivant – cela contredit leur doctrine de la réincarnation ; quant aux taoïstes, ils sont végétariens parce qu'ils estiment que tuer des animaux revient à détruire l'unité essentielle de l'univers. Depuis quelque mille cinq cents ans, ces groupes minoritaires font la promotion du végétarisme, et leurs cuisiniers emploient les légumes avec imagination et créativité. Ils ont mis au point des imitations des viandes, des volailles, des poissons et des fruits de mer si réalistes et délicieuses qu'il est presque impossible de distinguer la réplique de l'original. Les légumes étant souvent pauvres en protéines, le soja – aliment protidique miracle que l'on trouve partout en Chine – a été mis à contribution. Le tofu, le lait de soja et toutes sortes de produits dérivés en viennent à occuper une place de choix dans les régimes végétariens. Au lieu du bouillon de volaille ou de viande, le liquide de trempage des champignons noirs déshydratés constitue la base de sauces et de soupes. Toutes ces innovations se sont lentement répandues hors des groupes bouddhistes et taoïstes pour gagner la vaste société des Chinois non végétariens.

La technique revêt une grande importance dans la préparation des plats de légumes. Pour obtenir les meilleurs résultats, la cuisson s'effectue avec un minimum d'eau ou d'huile. Une chaleur intense et une cuisson rapide retiennent les saveurs et les nutriments tout en préservant la consistance et le croquant des légumes. Blanchis dans de l'eau très chaude puis plongés dans de l'eau froide, les légumes conservent également leur goût et leur coloration. Ce procédé est crucial lorsqu'il s'agit de faire sauter des légumes denses tels que les carottes ou les brocolis, qui doivent être partiellement cuits au préalable.

La friture est employée dans la cuisson des légumes car l'huile chaude leur donne une consistance croquante et retient leurs saveurs. Quelle que soit la méthode que vous choisirez, j'espère que vous découvrirez tous les plaisirs du palais que les Chinois tirent des légumes depuis des siècles.

La plupart des légumes utilisés dans les recettes de ce chapitre sont connus de tous, mais d'autres vous seront sans doute moins familiers, ils n'en sont que plus intéressants.

Certaines des recettes qui suivent sont véritablement végétariennes : leur nom figure dans un cartouche grisé. Nombre des autres mets peuvent facilement devenir des plats végétariens : il suffit pour cela de remplacer le bouillon de volaille par un bouillon de légumes, du vin de riz ou de l'eau. Dans les recettes où les viandes sont mélangées aux légumes, vous pouvez tout simplement omettre la viande, sans que le plat final perde toute sa saveur.

AUBERGINES BRAISÉES AUX ÉPICES

RÉGION : SICHUAN

SAUTÉ ET BRAISÉ – BON MARCHÉ – FACILE

PRÉPARATION : 15 MN – DÉGORGEMENT : 20 MN – CUISSON : 15 MN

Pour réaliser cette recette, cela vaut la peine d'essayer de se procurer des aubergines chinoises – petites, fines et allongées, à la saveur très douce ; si vous n'en trouvez pas, sachez que les variétés habituelles conviennent très bien. Je n'épluche pas les aubergines pour éviter qu'elles se désagrègent à la cuisson mais aussi parce que la peau est tendre, savoureuse et dotée de bonnes qualités nutritives. Deux techniques de cuisson sont employées ici : l'une, à feu vif, pour mêler les assaisonnements ; l'autre, à feu doux, pour cuire les aubergines et obtenir une sauce.

POUR 4 PERSONNES

450 g d'aubergines
2 cuillerées à café de sel
1 1/2 cuillerée à soupe d'huile d'arachide
1 1/2 cuillerée à soupe de gingembre frais et 2 cuillerées à soupe d'ail finement hachés
3 cuillerées à soupe de blanc de ciboule finement haché
2 cuillerées à soupe de sauce de soja noire – 1 cuillerée à soupe de sauce pimentée
1 cuillerée à soupe de sauce aux haricots jaunes entiers
1 cuillerée à soupe de sucre en poudre
1 cuillerée à soupe de vinaigre de riz noir ou de vinaigre de cidre
2 cuillerées à café de poivre du Sichuan grillé et fraîchement moulu (page 27)
30 cl de bouillon de poulet (page 62) ou d'eau
2 cuillerées à soupe de vert de ciboule haché

1. Coupez les aubergines chinoises en tronçons (voir page 45) ou, s'il s'agit de grosses aubergines, coupez-les en dés de 2 à 3 cm de côté. Saupoudrez de sel et laissez égoutter 20 minutes.
2. Rincez les aubergines à l'eau froide, essuyez-les avec du papier absorbant.
3. Chauffez un wok à feu très vif (ou une grande poêle à frire), versez-y l'huile et, quand elle commence à fumer, faites sauter l'ail, le gingembre et la ciboule pendant 30 secondes.
4. Ajoutez les aubergines et poursuivez la cuisson 1 minute sans cesser de remuer. Réduisez le feu, ajoutez le reste des ingrédients et laissez mijoter 10 à 15 minutes, jusqu'à ce que l'aubergine soit bien tendre.
5. Faites réduire le liquide de cuisson à feu vif sans cesser de remuer, puis servez garni de vert de ciboule.

Aubergines braisées aux épices

AUBERGINES À LA VIANDE DE PORC

RÉGION : SICHUAN

FRIT ET SAUTÉ – BON MARCHÉ – FACILE

PRÉPARATION : 20 MN – DÉGORGEMENT : 20 MN – CUISSON : 15 MN

L'intérêt de ce mets délicieux repose sur l'emploi des épices, condiments et assaisonnements, qui le rendent à la fois pimenté, aigre, salé et sucré, en accord avec la tradition culinaire du Sichuan. Ce plat est fréquemment servi dans les campagnes, à travers toute la Chine, parfois agrémenté de viande de porc. Facile à préparer, il est excellent réchauffé. Les aubergines, originaires du nord de l'Inde et introduites il y a bien des siècles en Chine, revêtent des aspects très divers tant par la taille et la forme que par la coloration – unie ou rayée, allant du jaune au blanc et jusqu'au noir violacé.

POUR 4 PERSONNES

450 g d'aubergines
2 cuillerées à café de sel
45 cl d'huile d'arachide
450 g de viande de porc hachée
2 cuillerées à soupe d'ail et 2 cuillerées à soupe de gingembre frais finement hachés
2 cuillerées à soupe de ciboule finement hachée
2 cuillerées à soupe de sauce de soja noire
3 cuillerées à soupe de vin de riz de Shaoxing ou de xérès sec
3 cuillerées à soupe de vinaigre de riz noir
2 cuillerées à soupe de sucre en poudre – 2 cuillerées à café de sauce pimentée
1 cuillerée à soupe de poivre du Sichuan grillé et fraîchement moulu (page 27)
1/2 cuillerée à café de poivre noir fraîchement moulu
12 cl de bouillon de poulet (page 62)
2 cuillerées à café d'huile de sésame

1. Coupez les aubergines chinoises en tronçons (voir page 45) ou, si vous disposez de grosses aubergines, coupez-les en dés de 2 à 3 cm de côté. Saupoudrez de sel et laissez égoutter 20 minutes dans une passoire. Rincez les aubergines à l'eau froide puis essuyez-les avec du papier absorbant.

2. Chauffez un wok à feu très vif (ou une grande poêle à frire), versez-y l'huile et, quand elle commence à fumer, faites frire l'aubergine pendant 3 minutes, jusqu'à ce qu'elle soit tendre, en 2 fois si nécessaire. Égouttez soigneusement dans une passoire puis sur du papier absorbant. Filtrez l'huile.

3. Essuyez le wok, chauffez-le de nouveau puis versez-y 1 cuillerée à soupe d'huile. Faites rissoler la viande pendant 3 minutes sans cesser de remuer.

Ajoutez l'ail, le gingembre et la ciboule puis faites sauter pendant 2 minutes.

4. Ajoutez le reste des ingrédients, à l'exception de l'huile de sésame, portez à ébullition, remettez les aubergines dans le wok et poursuivez la cuisson à feu vif jusqu'à ce que les aubergines soient bien tendres et que la majeure partie du liquide se soit évaporée. Ajoutez l'huile de sésame, mélangez et servez aussitôt, ou après avoir laissé refroidir à température ambiante.

HARICOTS VERTS FRITS

RÉGION : SICHUAN

FRIT ET SAUTÉ – BON MARCHÉ – FACILE

PRÉPARATION : 20 MN – CUISSON : 15 MN

La recette traditionnelle requiert des haricots géants ou des asperges chinoises, mais j'ai constaté que des haricots verts convenaient tout aussi bien. Ici, les haricots sont frits puis sautés mais ils doivent rester verts et ne pas être trop cuits. Il est normal que les haricots soient un peu huileux, mais, s'ils le sont trop, essuyez-les avec du papier absorbant avant de les faire sauter.

POUR 4 PERSONNES

60 cl d'huile d'arachide (voir Les friteuses, page 40)
450 g de haricots verts épluchés, entiers ou coupés en tronçons
1 1/2 cuillerée à soupe d'ail et 1 1/2 cuillerée à soupe de gingembre frais finement hachés
3 cuillerées à soupe de blanc de ciboule finement haché
1 1/2 cuillerée à soupe de sauce pimentée – 2 cuillerées à café d'huile pimentée
1 cuillerée à soupe de sauce aux haricots jaunes entiers
2 cuillerées à soupe de vin de riz de Shaoxing ou de xérès sec
1 cuillerée à soupe de sauce de soja noire
2 cuillerées à soupe de sucre – 1 cuillerée à soupe d'eau

1. Chauffez un wok à feu très vif (ou une grande poêle à frire), versez-y l'huile et, quand elle commence à fumer, faites frire la moitié des haricots jusqu'à ce qu'ils se flétrissent légèrement (soit 3 à 4 minutes). Sortez-les de l'huile et égouttez-les. Procédez de même avec le reste des haricots.

2. Essuyez le wok, puis versez-y 1 cuillerée à soupe de l'huile de friture. Chauffez de nouveau, puis faites revenir l'ail, le gingembre et la ciboule pendant 30 secondes environ, sans cesser de remuer.

3. Ajoutez alors le reste des ingrédients, faites sauter 30 secondes, puis ajoutez les haricots cuits et égouttés. Mélangez soigneusement de façon à bien enrober les haricots de préparation épicée, et servez dès qu'ils sont bien réchauffés.

TOFU BRAISÉ AUX CHAMPIGNONS

RÉGION : SICHUAN

FRIT ET BRAISÉ – RAISONNABLE – FACILE

PRÉPARATION : 20 MN – CUISSON : 20 MN

Le doufu, plus connu en Occident sous son appellation japonaise tofu (voir page 32), est un aliment très nutritif, qui se prête à des emplois variés. Il est issu de la fève de soja, extrêmement riche en protéines. Le tofu est assez fade, mais il est aisé d'y remédier, comme le montre cette recette, dans laquelle on fait frire le tofu pour en modifier la consistance avant de le cuire à l'étouffée pour en renforcer la saveur. Le résultat est aussi délicieux qu'original, et se réchauffe très bien.

POUR 4 PERSONNES

450 g de tofu frais
50 g de brins de ciboule en tronçons de 2 à 3 cm
45 cl d'huile d'arachide (voir Les friteuses, page 40)
1 cuillerée à soupe d'huile d'arachide
1 1/2 cuillerée à soupe d'ail finement haché
2 cuillerées à café de gingembre frais finement haché
100 g de petits champignons de Paris entiers lavés
2 cuillerées à café de sauce pimentée
1 1/2 cuillerée à soupe de vin de riz de Shaoxing ou de xérès sec
1 cuillerée à soupe de sauce de soja noire
1 cuillerée à café de sel
1/2 cuillerée à café de poivre gris fraîchement moulu
2 cuillerées à soupe de bouillon de poulet (page 62) ou d'eau
2 cuillerées à café de poivre du Sichuan grillé et fraîchement moulu (page 27)

1. Coupez le tofu en dés de 2 à 3 cm.
2. Chauffez l'huile dans une friteuse ou un wok, jusqu'à ce qu'elle commence à fumer, puis faites frire les dés de tofu, en 2 fois si nécessaire. Dès que le tofu est légèrement doré, retirez-le de l'huile et égouttez-le soigneusement sur du papier absorbant. Laissez refroidir l'huile de friture puis jetez-la.
3. Chauffez un wok à feu très vif (ou une grande poêle), versez-y 1 cuillerée à soupe d'huile, faites sauter l'ail, le gingembre et la ciboule quelques secondes avant d'ajouter les champignons ; poursuivez la cuisson 30 secondes en remuant, ajoutez tous les autres ingrédients. Réduisez le feu, couvrez et laissez mijoter le tofu 8 minutes.

TOFU AUX LÉGUMES

RÉGION : CANTON
FRIT ET SAUTÉ – RAISONNABLE – DIFFICILE
PRÉPARATION : 15 MN – CUISSON : 15 MN

Lorsqu'on le fait frire à la poêle, le tofu se transforme : de mou et gluant, il devient léger et spongieux, s'entoure d'une sorte de peau qui lui évite d'absorber l'huile et de se désagréger pendant la cuisson à feu vif.

POUR 4 PERSONNES

450 g de tofu frais
50 g de châtaignes d'eau fraîches – épluchées –, ou en conserve – rincées – (page 18)
50 g de pousses de bambou en conserve – 50 g de pois gourmands épluchés
15 cl d'huile d'arachide

SAUCE
1 1/2 cuillerée à soupe de vin de riz de Shaoxing ou de xérès sec
3 cuillerées à soupe de sauce d'huître
2 cuillerées à café de sauce de soja noire – 2 cuillerées à café de sauce de soja claire
2 cuillerées à café de sucre en poudre – 1 cuillerée à café de sel
1/2 cuillerée à café de poivre noir fraîchement moulu
5 cl de bouillon de poulet (page 62) ou d'eau
1 cuillerée à café de Maïzena mélangée à 1 cuillerée à café d'eau
2 cuillerées à café d'huile de sésame

1. Égouttez et rincez le tofu à l'eau froide, puis séchez-le en le tamponnant avec du papier absorbant avant de le couper en dés de 1 cm. Émincez les châtaignes d'eau. Coupez les pousses de bambou en biseau, en bâtonnets de 2 à 3 cm de long.
2. Chauffez un wok à feu très vif (ou une grande poêle à frire), versez-y l'huile et, quand elle commence à fumer, faites frire le tofu jusqu'à ce que les dés soient légèrement dorés. Sortez-les avec une écumoire et égouttez-les sur du papier absorbant.
3. Conservez dans le wok l'équivalent d'une cuillerée à soupe d'huile et jetez le reste. Chauffez de nouveau, puis faites sauter les légumes 2 minutes avant d'ajouter tous les ingrédients de la sauce, à l'exception de la préparation à la Maïzena et de l'huile de sésame.
4. Portez à ébullition, retirez du feu puis ajoutez la préparation à la Maïzena.
5. Remettez le wok sur le feu, portez de nouveau à ébullition, remettez le tofu dans le wok et versez-y l'huile de sésame. Remuez, versez dans un plat chaud et servez aussitôt.

RAGOÛT DE TOFU

RÉGION : CANTON
FRIT ET MIJOTÉ – RAISONNABLE – FACILE
PRÉPARATION : 15 MN – CUISSON : 25 MN

Le tofu se prête parfaitement à une cuisson à l'étouffée car il absorbe les saveurs et les couleurs des autres ingrédients. De consistance homogène et satinée, toujours préparé à la perfection, le tofu « à la chinoise » reste selon moi le meilleur du monde. Essayez ce ragoût, qui se réchauffe très bien, si vous n'avez jamais cuisiné de tofu. La sauce hoisin, confère au tofu une saveur légèrement sucrée et une riche coloration rouge – d'où le terme de cuisson rouge appliqué aux mets ainsi accommodés.

POUR 4 PERSONNES

450 g de tofu
8 brins de ciboule en tronçons de 2 à 3 cm
45 cl et 1 1/2 cuillerée à soupe d'huile d'arachide
2 cuillerées à soupe d'ail grossièrement haché
2 cuillerées à soupe de vin de riz de Shaoxing ou de xérès sec
3 cuillerées à soupe de sauce hoisin
1 cuillerée à soupe de sauce de soja claire – 2 cuillerées à café de sauce de soja noire
1 cuillerée à café de sucre en poudre
25 cl de bouillon de poulet (page 62) ou d'eau
1 cuillerée à soupe d'huile de sésame

1. Coupez le tofu en dés de 2 à 3 cm ; égouttez-les sur du papier absorbant.
2. Chauffez l'huile dans une friteuse ou un wok. Quand elle commence à fumer, faites frire les dés de tofu, en 2 fois si nécessaire. Dès que le tofu est légèrement doré, sortez-le de l'huile et égouttez-le soigneusement sur du papier absorbant. Laissez refroidir l'huile de friture puis jetez-la.
3. Essuyez le wok et chauffez-le de nouveau à feu très vif. Versez-y 1 1/2 cuillerée d'huile, puis, quand elle commence à fumer, faites sauter l'ail et la ciboule quelques secondes avant d'ajouter le tofu égoutté ; faites revenir 30 secondes en remuant, puis ajoutez tous les autres ingrédients, à l'exception de l'huile de sésame.
4. Réduisez le feu et laissez mijoter 8 minutes. Augmentez le feu puis poursuivez la cuisson jusqu'à ce que la majeure partie du liquide se soit évaporée. Ajoutez l'huile de sésame, mélangez et servez aussitôt.

TOFU POIVRE ET SEL

RÉGIONS : HONGKONG ET CANTON
FRIT ET SAUTÉ – BON MARCHÉ – FACILE
PRÉPARATION : 15 MN – CUISSON : 20 MN

Cette recette simple est celle d'une version végétarienne d'un plat très apprécié à Hongkong, où on le prépare avec des crevettes ou des travers de porc. Le tofu est tout d'abord frit, puis sauté avec du sel, des aromates et des piments. Ce mets est délicieux en hors-d'œuvre.

POUR 4 PERSONNES

450 g de tofu
2 cuillerées à café de sel
2 cuillerées à café de poivre du Sichuan grillé et fraîchement moulu (page 27)
1 cuillerée à café de poivre gris fraîchement moulu
1 cuillerée à café de sucre
30 cl d'huile d'arachide
2 cuillerées à café d'ail finement haché
2 cuillerées à café de gingembre frais finement haché
3 piments forts verts ou rouges, grossièrement hachés
3 cuillerées à soupe de ciboule finement hachée

1. Égouttez et rincez le tofu à l'eau froide, puis séchez-le en le tamponnant avec du papier absorbant avant de le couper en dés de 1 cm. Égouttez-le de nouveau sur du papier absorbant. Dans un petit bol, mélangez le sel, le poivre du Sichuan, le poivre gris et le sucre.

2. Chauffez un wok à feu très vif (ou une grande poêle à frire), versez-y l'huile et, quand elle commence à fumer, faites frire les dés de tofu jusqu'à ce qu'ils soient légèrement dorés sur toutes les faces. Sortez-les de l'huile à l'aide d'une écumoire et égouttez-les soigneusement sur du papier absorbant.

3. Conservez dans le wok l'équivalent d'une cuillerée à soupe d'huile et jetez le reste. Chauffez de nouveau, puis faites revenir l'ail, le gingembre et les piments pendant 20 secondes sans cesser de remuer.

4. Remettez alors le tofu dans le wok et faites sauter 1 minute. Ajoutez la préparation au poivre et au sel, poursuivez la cuisson 2 minutes sans cesser de remuer, puis disposez dans un plat chaud et servez garni de ciboule.

SALADE DE GERMES DE SOJA

RÉGION : PÉKIN
MARINÉ – BON MARCHÉ – FACILE
PRÉPARATION : 30 MN – MARINADE : 20 MN – SANS CUISSON
RÉFRIGÉRATION : JUSQU'À 4 H

Cette salade nourrissante, facile à préparer, convient parfaitement pour un hors-d'œuvre ou en accompagnement d'une viande ou d'un poisson grillés. Utilisez toujours des germes de soja frais – le soja en conserve est mou et insipide –, que l'on se procure sans difficulté et qu'il est même possible de cultiver soi-même. Je coupe habituellement les deux extrémités des pousses : cette opération est un peu fastidieuse, mais le résultat est beaucoup plus esthétique. Vous pouvez, préparer cette salade jusqu'à quatre heures à l'avance, et la servir après l'avoir réfrigérée, ou à température ambiante. Elle est très agréable à savourer par une chaude journée d'été.

POUR 4 PERSONNES

450 g de germes de soja frais
2 piments forts verts ou rouges
3 cuillerées à soupe de vinaigre de riz blanc ou de vinaigre de cidre
2 cuillerées à soupe de sauce de soja claire
2 cuillerées à soupe de coriandre fraîche finement hachée
2 cuillerées à café d'ail finement haché

1. Coupez et jetez les extrémités des germes de soja ; mettez les pousses ainsi préparées dans un saladier en verre.
2. Fendez les piments en deux, retirez et jetez les pépins, puis émincez les piments aussi finement que possible. Mélangez-les, ainsi que tous les autres ingrédients, aux germes de soja.
3. Laissez mariner 2 à 3 heures au moins, en retournant de temps à autre les germes de soja dans la marinade.
4. Juste avant de servir la salade, égouttez les germes de soja et jetez la marinade. Servez la salade à température ou laissez-la se réfrigérer.

BROCOLIS SAUTÉS AU GINGEMBRE

RÉGION : CANTON
SAUTÉ – BON MARCHÉ – FACILE
PRÉPARATION : 10 MN – CUISSON : 15 MN

Les brocolis possèdent d'extraordinaires qualités nutritives. Ceux que l'on cuisine en Occident ont une saveur moins prononcée que celle des brocolis chinois – on considère souvent qu'ils associent les meilleures caractéristiques des choux-fleurs à celles des asperges. Ils s'accommodent avec maints assaisonnements, mais se marient particulièrement bien avec le gingembre. Après avoir fait sauter les différents ingrédients de cette recette, je laisse refroidir le tout pour le servir à température ambiante ; ce plat convient fort bien pour un repas estival.

POUR 4 PERSONNES

450 g de brocolis frais
1 1/2 cuillerée à soupe d'huile d'arachide
2 cuillerées à soupe de gingembre frais émincé
1 cuillerée à café de sel
1/2 cuillerée à café de poivre gris fraîchement moulu
4 à 5 cuillerées à soupe d'eau
2 cuillerées à café d'huile de sésame

1. Séparez les inflorescences des brocolis en petits bouquets, épluchez et émincez les tiges.
2. Faites blanchir les brocolis en les plongeant 5 minutes dans de l'eau bouillante salée, puis rincez-les à l'eau froide. Égouttez-les soigneusement dans une passoire.
3. Chauffez un wok à feu très vif (ou une grande poêle à frire). Versez-y l'huile et, quand elle commence à fumer, faites sauter quelques secondes le gingembre émincé, salé et poivré. Ajoutez les brocolis et les cuillerées à soupe d'eau, poursuivez la cuisson 4 minutes sans cesser de remuer, jusqu'à ce que les brocolis soient bien réchauffés.
4. Ajoutez l'huile de sésame et continuez à faire cuire 30 secondes en remuant. Servez les brocolis chauds ou laissez-les refroidir.

BROCOLIS SAUTÉS À LA SAUCE HOISIN

RÉGION : PÉKIN

SAUTÉ – BON MARCHÉ – FACILE

PRÉPARATION : 15 MN – CUISSON : 15 MN

Employée avec modération, la sauce hoisin apporte aux plats une agréable couleur et un délicieux parfum. Cette recette rapide et facile permet de réaliser un accompagnement de légumes chauds convenant pour toutes sortes de repas – l'on peut remplacer les brocolis par des carottes ou des courgettes.

POUR 4 PERSONNES

450 g de brocolis frais
1 1/2 cuillerée à soupe d'huile d'arachide
1 cuillerée à soupe d'ail finement haché
2 cuillerées à café de sel – 1 cuillerée à café de poivre gris fraîchement moulu
2 cuillerées à soupe de sauce hoisin – 3 cuillerées à soupe d'eau
2 cuillerées à soupe de vin de riz de Shaoxing ou de xérès sec

1. Séparez les inflorescences des brocolis en petits bouquets, épluchez les tiges et coupez-les en lamelles.
2. Faites blanchir les brocolis en les plongeant 5 minutes dans de l'eau bouillante salée, puis égouttez-les et plongez-les dans de l'eau froide. Égouttez soigneusement dans une passoire.
3. Chauffez un wok à feu très vif et versez-y l'huile. Quand elle commence à fumer, faites revenir 1 minute environ l'ail et les brocolis salés et poivrés sans cesser de remuer.
4. Ajoutez la sauce hoisin, le vin de riz ou le xérès et l'eau, puis faites sauter à feu moyen environ 5 minutes, jusqu'à ce que les brocolis soient bien cuits.

SALADE DE BROCOLIS AU SÉSAME

RÉGION : PÉKIN

BLANCHI – BON MARCHÉ – FACILE

PRÉPARATION : 15 MN – CUISSON : 15 MN

Ce mets constitue un parfait accompagnement des viandes ou un merveilleux plat de légumes à déguster à l'occasion d'un pique-nique. Si vous aimez les saveurs piquantes, remplacez les graines de sésame par une quantité équivalente de gingembre frais haché. Ces brocolis seront encore meilleurs si vous les préparez un jour à l'avance.

POUR 4 À 6 PERSONNES

500-750g de brocolis
1 cuillerée à soupe de graines de sésame
1 cuillerée à soupe d'huile d'arachide
2 cuillerées à café d'huile de sésame
1 cuillerée à café d'ail et 2 cuillerées à soupe de ciboule finement hachés
1 1/2 cuillerée à soupe de sauce de soja claire

1. Séparez les inflorescences des brocolis en petits bouquets, épluchez et émincez les tiges.
2. Faites blanchir les brocolis en les plongeant 5 minutes dans de l'eau bouillante salée, puis égouttez-les et plongez-les dans de l'eau froide. Égouttez soigneusement les brocolis dans une passoire et mettez-les dans un saladier propre.
3. Faites dorer les graines de sésame au four, préchauffé à 190 °C (thermostat 5), ou sous le gril.
4. Dans un bol en verre, mélangez soigneusement les graines de sésame grillées et le reste des ingrédients, puis versez cette préparation sur les brocolis. Remuez pour bien mélanger. Si vous servez ce plat le lendemain, couvrez le bol de film étirable et réfrigérez.

CHOU-FLEUR À LA SAUCE D'HUÎTRE

RÉGION : CANTON
SAUTÉ ET MIJOTÉ – BON MARCHÉ – FACILE
PRÉPARATION : 10 MN – CUISSON : 10 MN

Le chou-fleur est un légume délicieux et facile à cuisiner, qui toutefois nécessite une cuisson prolongée – aussi la technique qui consiste à le faire sauter à feu vif n'est-elle pas la plus appropriée. Je préfère le braiser dans une sauce d'huître, dont la saveur s'accorde bien à celle du chou-fleur.

POUR 4 PERSONNES

750g de chou-fleur
1 cuillerée à soupe d'huile d'arachide
4 gousses d'ail écrasées – 2 cuillerées à soupe de gingembre frais émincé
1 cuillerée à café de sauce de soja claire – 1 cuillerée à café de sauce de soja noire
3 1/2 cuillerées à soupe de sauce d'huître
45 cl de bouillon de poulet (page 62) ou d'eau

2 cuillerées à café d'huile de sésame
2 cuillerées à soupe de ciboule finement hachée

1. Coupez le chou-fleur en bouquets d'environ 4 cm de large.
2. Chauffez un wok à feu très vif (ou une grande poêle à frire), versez-y l'huile et, quand elle commence à fumer, faites revenir l'ail et le gingembre pendant 20 secondes – pour parfumer l'huile – avant de faire sauter le chou-fleur quelques secondes.
3. Ajoutez ensuite les 2 sauces de soja, la sauce d'huître et le bouillon ou l'eau. Réduisez le feu et laissez mijoter 8 minutes.
4. Ajoutez l'huile de sésame, remuez, disposez dans un plat chaud et servez aussitôt, garni de ciboule.

CHOU CHINOIS À LA SAUCE DE SOJA

RÉGION : CANTON
BLANCHI – BON MARCHÉ – FACILE
PRÉPARATION : 10 MN – CUISSON : 10 MN

J'aime beaucoup préparer le chou chinois de cette manière car le blanchir préserve sa douceur, et l'huile chaude lui confère une riche saveur de noisette. Cette recette, simple et rapide à réaliser, convient parfaitement pour cuisiner du chou blanc ou tout autre légume vert. Si vous préférez une saveur plus relevée, remplacez l'huile d'arachide par de l'huile pimentée (page 26).

POUR 2 PERSONNES

450 g de chou chinois
1 cuillerée à soupe de sauce de soja claire
2 cuillerées à café de sauce de soja noire
3 cuillerées à soupe de ciboule finement hachée
1 cuillerée à soupe d'huile d'arachide

1. Coupez le chou chinois en lamelles de 4 cm de long et faites-les blanchir en les plongeant 5 minutes environ dans une casserole d'eau bouillante salée.
2. Égouttez soigneusement, puis transvasez dans un plat de service chaud. Arrosez des 2 sauces de soja, garnissez de ciboule.
3. Faites chauffer l'huile dans un wok ou une poêle. Quand elle commence à fumer, versez-la sur le chou chinois et servez aussitôt.

Chou chinois à la sauce de soja

CHOU CHINOIS AUX ÉPICES

RÉGION : SICHUAN

SAUTÉ ET MIJOTÉ – BON MARCHÉ – FACILE

PRÉPARATION : 10 MN – CUISSON : 10 À 12 MN

Contrairement au chou vert et au chou rouge, le chou chinois – ou chou de Pékin – possède une douce saveur qui n'est pas sans rappeler celle de la laitue. Il ne se consomme que cuit et nécessite l'accompagnement d'une sauce relevée, comme celle que je propose dans cette recette. Mais vous pouvez remplacer le piment fort par du curry.

POUR 2 PERSONNES

750 g de chou chinois
1 cuillerée à soupe d'huile d'arachide
1 cuillerée à soupe de gingembre frais finement haché
1 1/2 cuillerée à soupe d'ail finement haché
2 piments forts séchés fendus en deux
1 1/2 cuillerée à soupe de vin de riz de Shaoxing ou de xérès sec
1 cuillerée à soupe de sauce de soja noire
1 cuillerée à café de sauce de soja claire
2 cuillerées à café de sauce pimentée
1/2 cuillerée à café de poivre gris fraîchement moulu
2 cuillerées à café de sucre en poudre
5 cl de bouillon de poulet (page 62) ou d'eau
1 cuillerée à soupe d'huile de sésame

1. Détachez les feuilles du chou chinois, lavez-les soigneusement et coupez-les en lamelles de 2 à 3 cm.
2. Chauffez un wok à feu très vif (ou une grande poêle à frire). Versez-y l'huile et, quand elle commence à fumer, faites revenir pendant quelques secondes le gingembre, l'ail et les piments, puis le chou chinois, avant d'ajouter le vin de riz ou le xérès, les sauces de soja, la sauce pimentée, le poivre, le sucre et le bouillon ou l'eau.
3. Réduisez le feu et laissez mijoter 8 minutes environ, jusqu'à ce que le chou chinois soit bien tendre. Si vous le souhaitez, vous pouvez alors retirer les piments. Ajoutez l'huile de sésame, remuez et servez aussitôt.

SALADE DE CHOU CHINOIS AIGRE-DOUX

RÉGION : PÉKIN

BLANCHI ET MACÉRÉ – BON MARCHÉ – FACILE

PRÉPARATION : 10 MN – REPOS ET RÉFRIGÉRATION : 18 MN – CUISSON : 5 MN

Dans le nord de la Chine, les hivers sont longs et rigoureux, aussi ne dispose-t-on de légumes frais que quelques mois par an. En l'absence de moyens de réfrigération modernes, d'autres modes de conservation des denrées sont indispensables. Parmi les plus courants figurent la macération – dans de la saumure, du vinaigre salé, un mélange de sucre et de sel – et la fermentation.

Dans cette recette, le chou chinois mariné prend une saveur aigre-douce qui stimule le palais et ouvre l'appétit : des plats tels que celui-ci se servent donc, à température ambiante, en début de repas. Ce chou aigre-doux peut être consommé immédiatement, ou conservé jusqu'à une semaine au réfrigérateur.

POUR 4 À 6 PERSONNES

750 g de chou chinois coupé en lamelles de 15 cm
10 cl d'huile d'arachide – 1 cuillerée à soupe d'huile de sésame
1 à 5 piments rouges séchés, selon votre goût
2 cuillerées à soupe de poivre du Sichuan grillé (page 27)
100 g de sucre en poudre
15 cl de vinaigre de riz blanc ou de vinaigre de cidre
2 cuillerées à soupe de sel
1 1/2 cuillerée à soupe de gingembre frais finement haché
3 cuillerées à soupe d'ail finement haché
1 à 3 cuillerées à soupe de piments frais grossièrement hachés, selon votre goût

1. Faites blanchir les lamelles de chou chinois quelques secondes, jusqu'à ce qu'elles se flétrissent. Égouttez-les puis réservez-les dans un saladier.
2. Chauffez les 2 huiles dans un wok ou une poêle, ajoutez les piments séchés et le poivre du Sichuan ; quand ces ingrédients commencent à noircir, retirez le wok du feu. Filtrez l'huile ainsi parfumée, et arrosez-en le chou.
3. Enveloppez les piments et le poivre dans une étamine, nouez en forme de sachet et déposez-le dans le chou.
4. Ajoutez le sucre et le vinaigre, mélangez soigneusement ; ajoutez le gingembre, le sel, l'ail et les piments frais, remuez de nouveau pour bien mélanger tous les ingrédients. Enfin, laissez reposer à température ambiante plusieurs heures, avant de réfrigérer une nuit entière.
5. Avant de servir, égouttez le chou chinois, jetez la marinade et retirez le sachet d'épices.

CHOU CHINOIS BRAISÉ À LA CRÈME

RÉGION : PÉKIN

SAUTÉ ET BRAISÉ – BON MARCHÉ – FACILE

PRÉPARATION : 10 MN – CUISSON : 25 MN

Les mets végétariens sont très répandus en Chine, sous l'effet d'influences historiques et religieuses, mais aussi en vertu de la diversité et de l'abondance des légumes. Le chou chinois, ou chou de Pékin, par exemple, se consomme depuis fort longtemps frais ou macéré. Cette recette traditionnelle représente l'une des meilleures façons de l'accommoder. La méthode habituelle consiste à faire d'abord sauter le chou chinois, puis à le braiser lentement dans un bouillon de poulet ; ce bouillon, réduit et épaissi, est ensuite enrichi de graisse de volaille. Ici, j'ai omis cette ultime étape, considérant ce mets suffisamment savoureux sans cela. Pour réaliser un plat totalement végétarien, je remplacerais le bouillon par de l'eau, et je l'épaissirais avec de la Maïzena pour obtenir une sauce crémeuse. Pour humble qu'elle soit, cette recette était néanmoins jugée digne de figurer dans les banquets de la cour impériale.

POUR 4 PERSONNES

450 g de chou chinois
1 ½ cuillerée à soupe d'huile d'arachide
3 gousses d'ail épluchées et émincées
45 cl d'eau ou de bouillon de poulet (page 62)
2 cuillerées à café de sel
1 cuillerée à café de poivre blanc fraîchement moulu
2 cuillerées à café de Maïzena mélangées à 1 cuillerée à soupe d'eau

1. Coupez le chou chinois en lamelles de 5 cm d'épaisseur.
2. Chauffez un wok à feu très vif (ou une grande poêle à frire), versez-y l'huile et, quand elle commence à fumer, faites revenir l'ail pendant 15 secondes, avant d'ajouter le chou et de le faire sauter 2 minutes. Ajoutez l'eau ou le bouillon, salez et poivrez, réduisez le feu, couvrez et faites mijoter 10 minutes, jusqu'à ce que le chou soit très tendre. Retirez le chou à l'aide d'une écumoire.
3. Laissez réduire le liquide de cuisson de moitié, ajoutez la préparation à la Maïzena et faites encore réduire de moitié.
4. Déposez le chou chinois dans un plat chaud, nappez-le de sauce et servez chaud.

CHOU BLANC CHINOIS SAUTÉ

RÉGION : CANTON

SAUTÉ – BON MARCHÉ – FACILE

PRÉPARATION : 10 MN – CUISSON : 10 MN

Le chou blanc chinois, également désigné sous son appellation cantonaise *bok choi*, était l'un des légumes que nous consommions le plus abondamment dans mon enfance. Il était peu coûteux, très nutritif, et il était aisé de s'en procurer. Aujourd'hui encore, je déguste avec grand plaisir ce sauté tout simple. Il arrive que l'on fasse seulement blanchir ce chou, mais j'estime qu'il est délicieux sauté avec de l'huile et de l'ail, ou cuit avec un peu de sauce de soja et du bouillon. Le chou blanc, qui accompagne merveilleusement les viandes et les poissons, s'intègre tout aussi bien à des menus végétariens. On le trouve dans les épiceries chinoises, mais il se remplace sans problème par des bettes ou des pois gourmands.

POUR 4 PERSONNES

1 cuillerée à soupe d'huile d'arachide
3 gousses d'ail épluchées et émincées
2 cuillerées à café de sel
750 g de chou blanc chinois coupé en lamelles de 5 cm
2 cuillerées à soupe de bouillon de poulet (page 62) ou d'eau

1. Chauffez un wok à feu très vif (ou une grande poêle à frire). Versez-y l'huile et, quand elle commence à fumer, faites revenir l'ail salé pendant 15 secondes, puis le chou blanc pendant 3 à 4 minutes, sans cesser de remuer, jusqu'à ce que le chou commence à se flétrir.

2. Ajoutez alors le bouillon ou l'eau et poursuivez la cuisson quelques minutes, jusqu'à ce que le chou soit à la fois tendre et encore légèrement croquant.

ALGUES FRITES

RÉGION : SHANGHAI

FRIT – BON MARCHÉ – DIFFICILE

PRÉPARATION : 20 MN – CUISSON : 15 MN

Ce mets est l'un des plus appréciés dans les restaurants chinois de certains pays occidentaux, et notamment la Grande-Bretagne. Je ne sais pas qui le premier a introduit ce plat de l'est et du nord de la Chine en Europe ; précisons tout de même que les algues particulières utilisées à l'origine sont remplacées par du chou. La cuisine chinoise se prête parfaitement à de telles adaptations : lorsque les ingrédients ne sont pas disponibles, la technique et l'ingéniosité trouvent toujours un moyen de contourner le problème. Cette recette délicieuse et facile peut également être réalisée avec des épinards.

POUR 4 PERSONNES

1,2 kg de chou blanc chinois
90 cl d'huile d'arachide ou d'une autre huile végétale
1 cuillerée à café de sel
2 cuillerées à café de sucre en poudre
50 g de pignons légèrement grillés

1. Préchauffez le four à 120 °C (thermostat 2).
2. Détachez les tiges blanches du chou blanc chinois puis coupez les feuilles vertes. Les tiges pourront être utilisées dans une soupe. Lavez à plusieurs reprises les feuilles à l'eau froide, égouttez-les soigneusement dans une passoire puis séchez-les dans une essoreuse à salade.
3. Roulez les feuilles en serrant bien, débitez-les en minces lanières. Étalez-les sur la plaque du four, faites-les sécher 10 minutes – les feuilles ne doivent pas être totalement sèches, sinon elles brûleraient dans la friture. Sortez-les du four et laissez refroidir. Cette opération peut être effectuée la veille.
4. Chauffez un wok à feu très vif (ou une friteuse), versez-y l'huile et, quand elle commence à fumer, faites frire les feuilles de chou blanc en 2 ou 3 fois. Dès que les feuilles deviennent vert foncé, en 30 secondes environ, retirez-les de l'huile, égouttez-les sur du papier absorbant et laissez-les refroidir.
5. Roulez les feuilles croustillantes dans du sel et du sucre, garnissez de pignons et servez.

Concombre sauté aux épices

Région : Sichuan

Sauté – Bon marché – Facile

Préparation : 10 mn – Dégorgement : 20 mn – Cuisson : 15 mn

Enfant, j'étais toujours surpris de voir les Américains manger des concombres crus. Nous autres Chinois les consommons rarement ainsi : s'ils ne sont pas macérés – dans de la saumure ou du vinaigre –, alors ils doivent être cuits. Nous préférons les concombres en pleine saison, jeunes et tendres, gorgés de jus. Cette recette de concombre sauté, très simple, vient de l'ouest de la Chine. Le piment et l'ail font agréablement contraste avec la fraîcheur et le croquant du concombre.

Pour 4 personnes

750 g de concombre
3 cuillerées à café de sel
1 cuillerée à soupe d'huile d'arachide
1 1/2 cuillerée à soupe d'ail finement haché
1 1/2 cuillerée à soupe de haricots noirs fermentés rincés et grossièrement hachés
1 cuillerée à soupe de gingembre frais finement haché
2 cuillerées à soupe de ciboule finement hachée
2 cuillerées à café de sauce pimentée
1/2 cuillerée à café de poivre gris fraîchement moulu
2 cuillerées à café de sucre en poudre
12 cl d'eau – 2 cuillerées à café d'huile de sésame

1. Épluchez les concombres, coupez-les en deux dans la longueur puis retirez les pépins à la petite cuiller. Coupez les demi-concombres en dés de 2 à 3 cm de côté, saupoudrez-les de sel et mélangez soigneusement.

2. Laissez égoutter 20 minutes dans une passoire afin que le concombre rende son excédent de jus. Rincez les dés à l'eau froide puis essuyez-les avec du papier absorbant.

3. Chauffez un wok à feu très vif (ou une grande poêle à frire). Versez-y l'huile et, quand elle commence à fumer, faites revenir l'ail, les haricots noirs, le gingembre et la ciboule pendant 30 secondes en remuant. Ajoutez les concombres, la sauce pimentée, le sel, le poivre et le sucre ; poursuivez la cuisson 30 secondes en remuant pour bien enrober les concombres.

4. Ajoutez l'eau et continuez à faire cuire à feu vif, tout en remuant, 3 à 4 minutes. Lorsque la majeure partie de l'eau s'est évaporée et que les concombres sont cuits, arrosez d'huile de sésame et servez aussitôt.

CONCOMBRES FARCIS

RÉGION : FUJIAN
FRIT – RAISONNABLE – DIFFICILE
PRÉPARATION : 20 MN – CUISSON : 20 MN

Il existe en Chine d'innombrables recettes de légumes farcis. Le tofu lui-même peut être ainsi garni. Les concombres se prêtent particulièrement bien à ce traitement car leur pulpe tendre et succulente s'accommode à la perfection des saveurs salées des farces – dans le cas présent, de la viande de porc hachée et assaisonnée. En faisant frire à la poêle d'épaisses rondelles de concombre farci, on préserve tout le goût de la farce. En faisant mijoter le tout, on confectionne ensuite une sauce. Je suis sûr que vous n'imaginiez pas que des concombres puissent être si délicieux.

POUR 4 PERSONNES

750 g de concombres
2 cuillerées à soupe de Maïzena
3 cuillerées à soupe d'huile d'arachide

FARCE
225 g de viande de porc grasse émincée
1 blanc d'œuf
1 1/2 cuillerée à soupe de ciboule finement hachée
1 cuillerée à soupe de gingembre frais finement haché
2 cuillerées à café de vin de riz de Shaoxing ou de xérès sec
2 cuillerées à café de sauce de soja claire
2 cuillerées à café de sucre en poudre
1 cuillerée à café de sel
1 cuillerée à café de poivre gris fraîchement moulu
1 cuillerée à café d'huile de sésame

SAUCE
30 cl de bouillon de poulet (page 62)
2 cuillerées à soupe de vin de riz de Shaoxing ou de xérès sec
2 cuillerées à soupe de sauce de soja claire
1 cuillerée à soupe de sauce d'huître
2 cuillerées à café de sucre en poudre
1 cuillerée à café de Maïzena mélangée à 2 cuillerées à café d'eau

2 cuillerées à café d'huile de sésame
2 cuillerées à soupe de coriandre fraîche finement hachée

1. Débitez les concombres en rondelles épaisses de 2 à 3 cm, sans les éplucher. À l'aide d'un petit couteau pointu, videz les rondelles de leurs pépins et de la quasi-totalité de leur pulpe de façon que la peau et le reste de pulpe aient au moins 1/2 cm d'épaisseur. Saupoudrez légèrement l'intérieur des rondelles de Maïzena.

2. Mélangez tous les ingrédients de la farce dans une grande jatte, puis garnissez les rondelles de concombre avec cette préparation.

3. Chauffez un wok (ou une grande poêle à frire), versez-y l'huile et, quand elle est moyennement chaude, faites lentement dorer une partie des rondelles de concombre farcies. Retournez-les pour faire dorer l'autre côté.

4. Procédez de même avec le reste des rondelles – il vous faudra peut-être ajouter de l'huile. Lorsque les rondelles sont dorées, sortez-les de l'huile avec une écumoire et mettez-les dans une assiette. Lorsque toutes les rondelles sont frites, essuyez le wok.

5. Chauffez de nouveau le wok, ajoutez les ingrédients de la sauce. Lorsque la sauce cuit à petit bouillon, ajoutez les rondelles de concombre farcies, couvrez et laissez mijoter 7 minutes environ, jusqu'à ce que le concombre soit bien cuit. Retirez les rondelles à l'aide d'une écumoire et déposez-les dans un plat de service chaud.

6. Laissez réduire la sauce d'un tiers à feu vif, puis versez-y l'huile de sésame et la coriandre. Nappez les rondelles de concombre de sauce et servez aussitôt.

LAITUE À LA SAUCE D'HUÎTRE

RÉGIONS : CANTON ET HONGKONG

BLANCHI – BON MARCHÉ – FACILE

PRÉPARATION : 5 MN – CUISSON : 2 MN

La laitue est ici accommodée selon une méthode typiquement chinoise : blanchie et servie avec une sauce d'huître ; elle conserve ainsi sa consistance croquante et sa délicate saveur. Simple et vite fait, ce plat n'en est pas moins délicieux.

POUR 2 À 4 PERSONNES

750 g de laitue
3 cuillerées à soupe de sauce d'huître
1 cuillerée à soupe d'huile d'arachide

1. Détachez les feuilles de la laitue et faites-les blanchir dans une casserole d'eau salée, environ 30 secondes, jusqu'à ce qu'elles se flétrissent légèrement.

2. Sortez-les de l'eau et égouttez soigneusement. Mélangez la sauce d'huître et l'huile, déposez les feuilles de salade dans un plat chaud, nappez de sauce et servez aussitôt.

POIS GOURMANDS SAUTÉS AUX CHÂTAIGNES D'EAU

RÉGIONS : CANTON ET FUJIAN
SAUTÉ – BON MARCHÉ – FACILE
PRÉPARATION : 15 MN – CUISSON : 5 MN

Les châtaignes d'eau, cultivées entre les rangs de riz, sont considérées comme un mets de choix. Cela vaut la peine d'essayer de se procurer des châtaignes d'eau fraîches – dans certaines grandes surfaces et dans les épiceries orientales. Les Chinois les consomment fréquemment entre les repas, nappées de sirop de sucre. Cuites, elles ont une saveur douce et une consistance croquante. Cette recette, sans difficulté particulière, doit être réalisée avec les pois gourmands les plus frais que vous puissiez trouver – éventuellement remplacés par des asperges de saison.

POUR 4 PERSONNES

225 g de châtaignes d'eau fraîches – épluchées –, ou en conserve – rincées – (page 18)
1 cuillerée à soupe d'huile d'arachide
3 cuillerées à soupe de ciboule finement hachée
225 g de pois gourmands épluchés
1 cuillerée à soupe de sauce de soja claire
2 cuillerées à soupe d'eau
1 cuillerée à café de sel
1/2 cuillerée à café de poivre gris fraîchement moulu
1 cuillerée à café de sucre en poudre
2 cuillerées à café d'huile de sésame

1. Coupez les châtaignes d'eau en fines rondelles.
2. Chauffez un wok à feu très vif (ou une grande poêle à frire), versez-y l'huile et, quand elle commence à fumer, faites revenir la ciboule pendant 10 secondes ; ajoutez les pois gourmands et les châtaignes d'eau – si elles sont fraîches –, faites-les sauter 1 minute en les enrobant bien d'huile.
3. Ajoutez alors le reste des ingrédients, à l'exception de l'huile de sésame, et poursuivez la cuisson 3 minutes sans cesser de remuer.
4. Si vous disposez de châtaignes d'eau en conserve, ajoutez-les à ce stade et faites cuire 2 minutes de plus. Arrosez d'huile de sésame, remuez et servez chaud.

Champignons sautés aux épices

Région : Sichuan

Sauté – Bon marché – Facile

Préparation : 10 mn – Cuisson : 6 mn

Pratiquement inconnus en Chine il y a quelques années seulement, les champignons de couche – ou champignons de Paris – y jouissent désormais d'une popularité croissante. Dotés d'une saveur douce et subtile, ils sont excellents sautés avec des épices chinoises. Ce plat est facile à préparer, et délicieux réchauffé. Servez-le avec du canard braisé (page 153) et du riz blanc, ou en accompagnement d'une grillade.

Pour 4 personnes

1 cuillerée à soupe d'huile d'arachide
2 cuillerées à café d'ail finement haché
2 cuillerées à café de gingembre frais finement haché
1 cuillerée à soupe de ciboule finement hachée
450 g de petits champignons de Paris entiers et lavés
2 cuillerées à café de sauce pimentée
1 cuillerée à soupe de vin de riz de Shaoxing ou de xérès sec
2 cuillerées à café de sauce de soja noire
1 cuillerée à café de sel
1/2 cuillerée à café de poivre gris fraîchement moulu
1 cuillerée à soupe de bouillon de poulet (page 62) ou d'eau
2 cuillerées à café de sucre en poudre
2 cuillerées à café d'huile de sésame

1. Chauffez un wok à feu très vif (ou une grande poêle à frire). Versez-y l'huile et, quand elle commence à fumer, faites revenir l'ail, le gingembre et la ciboule pendant 20 secondes, puis ajoutez les champignons et faites-les sauter 30 secondes.

2. Ajoutez rapidement le reste des ingrédients, à l'exception de l'huile de sésame. Poursuivez la cuisson sans cesser de remuer environ 5 minutes, jusqu'à ce que les champignons soient bien cuits et aient absorbé tout l'assaisonnement.

3. Juste avant de servir, versez-y l'huile de sésame, remuez rapidement, déposez dans un plat chaud et servez aussitôt, le plus chaud possible.

POIVRONS AUX HARICOTS NOIRS

RÉGION : SICHUAN

SAUTÉ – RAISONNABLE – FACILE

PRÉPARATION : 15 MN – CUISSON : 10 MN

Les piments, doux ou forts, sont appréciés dans toute la Chine. Cette recette d'inspiration sichuanaise fait appel à des piments doux (poivrons) frais, mélangés à des aromates originaires du Sichuan. Les haricots noirs apportent une note aussi savoureuse que revigorante à ce plat végétarien. Facile à préparer, il sera encore meilleur si vous laissez macérer les haricots pendant 2 heures avant de servir – à température ambiante en été, ou comme plat de légumes en toute saison.

POUR 4 PERSONNES

1 1/2 cuillerée à soupe d'huile d'arachide ou d'une autre huile végétale
3 cuillerées à soupe d'échalote finement hachée
2 cuillerées à soupe de haricots noirs rincés et grossièrement hachés
1 1/2 cuillerée à soupe d'ail finement haché
1 cuillerée à soupe de gingembre frais haché
175 g de poivron rouge épépiné et coupé en carrés de 2 à 3 cm
175 g de poivron jaune épépiné et coupé en carrés de 2 à 3 cm
175 g de poivron vert épépiné et coupé en carrés de 2 à 3 cm
2 cuillerées à soupe de vin de riz de Shaoxing ou de xérès sec
1 cuillerée à soupe de sauce pimentée
1 cuillerée à soupe de sauce de soja claire
2 cuillerées à café de sauce de soja noire
2 cuillerées à café de sucre en poudre
15 cl de bouillon de poulet (page 62) ou d'eau
2 cuillerées à café d'huile de sésame

1. Chauffez un wok à feu très vif (ou une grande poêle à frire), versez-y l'huile et, quand elle commence à fumer, faites revenir pendant 1 minute l'échalote, les haricots noirs, l'ail et le gingembre, sans cesser de remuer. Ajoutez tous les poivrons et faites revenir 1 minute.

2. Versez le vin de riz ou le xérès, la sauce pimentée, les sauces de soja, le sucre et le bouillon ou l'eau, puis faites cuire à feu vif 5 minutes, jusqu'à ce que les poivrons soient tendres et que la majeure partie du liquide se soit évaporée.

3. Versez alors l'huile de sésame, mélangez bien, transvasez dans un plat et laissez refroidir. Servez à température ambiante.

Poivrons aux haricots noirs

CHAMPIGNONS SAUTÉS

RÉGIONS : CANTON ET FUJIAN
SAUTÉ ET MIJOTÉ – MODÉRÉ – FACILE
PRÉPARATION : 15 MN – TREMPAGE : 20 MN – CUISSON : 10 MN

Les trois sortes de champignons que demande cette recette présentent des caractéristiques fort différentes : les champignons de paille dégagent une senteur musquée ; les champignons chinois séchés ont une saveur fumée ; quant aux champignons de couche, ils sont tendres et doux. Mélangés dans une riche sauce, ces champignons deviennent des légumes à part entière. Les champignons de paille et les champignons chinois séchés s'achètent dans les épiceries orientales et dans certaines grandes surfaces, mais si vous ne parvenez pas à vous en procurer, il est possible de ne cuisiner que des champignons de Paris (350 g environ).

POUR 4 PERSONNES

25 g de champignons chinois séchés – 75 g de champignons de Paris
225 g de champignons de paille en conserve
1 cuillerée à soupe d'huile d'arachide – 3 gousses d'ail épluchées et émincées
1 cuillerée à soupe de sauce de soja claire
2 cuillerées à soupe de vin de riz de Shaoxing ou de xérès sec
3 cuillerées à soupe de sauce d'huître – 2 cuillerées à café de sucre
3 1/2 cuillerées à soupe de bouillon de poulet (page 62) ou d'eau
2 cuillerées à soupe de ciboule finement hachée

1. Si vous utilisez des champignons séchés, plongez-les 20 minutes dans de l'eau tiède.
2. Égouttez-les. Rincez-les soigneusement puis exprimez l'excédent de liquide. Retirez et jetez les pieds, émincez les chapeaux et réservez-les. Si vous disposez de champignons de paille en conserve, égouttez et rincez-les mais gardez-les entiers. Lavez et émincez les champignons de Paris.
3. Chauffez un wok à feu très vif (ou une grande poêle à frire). Versez-y l'huile et, quand elle commence à fumer, faites revenir l'ail pendant 15 secondes, puis ajoutez les champignons et faites-les sauter quelques secondes, en les mélangeant bien.
4. Versez aussitôt la sauce de soja, le vin de riz ou le xérès, la sauce d'huître, le sucre et le bouillon ou l'eau, réduisez le feu et faites mijoter 7 minutes environ sans cesser de remuer, jusqu'à ce que les champignons frais soient cuits.
5. Augmentez le feu et poursuivez la cuisson jusqu'à ce que la sauce ait bien réduit ; ajoutez la ciboule, mélangez et servez chaud.

RAGOÛT BOUDDHISTE

RÉGION : FUJIAN

FRIT ET MIJOTÉ – RAISONNABLE – DIFFICILE

PRÉPARATION : 20 MN – CUISSON : 25 MN

Voici ma version d'un célèbre plat bouddhiste. La recette originale requiert de nombreux et obscurs légumes chinois séchés, la mienne utilise des légumes beaucoup plus communs. Par ailleurs, j'aime ajouter un peu de coriandre, que les bouddhistes ne consomment pas. Veillez à ne pas trop faire cuire les légumes. Ce ragoût, qui peut être préparé à l'avance et réchauffé à feu très doux, est délicieux avec du riz, des nouilles chinoises ou du pain frais.

POUR 4 PERSONNES

225 g de tofu frais
100 g de brocolis – 100 g de chou chinois ou de chou blanc
100 g de petites courgettes – 100 g de poivron rouge
100 g de pois gourmands épluchés
45 cl d'huile d'arachide (voir Les friteuses, page 40)
60 cl de bouillon de poulet (page 62) ou d'eau
2 cuillerées à soupe de sauce de soja claire – 3 cuillerées à soupe de sauce hoisin
2 cuillerées à soupe de sauce aux haricots jaunes entiers
1 cuillerée à soupe de coriandre fraîche finement hachée
1 cuillerée à café de sel – 1/2 cuillerée à café de poivre gris fraîchement moulu
1 cuillerée à soupe d'huile de sésame

1. Coupez le tofu en dés de 2 à 3 cm. Égouttez-les sur du papier absorbant.
2. Détachez les bouquets des brocolis, épluchez et émincez les tiges ; coupez le chou en morceaux de 2 à 3 cm, débitez les courgettes en rondelles de 1/2 cm d'épaisseur ou en tronçons (voir page 45) ; émincez le poivron.
3. Chauffez l'huile dans un wok et quand elle fume, faites frire les dés de tofu, en 2 fois si nécessaire, puis égouttez-les sur du papier absorbant.
4. Dans une cocotte chinoise en terre cuite ou une cocotte en fonte émaillée, portez à ébullition le bouillon ou l'eau et les trois sauces.
5. Ajoutez les brocolis et le chou, remuez, laissez bouillir 2 minutes, puis ajoutez les courgettes et le poivron. Poursuivez la cuisson 2 minutes avant d'ajouter les pois gourmands et le tofu ; laissez cuire 1 minute, puis mélangez la coriandre, salez et poivrez.
6. Versez l'huile de sésame, remuez.

ÉPINARDS AU TOFU FERMENTÉ

RÉGION : CANTON

SAUTÉ – BON MARCHÉ – FACILE

PRÉPARATION : 15 MN – CUISSON : 8 MN

Les épinards d'eau sont des légumes couramment cuisinés dans tout le sud et le sud-ouest de la Chine, que ce soit dans les restaurants ou chez les particuliers. Ces épinards diffèrent des épinards ordinaires par leurs branches creuses et leurs feuilles lancéolées. Bien préparés, ils offrent un contraste très intéressant entre tendreté des feuilles et croquant de la branche. Le tofu fermenté apportera, quant à lui, sa vigoureuse saveur. Ce plat est délicieux en accompagnement d'une viande, et parfait avec du riz.

POUR 4 PERSONNES

1 kg d'épinards d'eau chinois frais (ou d'épinards en branches)
2 cuillerées à soupe d'huile d'arachide
4 gousses d'ail épluchées et émincées
3 cuillerées à soupe de tofu fermenté (au piment ou non)
2 cuillerées à soupe de vin de riz de Shaoxing ou de xérès sec
3 cuillerées à soupe d'eau

1. Lavez et égouttez soigneusement les épinards. Coupez et jetez la partie inférieure coriace des branches, sur 5 cm environ, puis coupez le reste des épinards en morceaux de 7 à 8 cm.

2. Si vous employez des épinards ordinaires, lavez-les soigneusement et retirez toutes les queues pour ne garder que les feuilles.

3. Chauffez un wok à feu très vif (ou une grande poêle), versez-y l'huile et, quand elle commence à fumer, faites revenir l'ail pendant 15 secondes en remuant. À l'aide d'une spatule, écrasez le tofu fermenté dans le wok pour le briser en petits morceaux. Ajoutez les épinards et faites sauter le tout 3 minutes.

4. Versez le vin de riz ou le xérès, l'eau, poursuivez la cuisson 3 minutes. Transvasez dans un plat chaud et servez aussitôt.

ÉPINARDS SAUTÉS À L'AIL

RÉGION : CANTON

SAUTÉ – BON MARCHÉ – FACILE

PRÉPARATION : 10 MN – CUISSON : 10 MN

Les épinards sont souvent considérés avec un certain dédain en Occident, sans doute parce qu'on les consomme généralement trop cuits. Dans cette recette traditionnelle du sud de la Chine, on fait brièvement sauter les épinards avant de les assaisonner. Simple et savoureux.

POUR 4 PERSONNES

750 g d'épinards en branches
1 cuillerée à soupe d'huile d'arachide
1 cuillerée à soupe d'ail finement haché
1 cuillerée à café de sel
1 cuillerée à café de sucre en poudre

1. Lavez soigneusement les épinards. Retirez toutes les queues pour ne garder que les feuilles.
2. Chauffez un wok à feu très vif (ou une grande poêle à frire). Versez-y l'huile, et, quand elle commence à fumer, faites revenir l'ail salé pendant 10 secondes, ajoutez les épinards et faites-les sauter 2 minutes environ, en veillant à bien les enrober d'huile aillée et salée.
3. Lorsque les épinards ont réduit au tiers, saupoudrez-les de sucre et poursuivez la cuisson 4 minutes. Déposez dans un plat, jetez l'excédent de liquide et servez chaud ou froid.

LAIT FRIT

RÉGION : HONGKONG

FRIT – BON MARCHÉ – ÉLABORÉ

PRÉPARATION : 20 MN – RÉFRIGÉRATION : 6 H – REPOS DE LA PÂTE : 30 MN

CUISSON : 25 MN

Ce mets, l'un des plus intéressants de ceux que j'ai eu l'occasion de déguster à Hongkong, figure de plus en plus fréquemment à la carte des restaurants chinois dans les pays occidentaux. Le procédé de cuisson employé rend le lait digestible par des personnes qui ordinairement ne le supportent pas. La crème à base de lait, enrobée de pâte puis frite, est croustillante à l'extérieur et onctueuse à l'intérieur – les Chinois apprécient de tels contrastes. Le sucre fait ressortir la saveur légèrement salée de la crème. La présence du lait dans la cuisine de Hongkong est assez étonnante ; je soupçonne qu'il s'agit là d'une recette de Chine septentrionale introduite en Chine méridionale. À Hongkong, le lait frit est servi en accompagnement de travers de porc, ou simplement saupoudré de sucre. D'une manière ou d'une autre, le plaisir gustatif est au rendez-vous.

Pour 4 personnes

35 cl de lait
20 cl de lait condensé non sucré
2 cuillerées à café de sel
1 cuillerée à café de poivre blanc fraîchement moulu
6 cuillerées à soupe de Maïzena
1 cuillerée à soupe d'huile d'arachide
45 cl d'huile d'arachide

Pâte à frire
75 g de farine
4 cuillerées à soupe de Maïzena
2 cuillerées à café de levure chimique
20 cl d'eau
Sucre semoule pour saupoudrer

1. Dans une jatte, mélangez les 2 laits, le sel, le poivre et la Maïzena. Fouettez pour obtenir une préparation homogène.
2. Versez dans une casserole. Faites mijoter environ 10 minutes, jusqu'à ce que la préparation ait épaissi.
3. Huilez un moule à gâteau carré de 15 cm, versez la préparation et laissez refroidir. Couvrez de film étirable et réfrigérez. Ces étapes peuvent être effectuées la veille.
4. Dans une jatte moyenne, mélangez les ingrédients de la pâte et laissez reposer 30 minutes à température ambiante. Découpez le flan en dés de 5 cm.
5. Chauffez un wok à feu très vif (ou une grande poêle à frire), versez-y l'huile et, quand elle commence à fumer, plongez quelques dés de flan dans la pâte à l'aide de baguettes chinoises ou d'une écumoire, faites-les frire environ 3 minutes, jusqu'à ce qu'ils soient bien dorés et croustillants. Égouttez-les sur du papier absorbant.
6. Procédez de même avec le reste des dés de lait frit. Servez accompagné d'une soucoupe de sucre.

Le riz, les pâtes et les nouilles

Tous les repas chinois authentiques comprennent deux grands types d'aliment : on range dans la première catégorie – en chinois, *cai* – les plats de viande, les volailles, les poissons et les légumes ; dans la seconde – *fan* –, on trouve le riz, le blé, le sorgho, le millet et d'autres céréales. Les mets fan constituent la base du régime alimentaire des Chinois. À cet égard, je voudrais souligner que, contrairement à ce que l'on croit fréquemment, les Chinois consomment d'autres céréales que le riz, et ce notamment dans les régions septentrionales, dont le climat froid et sec ne permet pas la riziculture. Le riz fan est généralement servi nature, alors que les céréales se consomment surtout sous la forme de nouilles – le riz lui-même peut être ainsi préparé – et de pâtes (galettes, beignets, boulettes...).

Fan et cai font partie intégrante de l'art culinaire chinois, mais c'est bien le fan qui reste fondamental. Comme le disait un sage chinois : *« Sans cai la nourriture est moins savoureuse, mais sans fan la faim n'est pas satisfaite. »* Ce chapitre est divisé en trois parties consacrées respectivement au riz, aux nouilles et aux pâtes.

Le riz

Les différentes variétés de riz se prêtent à la confection de farines, de nouilles, d'alcools (vins de riz) et de vinaigres, ou s'emploient telles quelles en cuisine. Le riz complet n'est guère prisé des Chinois, qui n'aiment pas sa consistance. Quant au riz blanc, bouilli ou cuit à la vapeur, il se consomme tout au long du repas. Le riz frit – riz cantonais –, popularisé dans le monde entier par les restaurateurs chinois, se déguste en Chine entre les repas ou en tant qu'ultime mets d'un banquet, mais jamais avec d'autres plats cai.

LE RIZ À LONG GRAIN

Ce type de riz, le plus courant dans la cuisine du sud de la Chine, est aussi mon préféré. Il doit être lavé avant la cuisson. Ne le confondez pas avec les variétés étuvées et précuites, qui ne conviennent pas pour la cuisine chinoise car elles ne possèdent ni la saveur et la consistance amylacées, ni la couleur d'un blanc pur si importantes dans l'art culinaire chinois.

LE RIZ À GRAIN ROND

Ce riz, qui ne doit pas être confondu avec le riz à entremets, est habituellement utilisé en Chine pour la préparation du *congee.* Il est surtout apprécié en dehors de la Chine méridionale. Des variétés connues sous le nom Japanese Rose ou American Rose se trouvent dans de nombreuses épiceries chinoises. Si vous ne pouvez vous en procurer, recourez au riz à long grain.

LE RIZ GLUANT

Le riz gluant, aux petits grains ronds ressemblant à des perles, ne doit pas être confondu avec le riz à entremets. Il contient davantage de gluten que le riz ordinaire, et, une fois cuit, il est plus collant et sucré. On l'emploie surtout dans des farces et des desserts, mais aussi pour faire du « vin » et du vinaigre de riz. La plupart des épiciers chinois en vendent. Le riz gluant doit être lavé et mis à tremper pendant au moins 2 heures avant la cuisson, qui peut être effectuée comme celle du riz à long grain. Il peut également être cuit à la vapeur. En ce cas, le temps de trempage préalable sera d'au moins 8 heures ; étalez ensuite le riz dans un récipient en bambou garni d'une étamine, puis faites le cuire à la vapeur 40 minutes environ.

POUR LAVER LE RIZ

Mettez la quantité désirée de riz dans une grande jatte, remplissez d'eau froide et faites tourner le riz avec la main ou une cuiller. Jetez l'eau trouble, en laissant le riz dans la jatte. Procédez ainsi plusieurs fois, jusqu'à ce que l'eau reste limpide.

RIZ NATURE

TOUTES LES RÉGIONS DE CHINE

CUIT À LA VAPEUR – BON MARCHÉ – FACILE

PRÉPARATION : 10 MN – CUISSON : 30 MN

La cuisson du riz à la vapeur, selon la manière chinoise, est l'une des plus simples et des plus efficaces qui soient. Je préfère le riz blanc à long grain, plus sec et gonflé que les autres variétés quand il est cuit. N'achetez pas de riz précuit ou étuvé, car vous ne retrouveriez ni le parfum, ni la consistance ni la saveur indispensables à une cuisine chinoise réussie.

Pour préparer le riz sans qu'il colle, le secret consiste à le faire cuire d'abord à feu vif, dans une casserole sans couvercle, jusqu'à ce que la quasi-totalité de l'eau se soit évaporée, puis à réduire le feu, couvrir la casserole et achever la cuisson à la vapeur de l'eau restant, à feu très doux. Lorsque j'étais enfant, on m'interdisait de jeter un coup d'œil dans la marmite à ce stade de la cuisson, car, si la précieuse vapeur s'était échappée, le riz n'aurait pas été cuit correctement, et cela nous aurait porté malheur.

Voici un petit « truc » utile : si vous veillez à ce que le riz soit couvert de 2,5 cm d'eau, il devrait cuire sans problème, et surtout sans coller. Les modes d'emploi qui figurent sur les paquets de riz indiquent souvent une quantité d'eau exagérée ; il en résulte une sorte de bouillie. Suivez plutôt ma méthode, et vous obtiendrez sans difficulté un riz vapeur parfait, à la chinoise.

La plupart des Chinois consomment de grandes quantités de riz – environ 150 g par personne, ce qui est trop copieux pour l'immense majorité des Occidentaux. Pour cette recette et celle du riz cantonais, je conseille 375 g de riz (sec) pour 4 personnes. Si vous en voulez davantage, il suffit d'augmenter les quantités, mais n'oubliez pas d'ajouter de l'eau pour que le niveau soit à 2,5 cm au-dessus de celui du riz.

Pour une cuisine authentiquement chinoise, choisissez le riz à long grain, dont il existe maintes variétés. À ce sujet, récapitulons quelques règles :

- L'eau doit recouvrir le riz de 2,5 cm ; une quantité d'eau excessive – ce qui est souvent le cas des recommandations figurant sur les paquets de riz – rend le riz pâteux.
- Ne soulevez jamais le couvercle lorsque le riz à commencé à mijoter à la vapeur ; minutez cette partie de la cuisson et attendez.
- Suivez les indications ci-dessous, et votre riz sera parfait.

POUR 4 PERSONNES

40 cl de riz à long grain, mesuré avec un doseur
60 cl d'eau
– 3 volumes d'eau pour 2 volumes de riz –

1. Mettez le riz dans une grande jatte, et lavez-le soigneusement en changeant l'eau à plusieurs reprises jusqu'à ce qu'elle reste limpide. Égouttez le riz, puis versez-le dans une grande casserole avec 60 cl d'eau.

2. Portez à ébullition et laissez cuire jusqu'à ce que l'eau se soit quasiment évaporée – 15 minutes environ. La surface du riz doit être parsemée de petits cratères.

3. Couvrez hermétiquement la casserole, réduisez le feu au minimum et laissez cuire 15 minutes sans soulever le couvercle – il n'est pas besoin d'« aérer » le riz. Laissez reposer 5 minutes hors du feu avant de servir.

RIZ CANTONAIS

RÉGION : FUJIAN ET CANTON

SAUTÉ – RAISONNABLE – FACILE

PRÉPARATION : 10 MN – CUISSON : 15 MN

En Chine, le riz sauté se consomme à la fin d'un bon repas pour nettoyer le palais et bien remplir l'estomac des convives, et non en accompagnement d'autres mets à la place du riz blanc cuit à la vapeur. On trouve du riz sauté dans les restaurants chinois mais il est souvent mal cuit. Voici quelques précautions à respecter pour préparer un authentique riz cantonais.

- Le riz à long grain cuit doit être bien refroidi avant d'entamer la préparation du riz cantonais. La majeure partie de l'eau qu'il contient se sera évaporée, de sorte que l'huile enrobera les grains secs et empêchera qu'ils collent. Conservez le riz cuit au réfrigérateur jusqu'au moment de le cuisiner.
- N'additionnez jamais le riz cantonais de sauce de soja, car il serait alors trop salé et d'une couleur fort peu naturelle. Toute humidité résiduelle a pour conséquence de rendre le riz pâteux – le riz sauté doit être bien sec, et ses grains soigneusement séparés.
- Veillez à ce que l'huile soit assez chaude pour éviter qu'elle ne sature le riz bouilli ou cuit à la vapeur. Le riz sauté doit posséder un arôme et une saveur délicieusement fumées.

POUR 4 PERSONNES

100 g de petits pois frais ou surgelés
2 œufs battus – 2 cuillerées à café d'huile de sésame
2 cuillerées à soupe d'huile d'arachide
375 g de riz à long grain cuit selon la méthode indiquée page 235
50 g de jambon blanc coupé en petits dés
2 cuillerées à café de sel
1/2 cuillerée à café de poivre gris fraîchement moulu
3 cuillerées à soupe de blanc de ciboule finement haché
100 g de germes de soja frais
2 cuillerées à soupe de ciboule hachée

1. Si vos petits pois sont frais, faites-les blanchir 5 minutes dans une casserole d'eau bouillante ; s'ils sont surgelés, faites-les simplement décongeler. Égouttez-les.

2. Mélangez l'œuf et l'huile de sésame dans un bol, et réservez. Coupez les extrémités des germes de soja.

3. Chauffez un wok à feu très vif (ou une grande poêle à frire). Versez-y

l'huile et, quand elle commence à fumer, faites revenir le riz cuit pendant 3 minutes sans cesser de remuer.
4. Ajoutez le jambon, les petits pois, le sel et le poivre, puis faites sauter 5 minutes à feu vif.
5. Ajoutez la préparation à l'œuf et poursuivez la cuisson 1 minute ; ajoutez ciboule et germes de soja, continuez à faire sauter pendant 2 minutes, ou jusqu'à ce que les œufs aient coagulé.
6. Transvasez dans un plat et garnissez de ciboule hachée. Servez chaud ou froid.

Galette de riz

Toutes les régions de Chine
Cuit à la vapeur – Bon marché – Difficile
Préparation : 5 mn – Cuisson : 50 mn

Les galettes de riz ont été inventées voici des siècles par un cuisinier chinois probablement économe, désireux de ne pas gaspiller la fine couche de riz qui reste parfois collée au fond de la cocotte. Ce reste croustillant a ainsi été promu au rang d'accompagnement de divers mets. Par sa saveur et sa consistance, il se marie très bien avec des crevettes frites (page 191), par exemple. Ne préparez jamais ce plat avec du riz précuit, qui ne contient pas assez d'amidon pour former une croûte, mais plutôt avec du riz blanc à long grain. Une fois cuit, il peut se conserver plusieurs jours à température ambiante. Ne le couvrez pas, car il risquerait de moisir ou d'être trop humide. Une fois bien sec, il pourra être frit ou utilisé dans une soupe, voire dégusté à loisir entre les repas – il suffira alors de casser la galette en morceaux pour les grignoter chauds avec un peu de sel.

Pour une galette de 23 cm de diamètre

225 g de riz à long grain – 60 cl d'eau
2 cuillerées à café d'huile d'arachide

1. Lavez le riz et mettez-le avec l'eau dans une casserole à fond épais de 23 à 24 cm de diamètre. Portez rapidement à ébullition puis réduisez le feu au minimum et laissez cuire environ 45 minutes. Le riz doit former une épaisse croûte au fond de la casserole.
2. Retirez le riz qui se détache de la galette – vous pourrez l'utiliser pour préparer du riz cantonais.
3. Arrosez uniformément la galette d'huile et faites cuire à feu très doux 5 minutes. La galette doit se démouler facilement. Si elle adhère encore, ajoutez une cuillerée à café d'huile et poursuivez la cuisson jusqu'à ce que la galette se décolle.

RIZ ARC-EN-CIEL

RÉGION : CANTON

SAUTÉ – RAISONNABLE – FACILE

PRÉPARATION : 15 MN – TREMPAGE : 20 MN – CUISSON : 10 MN

Le riz est un aliment de base, et à ce titre généralement dépourvu de tout prestige ; cette recette, fort appréciée dans le sud de la Chine, se propose justement de lui apporter une touche de raffinement. Au premier abord, ce plat semble comparable au riz cantonais (page 236), mais il est en réalité assez différent, en ceci que le riz et les autres ingrédients sont cuits séparément puis mélangés. Ce mets nourrissant et superbement coloré convient parfaitement pour un repas de fête.

POUR 4 PERSONNES

40 cl de riz à long grain, cuit selon la méthode indiquée page 235
50 g de champignons chinois séchés
50 g de poivron rouge – 50 g de carottes
100 g de saucisse chinoise ou de jambon blanc
50 g de petits pois frais ou surgelés
2 cuillerées à soupe d'huile d'arachide
3 cuillerées à soupe de ciboule finement hachée
1 cuillerée à soupe de sauce de soja claire
1 cuillerée à café de sel – 1/2 cuillerée à café de poivre gris fraîchement moulu
2 cuillerées à café d'huile de sésame

1. Faites tremper les champignons séchés dans de l'eau tiède 20 minutes.
2. Dans le même temps, coupez poivron, carottes et saucisse en petits dés. Égouttez, rincez les champignons puis, exprimez l'excédent de jus, retirez et jetez les pieds, coupez les chapeaux en petits dés. Si vous utilisez des petits pois surgelés, veillez à ce qu'ils soient bien décongelés.
3. Chauffez un wok (ou une grande poêle à frire), versez-y l'huile puis faites revenir la ciboule 30 secondes environ en remuant, avant d'ajouter tous les légumes et la saucisse chinoise ou le jambon. Faites sauter le tout 2 minutes environ, puis arrosez de sauce de soja, salez et poivrez. Remuez brièvement, puis arrosez d'huile de sésame. Retirez le wok du feu et laissez refroidir.
4. Lorsque le riz est presque prêt, nappez-le de la préparation à la saucisse chinoise, laissez cuire 5 minutes puis mélangez soigneusement. Déposez dans un plat chaud et servez aussitôt.

CONGEE

RÉGION : CANTON

MIJOTÉ – BON MARCHÉ – FACILE

PRÉPARATION : 10 MN – CUISSON : 1 H 15

Le *congee*, souvent consommé au petit déjeuner en Chine, est une sorte de bouillie, de gruau de riz. Selon les régions il est additionné de pâte à pain frite, de tofu fermenté, de légumes macérés… Dans le Sud, on l'accommode volontiers de viandes, de volailles, d'arachides ou d'œufs fermentés. « Congee » est un mot hindi, qui indique peut-être l'origine de ce mets.

La technique employée pour préparer le congee consiste à faire bouillir puis mijoter lentement le riz. L'amidon épaissit progressivement la bouillie sans que les grains se désintègrent. Pour un résultat optimal, il est donc préférable de ne pas laver le riz afin qu'il conserve tout son amidon. J'estime que le riz à grain rond est le plus adapté, mais vous pouvez choisir une variété à long grain.

POUR 4 PERSONNES

225 g de saucisse chinoise ou de tout autre ingrédient parfumé, tel que légumes macérés du Sichuan, petits dés de poulet ou de canard cuit, restes de viandes, de poissons, etc.

1,5 l d'eau

15 cl de riz à long grain ou à grain rond non lavé, mesuré avec un doseur

2 cuillerées à café de sel

3 cuillerées à soupe de ciboule finement hachée

2 cuillerées à soupe de coriandre fraîche finement hachée

1. Coupez la saucisse chinoise ou autre ingrédient de votre choix en petits dés et réservez.

2. Portez l'eau à ébullition dans une grande casserole, ajoutez le riz et le sel ; lorsque l'ébullition reprend, remuez vigoureusement, puis réduisez le feu et couvrez la casserole.

3. Laissez mijoter 1 heure environ en remuant de temps à autre, puis ajoutez la saucisse chinois, ou autre, et laissez mijoter 5 minutes de plus sans couvrir.

4. Juste avant de servir, garnissez de ciboule et de coriandre fraîche. Si vous préparez votre congee à l'avance, faites-le réchauffer à feu doux, en ajoutant éventuellement un peu d'eau si la bouillie est trop épaisse.

Ragoût de poulet au riz

Région : Canton

Cuit à la vapeur – Raisonnable – Facile

Préparation : 15 mn – Trempage : 8 h – Macération : 20 mn – Cuisson : 20 mn

Je conserve d'agréables souvenirs de ce plat. Bien qu'ayant grandi aux États-Unis, le déjeuner que j'emportais à l'école était souvent typiquement chinois. Très tôt le matin, ma mère faisait cuire du poulet et de la saucisse à la vapeur avec du riz, et mettait le tout dans une bouteille isotherme pour que mon repas reste chaud. Mes camarades de classe me demandaient fréquemment d'échanger un peu de mon déjeuner contre des bouchées de leurs sandwiches. Ce plat, facile à préparer et à réchauffer, constitue à lui seul un repas bien nourrissant.

Il vaut la peine de se procurer d'authentiques saucisses chinoises, que rien ne remplace de façon tout à fait satisfaisante.

Pour 4 personnes

400 g de riz gluant
750 g de blancs de poulet sans la peau
1 cuillerée à soupe de vin de riz de Shaoxing ou de xérès sec
2 cuillerées à soupe de sauce de soja claire – 2 cuillerées à café de sauce de soja noire
2 cuillerées à café de sucre en poudre
1 cuillerée à café de sel
1 cuillerée à café de poivre gris fraîchement moulu
1 cuillerée à café d'huile de sésame
25 g de champignons chinois séchés
175 g de saucisse chinoise ou de saucisse fumée
90 cl de bouillon de poulet ou d'eau
1 1/2 cuillerée à soupe de gingembre frais finement haché
3 cuillerées à soupe de ciboule finement hachée

1. Faites tremper le riz gluant, dans de l'eau froide, au moins 8 heures.

2. Découpez les blancs de poulet en morceaux de 5 cm. Dans une jatte, mélangez-les avec le vin de riz ou le xérès, les sauces de soja, le sucre, le sel, le poivre et l'huile de sésame. Laissez mariner 20 minutes.

3. Faites tremper les champignons séchés dans de l'eau tiède 20 minutes ; puis égouttez-les, rincez-les et exprimez l'excédent de liquide. Retirez et jetez les pieds, et hachez les chapeaux. Coupez les saucisses en léger biseau, en minces tronçons de 5 cm de long.

4. Dans une grande casserole, portez le bouillon à ébullition. Égouttez le riz, mettez-le dans le bouillon, réduisez le feu, couvrez et laissez cuire 2 minutes.
5. Ajoutez le poulet, les champignons, les saucisses, le gingembre et la ciboule, mélangez soigneusement avec le riz et poursuivez la cuisson 25 minutes environ, jusqu'à ce que le riz, le poulet et les saucisses soient cuits. Servez aussitôt, avec, par exemple des aubergines braisées aux épices (page 202) ou du chou chinois aux épices (page 216).

RIZ SAUTÉ AU BŒUF

RÉGION : PÉKIN
SAUTÉ – BON MARCHÉ – FACILE
PRÉPARATION : 5 MN – CUISSON : 10 MN

Une petite quantité de viande de bœuf suffit à parfumer un riz blanc et à donner une certaine vigueur à son goût un peu douceâtre. Ce plat, traditionnellement servi en fin de dîner ou de banquet aux gourmands qui ont encore de l'appétit, est de plus en plus souvent proposé en tant que plat de riz en accompagnement d'une entrée. Très facile à cuisiner, il est délicieux en toutes occasions.

POUR 4 PERSONNES

2 cuillerées à soupe d'huile d'arachide
225 g de bœuf haché
2 cuillerées à café de sauce de soja claire
1 cuillerée à café de sauce de soja noire
1 cuillerée à café de sel
1/2 cuillerée à café de poivre gris fraîchement moulu
1 cuillerée à soupe de gingembre frais finement haché
3 cuillerées à soupe de ciboule finement hachée
40 cl de riz à long grain cuit selon la méthode indiquée page 235
2 cuillerées à café d'huile de sésame

1. Chauffez un wok à feu très vif (ou une grande poêle à frire), versez-y l'huile et, quand elle commence à fumer, faites rissoler la viande 2 minutes. Ajoutez les ingrédients, sauf l'huile de sésame.

2. Ajoutez le riz, mélangez soigneusement et poursuivez la cuisson 5 minutes, ou jusqu'à ce que le riz soit bien chaud, sans cesser de remuer. Arrosez d'huile de sésame, mélangez et servez aussitôt.

LES NOUILLES

Doit-on les pâtes et les nouilles aux Chinois, ou bien aux Italiens ? La controverse est aussi vive qu'ancienne. Marco Polo se déclara stupéfait de découvrir les pâtes chinoises, mais les Italiens affirment qu'il faisait seulement montre de courtoisie. Il n'en demeure pas moins que les nouilles chinoises sont plus variées que les pâtes italiennes. On en trouve de toutes formes et de toutes tailles, à base de toutes sortes de farines. Elles sont le plus souvent préparées avec de la farine de blé ou de riz et de l'eau – ou, en Chine méridionale, avec de la farine de blé, de l'eau et des œufs. Il existe également des pâtes à l'amidon de haricots mung.

C'est toujours un grand plaisir que d'assister à la préparation de nouilles par un expert, qui pétrit, étire, lance et tord la pâte pour la faire retomber en une cascade de longs filaments. Il faut quatre à cinq ans pour acquérir cette compétence.

Les nouilles jouent un rôle important dans la tradition chinoise : symbole de longévité, elles figurent souvent au menu des repas d'anniversaire et de nouvel an. Il est de mauvais augure de les couper, car l'on risque ainsi d'écourter sa vie. Les nouilles chinoises se consomment telles quelles, bouillies, à la place du riz, ou bien en sauce, ou encore froides, en salade, voire dans des soupes ; frites, accompagnées de viandes et de légumes, elles constituent un repas à la fois léger et nourrissant.

NOUILLES À LA SAUCE DE HARICOTS

RÉGION : PÉKIN

SAUTÉ ET MIJOTÉ – BON MARCHÉ – FACILE

PRÉPARATION : 10 MN – CUISSON : 15 MN

Dans le nord de la Chine, les nouilles jouissent d'une telle estime qu'on les consomme même au petit déjeuner, dans des soupes le plus souvent. Les millions de clients des colporteurs de Pékin en dégustent à toute heure du jour. Cette recette n'est que l'une des centaines de versions d'un plat très courant. Lorsque vous maîtriserez sa préparation, vous pourrez comme le font les Chinois ajouter votre touche personnelle. Servez ces nouilles avec des pâtés impériaux (page 266) ou autres dim sum.

POUR 4 PERSONNES

450 g de nouilles chinoises aux œufs, fraîches ou sèches

1 1/2 cuillerée à soupe d'huile de sésame

SAUCE

1 1/2 cuillerée à soupe d'huile d'arachide
1 1/2 cuillerée à soupe d'ail finement haché
1 cuillerée à soupe de gingembre frais finement haché
3 cuillerées à soupe de ciboule finement hachée
450 g de viande de porc hachée
3 cuillerées à soupe de sauce aux haricots jaunes entiers
1 cuillerée à soupe de sauce pimentée
1 1/2 cuillerée à soupe de vin de riz de Shaoxing ou de xérès sec
2 cuillerées à soupe de sauce de soja noire
2 cuillerées à café de sel
1/2 cuillerée à café de poivre gris fraîchement moulu
2 cuillerées à café d'huile pimentée (page 26)
2 cuillerées à café de sucre en poudre
30 cl de bouillon de poulet (page 62) ou d'eau

3 cuillerées à soupe de ciboule grossièrement hachée

1. Pour faire cuire les nouilles, plongez-les 3 minutes pour des nouilles fraîches, 5 minutes pour des nouilles sèches, dans une casserole d'eau bouillante. Égouttez-les, plongez-les dans de l'eau froide, égouttez-les de nouveau puis arrosez-les d'huile de sésame et remuez soigneusement. Couvertes de film étirable, elles se conservent jusqu'à 2 heures dans le réfrigérateur.

2. Chauffez un wok à feu très vif (ou une grande poêle à frire), versez-y l'huile et, quand elle commence à fumer, faites revenir l'ail, le gingembre et la ciboule 15 secondes.

3. Ajoutez la viande, remuez pour briser tous les morceaux et poursuivez la cuisson 2 minutes environ, jusqu'à ce que la viande perde sa couleur rose.

4. Ajoutez le reste des ingrédients de la sauce sans cesser de remuer. Portez à ébullition, réduisez le feu et laissez mijoter 5 minutes

5. Ébouillantez les nouilles 30 secondes, jusqu'à ce qu'elles soient réchauffées, puis égouttez-les soigneusement dans une passoire.

6. Versez-les rapidement dans un grand plat creux puis nappez-les de sauce chaude. Saupoudrez de ciboule hachée, mélangez et servez aussitôt.

SALADE DE NOUILLES À LA SAUCE PIMENTÉE

RÉGION : SICHUAN
BLANCHI – RAISONNABLE – FACILE
PRÉPARATION : 10 MN – CUISSON : 5 MN

J'aime préparer ce plat froid, idéal en été car une grande partie du travail peut s'effectuer à l'avance. Le parfum de la pâte de sésame est très agréable, mais si vous ne pouvez vous en procurer remplacez-la par du beurre de cacahuètes ou du tahin. Cette salade accompagnera délicieusement un assortiment de grillades.

POUR 4 PERSONNES

450 g de nouilles chinoises aux œufs, fraîches ou sèches
2 cuillerées à soupe d'huile de sésame

SAUCE
3 cuillerées à soupe de pâte de sésame ou de beurre de cacahuètes ou du tahin
1 cuillerée à soupe de sauce pimentée – 2 cuillerées à café d'huile pimentée (page 26)
1 1/2 cuillerée à soupe d'ail finement haché
2 cuillerées à soupe de vinaigre de riz blanc ou de vinaigre de cidre
2 cuillerées à soupe de sauce de soja claire – 2 cuillerées à café de sauce de soja noire
1 cuillerée à café de sel – 2 cuillerées à café de sucre en poudre
1 cuillerée à café de poivre gris fraîchement moulu
2 cuillerées à café de poivre du Sichuan grillé et fraîchement moulu (page 27)
1 cuillerée à soupe d'huile d'arachide – 1 1/2 cuillerée à soupe d'huile de sésame

3 cuillerées à soupe de ciboule finement hachée

1. Pour faire cuire les nouilles, plongez-les dans une casserole d'eau bouillante 3 minutes si elles sont fraîches, et 5 minutes si elles sont sèches. Égouttez-les, plongez-les dans de l'eau froide, égouttez-les de nouveau, arrosez-les d'huile de sésame, et remuez soigneusement. Mettez les nouilles dans un plat creux.

2. Mélangez les ingrédients de la sauce dans une jatte ou dans le bol d'un robot ménager – cette sauce peut être préparée à l'avance et réfrigérée.

3. Nappez les nouilles de sauce, puis saupoudrez-les de ciboule hachée. Mélangez soigneusement avant de servir de façon à bien enrober les nouilles de sauce. Si vous souhaitez préparer ce plat à l'avance, conservez la sauce et les nouilles chinoises séparément, pour ne les mélanger qu'au tout dernier moment.

SOUPE DE NOUILLES AU BŒUF

RÉGION : PÉKIN

BLANCHI ET BRAISÉ – RAISONNABLE – FACILE

PRÉPARATION : 10 MN – CUISSON : 3 H

Ce plat chaleureux, nourrissant, à la riche saveur de viande, est l'un de mes préférés parmi tous ceux de la cuisine du nord de la Chine. Il est particulièrement savoureux réchauffé, et s'intègre à la perfection à un dîner hivernal. N'utilisez pas de pièces de bœuf coûteuses pour préparer cette soupe, le bœuf à braiser lui-même est superflu car son goût reste insuffisamment prononcé et il est un peu trop sec.

POUR 4 À 6 PERSONNES

1 kg de bas morceaux de bœuf désossés (jarret, paleron, queue...)
2 morceaux d'écorce de cannelle chinoise ou 1 bâton de cannelle entier
3 étoiles de badiane – 1 cuillerée à soupe de cumin
2 cuillerées à soupe de graines de fenouil
3 cuillerées à soupe de vin de riz de Shaoxing ou de xérès sec
2 cuillerées à soupe de sauce de soja claire – 1 cuillerée à soupe de sauce de soja noire
3 à 6 piments forts séchés fendus en deux
2 zestes d'agrumes entiers séchés et réhydratés (page 33)
2 cuillerées à café de sel – 1 cuillerée à café de poivre gris fraîchement moulu
1,2 l de bouillon de poulet (page 62)
350 g de nouilles chinoises aux œufs fraîches ou sèches

1. Découpez la viande en dés de 5 cm. Faites-la blanchir 10 minutes dans une grande casserole d'eau bouillante.

2. Réunissez la cannelle, la badiane, les graines de fenouil et le cumin dans une étamine. Dans une grande casserole, mélangez la viande avec tous les autres ingrédients sauf les nouilles.

3. Portez à ébullition, réduisez le feu et laissez mijoter en écumant pendant les 15 premières minutes. Couvrez la casserole, laissez cuire à feu doux 2 heures 30 à 3 heures, jusqu'à ce que la viande soit bien tendre.

4. Pour faire cuire les nouilles, plongez-les 3 minutes si elles sont fraîches, 5 minutes si elles sont sèches, dans une casserole d'eau bouillante. Égouttez-les, puis mettez-les dans des bols individuels, ou dans une soupière.

5. Lorsque la viande est bien cuite, dégraissez la surface du liquide, versez à la louche bouillon et viande sur les nouilles et servez aussitôt.

Chow mein

Région : Canton
Sauté – Raisonnable – Facile
Préparation : 20 mn – Marinade : 20 mn – Cuisson : 15 mn

Ce célèbre plat de Chine méridionale, dont le nom signifie littéralement nouilles sautées, jouit d'une flatteuse réputation dans le monde entier. Cette recette représente une manière rapide et délicieuse de préparer des nouilles chinoises aux œufs, auxquelles vous pouvez ajouter presque tous les ingrédients de votre choix – poissons, viandes, volailles ou légumes. Le chow mein s'apprécie généralement au déjeuner, soit en fin de repas, soit en plat unique. Servi froid, il fait même une savoureuse salade de nouilles.

Pour 4 personnes

225 g de nouilles chinoises aux œufs fraîches ou sèches
1 cuillerée à soupe d'huile de sésame
100 g de blanc de poulet sans la peau
2 cuillerées à café de sauce de soja claire
2 cuillerées à café de vin de riz de Shaoxing ou de xérès sec
1 cuillerée à café d'huile de sésame – 1/2 cuillerée à café de sel
1/2 cuillerée à café de poivre blanc fraîchement moulu
2 1/2 cuillerées à soupe d'huile d'arachide
1 cuillerée à soupe d'ail finement haché
50 g de pois gourmands épluchés
50 g de jambon de Parme ou de jambon blanc émincé
2 cuillerées à café de sauce de soja claire – 2 cuillerées à café de sauce de soja noire
1 cuillerée à soupe de vin de riz de Shaoxing ou de xérès sec
1 cuillerée à café de sel – 1/2 cuillerée à café de sucre
1/2 cuillerée à café de poivre blanc fraîchement moulu
3 cuillerées à soupe de ciboule finement hachée
2 cuillerées à café d'huile de sésame

1. Pour faire cuire les nouilles, plongez-les 3 minutes si elles sont fraîches, 5 minutes si elles sont sèches, dans une casserole d'eau bouillante. Égouttez-les, plongez-les dans de l'eau froide, égouttez-les de nouveau, arrosez-les d'huile de sésame et remuez soigneusement.

2. À l'aide d'un grand couteau ou d'un couperet, émincez le blanc de poulet en fines lamelles de 5 cm de long, puis mélangez dans un bol avec la sauce de soja claire, le vin de riz ou le xérès,

Chow mein

l'huile de sésame, le sel et le poivre. Laissez mariner 20 minutes.

3. Chauffez un wok à feu très vif (ou une grande poêle à frire), ajoutez 1 cuillerée à soupe d'huile, puis, quand elle commence à fumer, faites rissoler les lamelles de poulet 2 minutes environ sans cesser de remuer. Réservez. Essuyez le wok.

4. Chauffez de nouveau le wok, puis versez-y le reste de l'huile. Quand elle commence à fumer, faites sauter l'ail pendant 10 secondes, ajoutez les pois gourmands et le jambon, poursuivez la cuisson à feu vif 1 minute. Ajoutez les nouilles, les sauces de soja, le vin de riz ou le xérès, le sel, le poivre, le sucre et la ciboule ; continuez à faire cuire en remuant 2 minutes environ.

5. Remettez le poulet et son jus dans le wok, et continuez à faire sauter 3 à 4 minutes, jusqu'à ce que le poulet soit cuit. Arrosez d'huile de sésame, remuez, transvasez dans un plat chaud et servez aussitôt.

NOUILLES CROUSTILLANTES AU POULET

RÉGIONS : HONGKONG ET CANTON

FRIT ET SAUTÉ – BON MARCHÉ – DIFFICILE

PRÉPARATION : 15 MN – RÉFRIGÉRATION : 20 MN – CUISSON : 15 MN

Cette recette de nouilles est l'une des préférées de nombreux amateurs de *dim sum* à Hongkong et Canton. Frites à la poêle, de sorte qu'elles sont bien dorées, ces fines nouilles chinoises aux œufs toutes fraîches, servies avec une sauce au poulet, apportent une merveilleuse conclusion à un repas de dim sum. Ce mets se déguste à toute heure, et, dans sa région d'origine, on le consomme effectivement tout au long de la journée. La consistance croustillante des nouilles fait un agréable contraste avec la tendreté du blanc de poulet, qui dans cette recette est enrobé de blanc d'œuf et de Maïzena – il reste ainsi bien moelleux. Ces petites subtilités font d'un plat somme tout modeste un mets de choix, très agréable au déjeuner.

POUR 4 PERSONNES

225 g de blancs de poulet émincés sans la peau
1 blanc d'œuf
2 cuillerées à café de Maïzena
1 cuillerée à café de sel
1/2 cuillerée à café de poivre blanc fraîchement moulu
225 g de nouilles chinoises aux œufs, fines et fraîches
3 cuillerées à soupe d'huile d'arachide
30 cl d'huile d'arachide ou d'eau
2 cuillerées à soupe de vin de riz de Shaoxing ou de xérès sec

1 1/2 cuillerée à soupe de sauce d'huître
1 cuillerée à soupe de sauce de soja claire
30 cl de bouillon de poulet (page 62)
1 cuillerée à café de sel
1/2 cuillerée à café de poivre gris fraîchement moulu
1 cuillerée à soupe de Maïzena mélangée à une bonne cuillerée à soupe d'eau
3 cuillerées à soupe de ciboule finement hachée

1. Mélangez soigneusement le poulet, le blanc d'œuf, la Maïzena, le sel et le poivre dans un bol. Réfrigérez au moins 20 minutes.
2. Faites blanchir les nouilles 2 minutes dans une grande casserole d'eau bouillante salée, puis égouttez-les soigneusement.
3. Chauffez une poêle à frire à feu vif, versez 1 1/2 cuillerée à soupe d'huile, étalez uniformément les nouilles dans la poêle, réduisez le feu et laissez lentement dorer les nouilles, cela devrait prendre environ 5 minutes. Quand les nouilles sont bien dorées, retournez-les délicatement pour faire dorer l'autre côté, en ajoutant de l'huile si nécessaire. Mettez les nouilles dans un plat et maintenez-les au chaud.
4. Chauffez un wok à feu très vif (ou une grande poêle à frire) ; versez-y l'huile et, quand elle commence à fumer, retirez du feu. Faites aussitôt cuire le poulet 2 minutes – jusqu'à ce que la viande devienne blanche –, en remuant vigoureusement pour éviter qu'il attache. Égouttez le poulet dans une passoire en inox placée au-dessus d'une jatte. Jetez l'huile.
5. Si vous utilisez de l'eau plutôt que de l'huile, portez-la à ébullition dans une casserole, retirez-la du feu et faites aussitôt blanchir les morceaux de poulet, environ 2 minutes. Égouttez.
6. Dans le wok essuyé puis de nouveau chauffé à feu vif, mélangez le vin de riz ou le xérès, la sauce d'huître, la sauce de soja, le bouillon, le sel et le poivre ; portez à ébullition, ajoutez la préparation à la Maïzena, puis, lorsque l'ébullition reprend, remettez le poulet dans la sauce. Remuez brièvement, nappez les nouilles de cette sauce, garnissez de ciboule et servez aussitôt.

NOUILLES DE RIZ SINGAPOUR

RÉGIONS : HONGKONG, FUJIAN ET CANTON

SAUTÉ – RAISONNABLE – FACILE

PRÉPARATION : 15 MN – TREMPAGE : 25 MN – CUISSON : 15 MN

Le curry est un apport extérieur, fait à la cuisine chinoise, il y a des siècles, par des voyageurs chinois ayant séjourné en Asie du Sud-Est, et en particulier dans les régions littorales de l'est de l'Inde. C'est pourquoi le curry est, aujourd'hui encore, apprécié principalement dans le sud et l'est de la Chine, où s'établirent le plus grand nombre des Chinois revenant de Singapour. La cuisine chinoise a toujours su adopter de nouveaux aliments et ingrédients dès lors que leurs vertus étaient reconnues, ce qui est bien le cas du curry.

Ces nouilles de riz d'une grande légèreté mettent parfaitement en valeur la sauce épicée. Si vous souhaitez réaliser une version végétarienne de cette recette, supprimez simplement la viande et remplacez le bouillon de poulet par une quantité équivalente de lait de coco – autre ingrédient venu de l'étranger.

Servez ces nouilles avec un plat de poisson ou de viande, ou seules si vous préférez. Au cas où vous ne pourriez vous procurer de nouilles de riz, remplacez-les par des nouilles chinoises aux œufs. Délicieux froid, ce mets est particulièrement original et bienvenu lors d'un pique-nique.

POUR 4 À 6 PERSONNES

250 g de fines nouilles de riz
50 g de champignons noirs chinois
175 g de petits pois surgelés
4 œufs battus – 1 cuillerée à soupe d'huile de sésame
1 cuillerée à café de sel – ½ cuillerée à café de poivre blanc fraîchement moulu
3 cuillerées à soupe d'huile d'arachide
1 ½ cuillerée à soupe d'ail et 1 cuillerée à soupe de gingembre frais finement hachés
6 piments forts – rouges ou verts – épépinés et émincés
6 châtaignes d'eau, fraîches – épluchées –, ou en conserve – rincées – (page 18)
100 g de porc rôti à la chinoise ou de jambon blanc émincé
3 brins de ciboule émincés
100 g de petites crevettes roses cuites décortiquées

SAUCE AU CURRY

2 cuillerées à soupe de sauce de soja claire
3 cuillerées à soupe de pâte de curry de Madras ou 2 cuillerées à soupe de curry en poudre

Nouilles de riz Singapour

2 cuillerées à soupe de vin de riz de Shaoxing ou de xérès sec
1 cuillerée à soupe de sucre en poudre
1 cuillerée à café de sel – 1 cuillerée à café de poivre gris fraîchement moulu
25 cl de lait de coco en conserve
20 cl de bouillon de poulet (page 62)

quelques feuilles de coriandre fraîche

1. Faites tremper les nouilles de riz dans une jatte d'eau chaude pendant 25 minutes, puis égouttez-les dans une passoire. Si vous disposez de nouilles chinoises aux œufs sèches, faites-les cuire 3 minutes si elles sont fraîches, 5 minutes si elles sont sèches dans une casserole d'eau bouillante ; égouttez-les, plongez-les dans de l'eau froide, égouttez-les de nouveau puis arrosez-les de 1 cuillerée à soupe d'huile d'arachide et remuez soigneusement. Réservez.
2. Faites tremper les champignons dans de l'eau tiède 20 minutes, égouttez-les, rincez-les et exprimez l'excédent de liquide. Retirez et jetez les pieds, émincez les chapeaux.
3. Laissez décongeler les petits pois dans un bol. Mélangez les œufs, l'huile de sésame, le sel et le poivre ; réservez.
4. Chauffez un wok à feu très vif (ou une grande poêle à frire), versez-y l'huile et, quand elle commence à fumer, faites sauter l'ail, le gingembre et les piments pendant 30 secondes.
5. Ajoutez les châtaignes d'eau, les champignons, la viande, la ciboule, et poursuivez la cuisson 1 minute sans cesser de remuer. Ajoutez les nouilles de riz, les crevettes, les petits pois, et faites cuire en remuant pendant 2 minutes.
6. Ajoutez alors tous les ingrédients de la sauce ; faites réduire à feu vif pendant 5 minutes, jusqu'à ce que la majeure partie du liquide se soit évaporée.
7. Ajoutez la préparation à l'œuf sans cesser de remuer jusqu'à ce que l'œuf ait coagulé. Transvasez dans un grand plat chaud, décorez de feuilles de coriandre et servez aussitôt.

NOUILLES ÉPICÉES À LA SICHUANAISE

RÉGION : SICHUAN
SAUTÉ – RAISONNABLE – FACILE
PRÉPARATION : 15 MN – MARINADE : 20 MN – CUISSON : 12 MN

Ce mets puissamment épicé, caractéristique de l'art culinaire du Sichuan, est apprécié dans toute la Chine, et notamment dans le Nord. Il existe maintes versions de tels plats de nouilles *(xiao chi)*, considérés comme des en-cas à déguster à toute heure, servis dans la rue et au restaurant. Toutes ces variantes – dont la mienne – sont savoureuses, faciles à cuisiner et très nourrissantes.

POUR 4 PERSONNES

225 g de viande de porc grasse hachée
1 cuillerée à soupe de sauce de soja noire
2 cuillerées à café de vin de riz de Shaoxing ou de xérès sec
1 cuillerée à café de sel
1/2 cuillerée à café de poivre gris fraîchement moulu
450 g de nouilles chinoises aux œufs fraîches ou sèches
1 cuillerée à soupe d'huile de sésame
2 cuillerées à soupe d'huile d'arachide
2 cuillerées à soupe d'ail finement haché
2 cuillerées à soupe de gingembre frais finement haché
5 cuillerées à soupe de ciboule finement hachée
2 cuillerées à soupe de pâte de sésame ou de beurre de cacahuètes
2 cuillerées à soupe de sauce de soja noire
2 cuillerées à café de sauce de soja claire
2 cuillerées à café de sauce pimentée
2 cuillerées à soupe d'huile pimentée (page 26)
1 cuillerée à café de sel
1 cuillerée à café de poivre gris fraîchement moulu
25 cl de bouillon de poulet (page 62)
2 cuillerées à café de poivre du Sichuan grillé et fraîchement moulu (page 27)

1. Dans un bol, mélangez la viande, la sauce de soja, le vin de riz ou le xérès, le sel et le poivre. Laissez mariner 20 minutes.
2. Pour faire cuire les nouilles, plongez-les 3 minutes si elles sont fraîches, 5 minutes si elles sont sèches, dans une casserole d'eau bouillante. Égouttez-les, plongez-les dans de l'eau froide, égouttez-les de nouveau, arrosez-les d'huile de sésame et remuez soigneusement. Couvertes de film étirable, elles se conservent jusqu'à 2 heures au réfrigérateur.
3. Chauffez un wok à feu très vif (ou une grande poêle à frire), versez-y l'huile et, quand elle commence à fumer, faites sauter l'ail, le gingembre et la ciboule 30 secondes.
4. Ajoutez la viande et poursuivez la cuisson sans cesser de remuer jusqu'à ce que le porc perde sa couleur rose.
5. Ajoutez le reste des ingrédients, à l'exception du poivre du Sichuan, et faites cuire 2 minutes avant d'ajouter les nouilles chinoises. Mélangez soigneusement, disposez dans un plat chaud, saupoudrez de poivre du Sichuan et servez aussitôt.

NOUILLES DE RIZ SAUTÉES AUX LÉGUMES

RÉGION : FUJIAN ET CANTON

SAUTÉ – RAISONNABLE – FACILE

PRÉPARATION : 15 MN – TREMPAGE : 25 MN – CUISSON : 5 MN

Ma mère cuisinait souvent des nouilles de riz à la place des nouilles aux œufs. J'aime la consistance plus sèche de ces nouilles de riz, mais je pense que ma mère appréciait surtout le fait qu'elles lui demandaient moins de travail. Les nouilles de riz s'achètent chez les épiciers chinois et au rayon « produits exotiques » de certains supermarchés, mais si vous n'en trouvez pas, remplacez-les par des nouilles chinoises aux œufs. Comme la plupart des plats de nouilles, celui-ci se déguste seul ou accompagné de dim sum tels que les travers de porc aux haricots noirs (page 264) ou les toasts aux crevettes (page 268).

POUR 4 PERSONNES

225 g de nouilles de riz ou de vermicelle chinois
225 g de germes de soja frais
3 à 6 de piments forts rouges ou verts
225 g de châtaignes d'eau fraîches – épluchées –, ou en conserve – rincées – (page 18)
2 cuillerées à soupe d'huile d'arachide
1 1/2 cuillerée à soupe d'ail finement haché
2 cuillerées à café de gingembre frais finement haché
6 brins de ciboule émincés
1 cuillerée à café de sel
1/2 cuillerée à café de poivre blanc fraîchement moulu
2 cuillerées à soupe de sauce de soja claire
1 cuillerée à soupe de sauce de soja noire
2 cuillerées à café de sauce aux haricots jaunes entiers
2 cuillerées à soupe de vin de riz de Shaoxing ou de xérès sec
5 cuillerées à soupe de bouillon de poulet (page 62) ou d'eau

1. Faites tremper les nouilles de riz dans une jatte d'eau chaude pendant 25 minutes, puis égouttez-les.
2. Coupez les deux extrémités des germes de soja. Émincez les piments et les châtaignes d'eau.
3. Chauffez un wok à feu très vif (ou une grande poêle à frire), versez-y l'huile et, quand elle commence à fumer, faites sauter l'ail, le gingembre et la ciboule 15 secondes ; ajoutez les germes de soja, les piments et les châtaignes d'eau, et faites sauter 1 minute.
4. Ajoutez alors le reste des ingrédients, dont les nouilles égouttées, poursuivez la cuisson en mélangeant soigneusement pendant 3 minutes environ. Servez très chaud.

VERMICELLE CHINOIS ÉPICÉ

RÉGION : SICHUAN

SAUTÉ – BON MARCHÉ – FACILE

PRÉPARATION : 15 MN – TREMPAGE : 15 MN – CUISSON : 15 MN

Le vermicelle chinois, à base d'amidon de haricots mung, se présente sous la forme de filaments translucides ; il est d'une merveilleuse légèreté. On le trouve assez facilement dans les épiceries chinoises et les grandes surfaces. Facile à cuisiner, il s'accommode de toutes sortes de sauces. Contrairement aux autres types de nouilles, ce vermicelle chinois se réchauffe très bien. La sauce épicée donne du caractère à ce plat, délicieux avec du riz blanc.

POUR 4 PERSONNES

100 g de vermicelle chinois
1 cuillerée à soupe d'huile d'arachide
3 cuillerées à soupe de ciboule finement hachée
2 cuillerées à soupe d'ail finement haché
450 g de viande de bœuf hachée

SAUCE

45 cl de bouillon de poulet (page 62)
1 1/2 cuillerée à soupe de sauce pimentée
1 cuillerée à soupe de sauce de haricots jaunes entiers
2 cuillerées à soupe de sauce de soja claire
2 cuillerées à café de sauce de soja noire
1/2 cuillerée à café de sel
1/2 cuillerée à café de poivre gris fraîchement moulu
2 cuillerées à café d'huile de sésame

2 cuillerées à café de ciboule grossièrement hachée

1. Faites tremper le vermicelle 15 minutes dans une grande jatte d'eau tiède. Lorsqu'il est bien ramolli, égouttez-le. Coupez le vermicelle en tronçons de 7 à 8 cm, avec des ciseaux ou un couteau.

2. Chauffez un wok à feu très vif (ou une grande poêle), versez-y l'huile, puis, faites sauter la ciboule et l'ail pendant 15 secondes, puis faites rissoler la viande pendant 8 minutes environ.

3. Ajoutez tous les ingrédients de la sauce, à l'exception de l'huile de sésame, et faites cuire à feu doux 5 minutes environ, jusqu'à ce que la majeure partie du liquide de soit évaporée. Arrosez avec l'huile de sésame et mélangez soigneusement. Répartissez dans des bols individuels, garnissez de ciboule et servez aussitôt.

LES PÂTES

De nombreuses sortes de farines servent à la préparation des pâtés dont on fait des boulettes, les bouchées, des crêpes... La farine de riz, et notamment de riz gluant, est particulièrement appréciée pour les pâtisseries et autres desserts. Les deux farines que j'ai employées pour les recettes de ce livre ne sont pas chinoises, mais elles sont néanmoins tout à fait satisfaisantes – elles sont faciles à travailler, et vous pourrez vous les procurer sans aucune difficulté.

LA FARINE DE FROMENT

La farine de froment ordinaire est idéale pour faire des crêpes chinoises. Caractérisée par une teneur en gluten relativement faible, elle se mélange et s'étale aisément. La farine complète ne convient pas en cuisine chinoise.

LA FARINE AVEC POUDRE LEVANTE

Cette farine n'est absolument pas chinoise, mais j'ai constaté qu'elle se prêtait fort bien à la préparation de boulettes. Elle est d'un usage très simple et rapide, car elle supprime la nécessité d'ajouter de la levure. Vos boulettes seront toutefois un peu plus lourdes que les authentiques bouchées chinoises.

BOULETTES À LA VAPEUR

TOUTES LES RÉGIONS DE CHINE

CUIT À LA VAPEUR – BON MARCHÉ – DIFFICILE

PRÉPARATION : 30 MN – REPOS DE LA PÂTE : 30 MN – CUISSON : 20 MN

Les boulettes à la vapeur sont très appréciées dans toute la Chine. Leur consistance moelleuse et légère n'est pas dépourvue de fermeté. Ces boulettes mettent parfaitement en valeur les plats salés. Dans le sud de la Chine, on les déguste souvent entre les repas, fourrées à la viande ou garnies de pâte de haricots sucrée. Dans le nord et l'ouest du pays, elles accompagnent le canard fumé au thé ou le canard croustillant (page 154). Pour respecter la tradition chinoise, j'utilise ici de la farine ordinaire et de la levure de boulanger. On les dégustera, par exemple, à la place du riz.

POUR 20 BOULETTES ENVIRON

20 cl d'eau tiède – 8 g de levure de boulanger sèche
1 cuillerée à soupe de sucre en poudre – 2 cuillerées à soupe d'huile d'arachide
375 g de farine
18 carrés de papier sulfurisé de 6 x 6 cm

1. Mélangez l'eau tiède et la levure. Laissez reposer 2 minutes dans un lieu tiède ou dans le four préchauffé puis éteint. Le mélange doit être légèrement mousseux.
2. Ajoutez le sucre et l'huile d'arachide, mélangez la préparation à la levure avec la farine dans une grande jatte ou le bol d'un robot ménager. Malaxez jusqu'à obtention d'une pâte lisse.
3. Sortez la pâte de la jatte ou du robot et pétrissez-la quelques minutes sur un plan de travail fariné. Si elle colle encore, saupoudrez-la de quelques cuillerées de farine. Façonnez la pâte en un rouleau d'environ 45 cm de long et 5 cm de diamètre. À l'aide d'un couteau bien aiguisé, coupez ce rouleau en 18 tronçons de même longueur.
4. Façonnez-les en boulettes dans la paume de la main. Posez chaque boulettes sur un carré de papier, puis disposez-les sur une plaque à pâtisserie. Couvrez toutes les boulettes d'une grande feuille de papier sulfurisé puis d'un torchon humide ; laissez reposer 30 minutes environ dans un lieu tiède ou dans le four préchauffé puis éteint, jusqu'à ce que les boulettes aient doublé de volume.
5. Préparez un cuit-vapeur, ou placez une grille dans un wok ou une cocotte et versez-y 5 cm d'eau. Portez à ébullition, à feu vif, puis réduisez le feu au minimum. Déposez une assiette de boulettes dans le cuit-vapeur ou sur la grille. Couvrez le wok ou la cocotte et faites cuire à la vapeur, à feu doux, pendant 20 minutes.
6. Servez les boulettes chaudes avec un canard croustillant ou un canard laqué, ou laissez-les refroidir avant de les congeler dans un sac en plastique. Avant de les faire de nouveau chauffer – à la vapeur, comme indiqué ci-dessus, 10 à 15 minutes –, veillez à ce qu'elles soient bien décongelées.

BOULETTES CHINOISES FRITES

RÉGION : PÉKIN

FRIT – BON MARCHÉ – ÉLABORÉ

PRÉPARATION : 50 MN – REPOS DE LA PÂTE : 20 MN – CUISSON : 20 MN

Cette spécialité très nourrissante est originaire du nord de la Chine, où pendant l'hiver – très rigoureux – l'on conserve souvent ces boulettes dehors, gelées. Lors du nouvel an chinois, on se réunit en famille pour les garnir, elles peuvent ensuite être bouillies, cuites à la vapeur ou frites à la poêle. Personnellement, j'estime que ce dernier mode de cuisson donne le résultat le plus savoureux. Une fois frites, les boulettes chinoises sont nappées de liquide et cuites jusqu'à ce qu'elles attachent au fond de la poêle. Elles sont alors croustillantes dessous, moelleuses dessus et juteuses à l'intérieur. On les accompagne généralement d'une sauce à base d'huile pimentée (page 26), de vinaigre et de sauce de soja. Vous pouvez les préparer à l'avance puis les congeler crues. Il ne sera pas nécessaire de les décongeler avant de les faire cuire, mais le temps de cuisson devra être légèrement prolongé.

POUR 18 BOULETTES ENVIRON

275 g de farine
25 cl d'eau très chaude

FARCE
100 g de viande de porc grasse hachée
85 g d'épinards chinois ou épinards en branches finement hachés
1 cuillerée à café de gingembre frais finement haché
1/2 cuillerée à soupe de vin de riz de Shaoxing ou de xérès sec
1/2 cuillerée à soupe de sauce de soja noire
1/2 cuillerée à café de sauce de soja claire
1/2 cuillerée à café de sel
1/4 de cuillerée à café de poivre gris moulu
1 1/2 cuillerée à soupe de ciboule finement hachée
1 cuillerée à café d'huile de sésame
1/2 cuillerée à café de sucre en poudre
1 cuillerée à soupe de bouillon de poulet froid (page 62) ou d'eau froide

POUR LA CUISSON
1 cuillerée à soupe d'huile d'arachide
7 à 8 cl d'eau

1. Commencez par préparer la pâte. Versez la farine dans une grande jatte, puis incorporez progressivement l'eau chaude en mélangeant avec une fourchette ou des baguettes chinoises. Augmentez la quantité d'eau si la préparation vous paraît sèche.
2. Sortez la pâte de la jatte et pétrissez-la jusqu'à ce qu'elle soit bien lisse – 8 minutes environ –, en la saupoudrant de farine si elle est collante.
3. Remettez la pâte dans la jatte, couvrez d'un torchon humide et laissez reposer 20 minutes. Pendant ce temps, mélangez soigneusement les ingrédients de la farce dans une grande jatte.
4. Lorsque la pâte a reposé, retirez-la de la jatte et pétrissez-la de nouveau environ 5 minutes, en la saupoudrant de farine si elle est collante. Quand elle est bien lisse, façonnez-la en un rouleau d'environ 23 cm de long et 2,5 cm de diamètre. À l'aide d'un couteau bien aiguisé, coupez ce rouleau de pâte en 18 tronçons de même longueur.
5. Façonnez les tronçons de pâtes en boulettes, puis aplatissez chacune d'elles en crêpes d'environ 6 cm de diamètre. Disposez ces ronds de pâte sur une plaque légèrement farinée et couvrez-les d'un torchon humide, pour les empêcher de se dessécher, jusqu'au moment de les garnir.

Boulettes chinoises frites

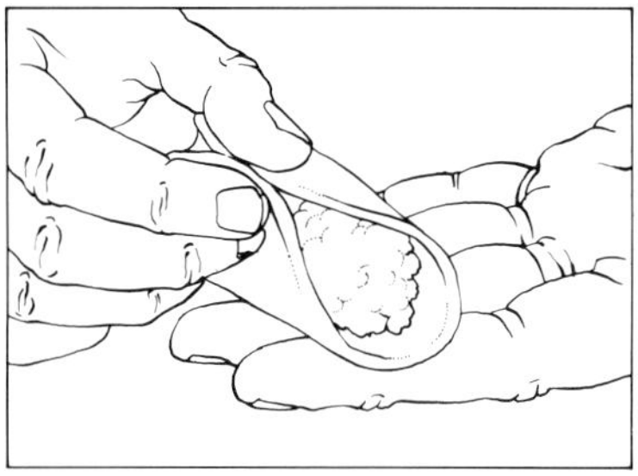

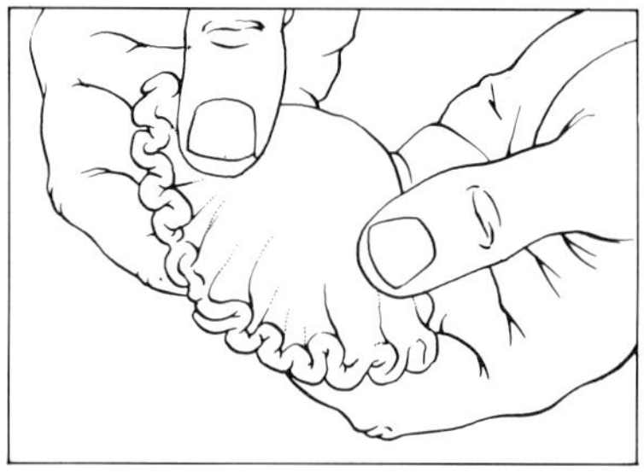

6. Déposez environ 2 cuillerées à café de farce au centre de chaque rond de pâte ; humectez légèrement la pâte avec de l'eau, puis pliez le rond de pâte en deux et scellez les bords en le pinçant entre le pouce et l'index, de façon à former des festons (voir schéma ci-dessus). Déposez chaque boulette garnie sur la plaque farinée, et replacez le torchon jusqu'à ce que toutes les boulettes soient prêtes.
7. Chauffez une grande poêle à frire, anti-adhérente de préférence, à feu très vif. Versez 1 cuillerée à soupe d'huile – ou davantage si besoin est – et déposez les boulettes dans la poêle, face plane en dessous. Réduisez le feu et faites dorer pendant environ 2 minutes. Ajoutez l'eau, couvrez bien la poêle et laissez mijoter 12 minutes, jusqu'à ce que la majeure partie du liquide ait été absorbée – vérifiez le niveau de l'eau à mi-cuisson, et complétez si nécessaire. Retirez le couvercle et poursuivez la cuisson 2 minutes avant de servir.
8. Placez devant chaque convive trois ramequins contenant du vinaigre de riz blanc, de l'huile pimentée (page 26) et de la sauce de soja claire. Chacun composera sa sauce en mélangeant ces ingrédients selon son goût.

CRÊPES CHINOISES

RÉGION : PÉKIN

CUIT À LA POÊLE – BON MARCHÉ – ÉLABORÉ

PRÉPARATION : 45 MN – REPOS : 30 MN – CUISSON : 40 MN

Accompagnement classique du canard laqué (page 151), ces crêpes traduisent bien le fait que les Chinois du nord emploient plus volontiers le blé que le riz. Avec un peu de pratique, elles sont assez faciles à faire. La méthode inhabituelle qui consiste à rouler une double épaisseur de pâte permet d'obtenir des crêpes fines et moelleuses que l'on risque moins de faire trop cuire. Les crêpes chinoises peuvent être préparées des semaines à l'avance et congelées. Outre le canard, elles accompagnent très bien d'autres mets tels que la farce pékinoise (page 89) ou le bœuf arc-en-ciel (page 102) – dans ce dernier cas, elles remplacent les feuilles de salade.

POUR 18 CRÊPES

275 g de farine – 25 cl d'eau très chaude
2 cuillerées à soupe d'huile de sésame

1. Versez la farine dans une grande jatte puis incorporez progressivement l'eau chaude, en mélangeant avec une fourchette ou des baguettes chinoises. Augmentez la quantité d'eau si la préparation vous paraît sèche. Sortez la pâte de la jatte et pétrissez-la jusqu'à ce qu'elle soit bien lisse – 8 minutes environ. Remettez la pâte dans la jatte, couvrez d'un torchon humide et laissez reposer 30 minutes.
2. Lorsque la pâte a reposé, sortez-la de la jatte et pétrissez-la de nouveau environ 5 minutes, en la saupoudrant de farine si elle est collante. Lorsqu'elle est bien lisse, façonnez-la en un rouleau d'environ 45 cm de long. Coupez ce rouleau en 18 tronçons de même longueur, puis façonnez-les en autant de boulettes.
3. Prenez 2 boulettes de pâte. Badigeonnez légèrement un côté d'une boulette d'huile de sésame, et placez la partie huilée sur l'autre boulette. À l'aide d'un rouleau à pâtisserie, roulez simultanément les 2 boulettes en une abaisse circulaire de 15 cm de diamètre. Cette façon de procéder présente un double avantage : la pâte demeure humide à l'intérieur, et vous pouvez faire des crêpes plus fines sans qu'elles brûlent à la cuisson.
4. Chauffez une poêle à frire ou un wok à feu très doux, puis faites cuire la double crêpe sur un côté jusqu'à ce qu'il soit sec. Faites cuire l'autre côté. Retirez la double crêpe de la poêle, séparez les 2 crêpes et réservez. Cuisez ainsi toutes les crêpes.
5. Réchauffez les crêpes à la vapeur, ou enveloppez-les soigneusement dans une double épaisseur de papier d'aluminium et placez-les dans une casserole contenant 2 à 3 cm d'eau bouillante ; couvrez la casserole, réduisez le feu au minimum et laissez les crêpes se réchauffer. N'essayez pas de les réchauffer au four car elles se dessécheraient. Si vous souhaitez les congeler, enveloppez-les dans du film étirable. Avant de réchauffer des crêpes congelées, il convient de les laisser décongeler au réfrigérateur.

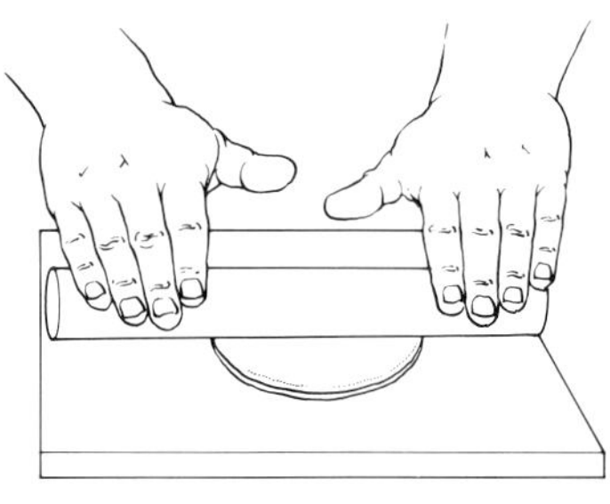

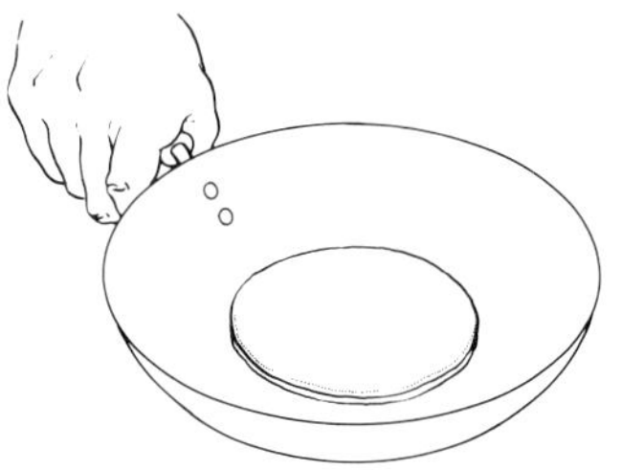

LES DIM SUM ET LES DESSERTS

Il existe en Chine une infinie diversité de mets salés et sucrés à consommer entre les repas ou lors de banquets. À l'origine, il y a des centaines d'années, ces mets étaient exclusivement dégustés par les membres de la cour impériale, dont les cuisiniers concoctaient des spécialités salées telles que les bouchées farcies au faisan ou sucrées telles que le lait à la vapeur et la sauce aux haricots sucrée. Au fil des siècles, ces délices, et nombre de variantes moins coûteuses, ont trouvé leur place dans l'alimentation du peuple. Dès avant le début du XXe siècle, les cuisiniers des restaurants cantonais s'affirmèrent comme les maîtres incontestés de ces spécialités, qu'ils dénommèrent *dim sum,* littéralement « grignoter pour le plaisir » ou « commandez selon votre fantaisie ». Aujourd'hui, les restaurants cantonais de Hongkong et de Chine méridionale sont les lieux les plus appropriés pour savourer les dim sum dans un esprit d'aventure culinaire ; dans le nord de la Chine, ces mets légers sont désignés en dialecte mandarin sous l'appellation *dian xin,* qui recouvre surtout les bouchées sucrées.

Les dim sum se consomment entre le milieu de la matinée et la fin de l'après-midi ; ils font le plus souvent office de déjeuner léger et économique. De nombreux restaurants de dim sum de Hongkong et de Canton sont gigantesques ; à l'heure du déjeuner, on s'y presse dans un vacarme assourdissant, en famille ou entre amis, pour bavarder ou parler affaires.

Dans de multiples établissements, aucun menu n'est présenté aux clients, devant qui l'on place une théière, des tasses, des petites assiettes et des baguettes. Les serveurs et serveuses circulent dans les vastes salles en poussant des chariots qui contiennent divers dim sum. Les clients choisissent dans les chariots ce qui éveille leur gourmandise – ils accumulent parfois jusqu'à trois douzaines de petits plats différents. Le thé accompagne tout le repas : c'est pourquoi les dim sum sont parfois appelés *yam cha,* ce qui signifie, en cantonais, « boire du thé ». À la fin du repas, on établit l'addition en comptant les petites assiettes et les récipients de cuisson à la vapeur laissés sur la table.

Les dim sum, aux saveurs innombrables, sont piquants, ou aigres, ou bien encore sucrés, préparés de mille manières. Parmi les variétés les plus appréciées figurent les spécialités cuites à la vapeur dans des petits paniers en bambou, que l'on présente empilés sur les chariots. Les mets suivants sont sans doute les plus célèbres :

- Pâtés impériaux *(chun guen)* : galettes de riz frites enrobant légumes et viande.
- Boulettes de porc grillé *(cha siu bao)* : boulettes de pâte cuites à la vapeur, ou au four, fourrées de délicieux morceaux de porc grillé à la chinoise.
- Raviolis chinois au porc *(siu mai)* : feuilles de pâte à wonton enrobant du porc haché et cuites la vapeur.
- Travers de porc à la vapeur *(pai gwat)* : travers de porc coupés en petits morceaux et cuits à la vapeur avec une sauce aux haricots noirs fermentés.
- Boulettes aux crevettes *(har gau)* : petites boulettes légères et délicates de crevettes et de viande de porc cuites à la vapeur.
- Boulettes de taro frites *(woo kok)* : purée de racine de taro, fourrée de viande de porc et frite.

Il y a évidemment des dizaines d'autres spécialités. Dans ce chapitre, je présente les recettes de certains dim sum, les plus simples, que l'on peut cuisiner chez soi. Si vous n'avez jamais eu l'occasion de goûter aux dim sum, ne manquez pas d'aller les découvrir dans un restaurant chinois où plusieurs cuisiniers spécialisés exercent leurs talents.

Pour ce qui est des desserts, il me faut avouer que dans mon enfance j'en ignorais tout. Fidèle à la tradition chinoise la plus authentique, ma mère ne servait à la fin du repas familial que des fruits frais, des quartiers d'orange le plus souvent. Je n'ai découvert les pâtisseries, crèmes glacées et confiseries que lorsque je me suis aventuré hors du monde chinois. Bien entendu, il existe des desserts chinois, qui toutefois ne jouent pas le rôle éminent qu'on leur attribue en Occident – on ne les sert généralement que dans les banquets ou les grandes occasions. Il s'agit habituellement de gâteaux de riz extrêmement sucrés ou de petits gâteaux en forme de lune très riches. Ils sont pour la plupart écœurants, à mon goût, aussi n'ai-je indiqué dans cet ouvrage que les plus simples et les moins sucrés d'entre eux. Il est bien sûr possible de servir un dessert à l'européenne à la fin d'un repas chinois, mais, selon mon expérience, les saveurs subtiles et complexes des mets chinois s'apprécient davantage si on les fait suivre de simples fruits frais rafraîchissants.

BEIGNETS DE CREVETTES

RÉGION : FUJIAN ET CANTON
FRIT – BON MARCHÉ – FACILE
PRÉPARATION : SANS – CUISSON : 10 MN

J'ai toujours aimé les petits mets croquants, et tout particulièrement les beignets de crevettes, à base de chair de crevette, d'amidon et de sel – ainsi que de sucre, parfois ; ces ingrédients sont réduits en pâte puis séchés en petites chips qu'il suffit de faire frire au moment de les servir. On les trouve dans les épiceries chinoises et bien souvent aussi dans les supermarchés. Délicieux à l'apéritif, ces petits beignets font aussi un accompagnement croustillant et coloré pour toutes sortes de plats chinois. Personnellement, je préfère les variétés de couleur naturelle, rosée.

POUR 4 PERSONNES

60 cl d'huile d'arachide ou d'une autre huile végétale
125 g de beignets de crevettes à frire

1. Chauffez un wok à feu très vif (ou une grande poêle à frire), versez-y l'huile et, quand elle commence à fumer, déposez-y un beignet. Il gonfle et vient flotter presque instantanément à la surface.
2. Quand l'huile est bien chaude, jetez-y une poignée de beignets puis retirez-les immédiatement avec une écumoire et égouttez-les sur du papier absorbant. Procédez de même avec le reste des beignets.
3. Vous pourrez conserver l'huile pour un usage ultérieur, mais uniquement pour faire cuire crevettes et poissons.

TRAVERS DE PORC AUX HARICOTS NOIRS

RÉGION : CANTON
CUIT À LA VAPEUR – RAISONNABLE – FACILE
PRÉPARATION : 15 MN – MACÉRATION : 25 MN – CUISSON : 1 H 15

Ce mets est l'un des plus appréciés de tous les dim sum. Les travers de porc sont cuits à la vapeur, de sorte que la viande devient extrêmement tendre – elle fond littéralement dans la bouche – et absorbe la saveur et l'arôme des haricots noirs fermentés.

HORS-D'ŒUVRE POUR 4 PERSONNES

750 g de travers de porc
2 cuillerées à café de sel
12 cl de bouillon de poulet (page 62)
1 1/2 cuillerée à soupe de sauce de soja claire
2 cuillerées à café de sauce de soja noire
2 cuillerées à café d'huile de sésame
1 cuillerée à soupe de gingembre frais finement haché
3 cuillerées à soupe de haricots noirs rincés et grossièrement hachés
2 cuillerées à soupe d'ail finement haché
2 cuillerées à soupe de piments forts frais (rouges ou verts), épépinés et grossièrement hachés
1 cuillerée à café de sel
1 cuillerée à café de poivre noir fraîchement moulu
2 cuillerées à café de sucre en poudre
1 1/2 cuillerée à soupe de vin de riz de Shaoxing ou de xérès sec

1. Demandez à votre charcutier de détacher les travers de porc et de les débiter en morceaux de 5 cm, ou faites-le vous-même à l'aide d'un couperet ou d'un grand couteau de boucher (voir page 100). Frottez la viande avec les 2 cuillerées à café de sel et laissez reposer dans une jatte 20 à 25 minutes.

2. Portez à ébullition une grande casserole d'eau, réduisez le feu, plongez les travers dans l'eau et faites-les mijoter 10 minutes. Égouttez-les.

3. Mélangez les autres ingrédients dans une grande jatte, puis ajoutez la viande et remuez pour bien l'enrober de cette préparation. Réservez la viande dans un plat creux.

4. Préparez un cuit-vapeur ou placez une grille dans un wok. Versez-y 5 cm d'eau, puis portez à ébullition à feu vif. Déposez avec précaution le plat de viande dans le cuit-vapeur ou sur la grille du wok. Réduisez le feu, couvrez et faites cuire à feu doux pendant 1 heure, jusqu'à ce que les travers soient très tendres. Surveillez attentivement le niveau de l'eau, et ajoutez de l'eau bouillante si nécessaire. Écumez la graisse et servez chaud. Si vous préparez ce plat à l'avance, faites réchauffer les travers à la vapeur (20 minutes environ).

PÂTÉS IMPÉRIAUX

RÉGIONS : SHANGHAI ET CANTON
FRIT – RAISONNABLE – DIFFICILE
PRÉPARATION : 1 H – TREMPAGE : 20 MN – CUISSON : 40 MN

Le pâté impérial est certainement la spécialité chinoise la plus connue dans le monde. Simple à cuisiner, il est parfait en hors-d'œuvre. Les pâtés impériaux bien préparés doivent être croustillants, subtils et légers, et en aucun cas gras et dodus. Les galettes qui servent d'enveloppes aux pâtés impériaux s'achètent dans les épiceries asiatiques, fraîches ou surgelées – si elles sont surgelées, veillez à bien les décongeler avant usage.

Ils comptent au nombre des mets traditionnels consommés à la veille du nouvel an chinois, qui pour le calendrier lunaire chinois marque la fin de la saison hivernale. En ce jour de fête, diverses denrées et préparations sont proposées à la famille et aux visiteurs.

Les pâtés impériaux s'apprécient également tout au long de l'année, et ce d'autant plus aisément que les galettes sont désormais commercialisées dans les supermarchés. Il en existe deux sortes : celles de Canton, lisses et assez lourdes, et celles de Shanghai, mes préférées, translucides, rappelant davantage le papier de riz.

POUR 15 À 18 PÂTÉS IMPÉRIAUX

1 paquet de galettes de riz
25 g de champignons noirs chinois
100 g de crevettes crues décortiquées et finement hachées
100 g de viande de porc hachée
1 cuillerée à café de sauce de soja claire
1 cuillerée à café de vin de riz de Shaoxing ou de xérès sec
1/2 cuillerée à café de Maïzena
1/2 cuillerée à café d'huile de sésame
1/2 cuillerée à café de sel
1/4 cuillerée à café de poivre gris moulu
1 1/2 cuillerée à soupe d'huile d'arachide
2 cuillerées à soupe d'ail finement haché
1 cuillerée à soupe de gingembre frais haché
1 1/2 cuillerée à soupe de sauce de soja claire
1 cuillerée à soupe de vin de riz de Shaoxing ou de xérès sec
3 cuillerées à soupe de ciboule finement hachée
1 cuillerée à café de sel
1 cuillerée à café de poivre gris fraîchement moulu

250 g de chou chinois émincé

POUR SCELLER LES ROULEAUX
1 œuf battu

HUILE DE FRITURE
1,2 l d'huile d'arachide

SAUCE D'ACCOMPAGNEMENT
Sauce aigre-douce (page 34)

1. Si vos galettes de riz sont surgelées, veillez à bien les laisser décongeler.
2. Faites tremper les champignons dans de l'eau tiède pendant 20 minutes, puis égouttez-les, rincez-les et exprimez l'excédent de liquide. Retirez et jetez les pieds, émincez les chapeaux.
3. Dans un bol, mélangez les crevettes et la viande avec la sauce de soja, le vin de riz ou le xérès, la Maïzena, l'huile de sésame, le sel et le poivre.
4. Chauffez un wok à feu très vif (ou une grande poêle à frire), versez-y l'huile et, quand elle commence à fumer, faites sauter l'ail et le gingembre pendant 20 secondes ; ajoutez le reste des ingrédients, la préparation aux crevettes et les champignons, et poursuivez la cuisson à feu vif 5 minutes, sans cesser de remuer. Égouttez et laissez refroidir dans une passoire.
5. Déposez 3 ou 4 cuillerées de garniture dans un coin de chaque galette, repliez les deux côtés et roulez en serrant bien. Badigeonnez le bord ouvert d'un peu d'œuf battu, puis pressez-le fermement sur le rouleau pour le sceller – celui-ci doit se présenter sous la forme d'un gros cigare de 10 cm de long.
6. Après avoir lavé le wok, chauffez-le de nouveau à feu très vif. Versez-y l'huile de friture puis, quand elle commence à fumer, déposez-y, en une seule couche, les pâtés. Faites-les frire environ 4 minutes jusqu'à ce qu'ils soient bien dorés à l'extérieur et cuits à l'intérieur – augmentez ou réduisez le feu si nécessaire. Sortez-les à l'aide d'une écumoire et égouttez-les sur du papier absorbant. Procédez de même avec le reste des pâtés. Servez bien chaud, accompagné d'une soucoupe de sauce.

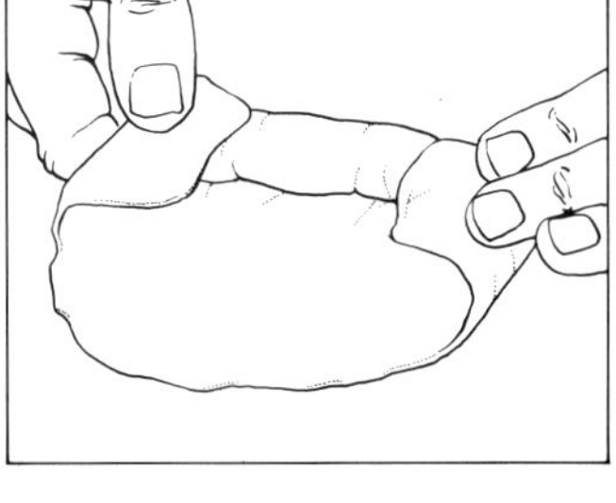
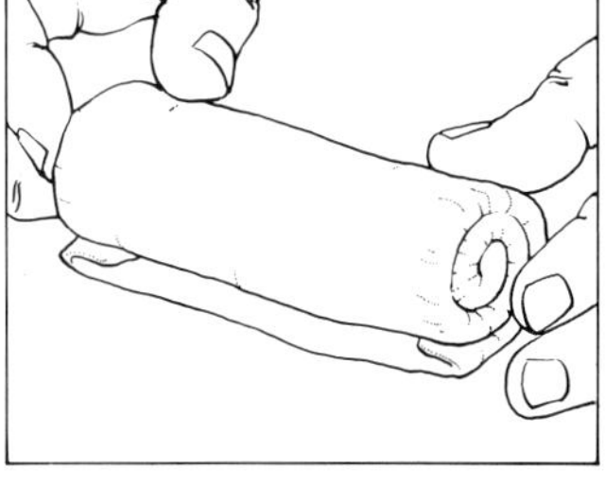

TOASTS AUX CREVETTES

RÉGION : FUJIAN ET CANTON
FRIT – RAISONNABLE – ÉLABORÉ
PRÉPARATION : 25 MN – CUISSON : 40 MN

Ces bouchées salées sont fréquemment proposées dans les restaurants de dim sum hors de Chine. Leur origine est assez obscure, mais je pense qu'il s'agit d'une variante des farces et des boulettes frites à la pâte de crevettes couramment cuisinées en Chine méridionale. Cette pâte se conserve plusieurs heures au réfrigérateur, couverte. Il est préférable d'utiliser du pain de la veille, qui absorbe moins d'huile que le pain frais. Si vous n'avez que du pain de mie frais, faites-le sécher au four.

POUR ENVIRON 30 TOASTS

10 tranches de pain de mie très fines
3 cuillerées à soupe de graines de sésame blanches
45 cl d'huile d'arachide (voir Les friteuses, page 40)

PÂTE À TARTINER AUX CREVETTES
100 g de châtaignes d'eau fraîches – épluchées –, ou en conserve – rincées – (page 18)
500 g de crevettes crues décortiquées et finement hachées
100 g de viande de porc hachée – 1 cuillerée à café de sel
1/2 cuillerée à café de poivre blanc fraîchement moulu
1 blanc d'œuf
2 cuillerées à soupe de blanc de ciboule et 1 cuillerée à soupe de gingembre frais finement hachés
2 cuillerées à café de sauce de soja claire
2 cuillerées à café d'huile de sésame
2 cuillerées à café de sucre en poudre

1. Hachez finement les châtaignes d'eau, mélangez-les soigneusement avec le reste des ingrédients de la pâte de crevettes, dans une jatte ou au robot ménager, de façon à obtenir une préparation à tartiner.
2. Retirez la croûte du pain et coupez chaque tranche en rectangles d'environ 7,5 sur 2,5 cm. Étalez 3 mm environ de pâte à tartiner sur ces canapés, puis saupoudrez de graines de sésame.
3. Chauffez l'huile dans une friteuse ou un wok, à feu moyen, puis faites frire quelques toasts, garniture en dessous, 2 à 3 minutes ; retournez-les et faites frire encore 2 minutes environ, jusqu'à ce que les toasts soient bien dorés. Sortez-les avec une écumoire, égouttez-les sur du papier absorbant. Procédez de même avec le reste des toasts et servez aussitôt.

RAVIOLIS CHINOIS FRITS

RÉGION : CANTON

FRIT – RAISONNABLE – ÉLABORÉ

PRÉPARATION : 45 MN – RÉFRIGÉRATION : 20 MN – CUISSON : 30 MN

Les humbles raviolis chinois, ou *wonton*, deviennent des mets de choix lorsqu'on les trempe dans une sauce aigre-douce, pour les déguster en entrée ou à tout moment de la journée. La sauce supporte très bien d'être préparée une journée à l'avance, réfrigérée puis portée à température ambiante avant de servir. J'ai rarement vu des wonton frits en Chine, mais on en trouve assez couramment dans les restaurants chinois des pays occidentaux : sans doute parce qu'ils sont faciles à préparer et que leur consistance sèche et croustillante est fort agréable avec les apéritifs. La pâte à wonton s'achète fraîche ou surgelée dans les épiceries chinoises – si elle est surgelée, veillez à bien la laisser décongeler.

POUR 6 PERSONNES

350 g de crevettes crues décortiquées et grossièrement hachées
100 g de viande de porc hachée
2 cuillerées à café de sel
1 cuillerée à café de poivre gris fraîchement moulu
4 cuillerées à soupe de ciboule finement hachée
2 cuillerées à café de vin de riz de Shaoxing ou de xérès sec
1 cuillerée à café de sucre en poudre
2 cuillerées à café d'huile de sésame
1 blanc d'œuf légèrement battu
225 g de carrés de pâte à wonton

SAUCE AIGRE-DOUCE

15 cl d'eau
2 cuillerées à soupe de sucre en poudre
3 cuillerées à soupe de vinaigre de riz blanc ou de vinaigre de cidre
3 cuillerées à soupe de purée de tomates ou de ketchup
1 cuillerée à café de sel
$^{1}/_{2}$ cuillerée à café de poivre blanc fraîchement moulu
1 cuillerée à café de Maïzena mélangée à 2 cuillerées à café d'eau

HUILE DE FRITURE

60 cl d'huile d'arachide ou d'une autre huile végétale

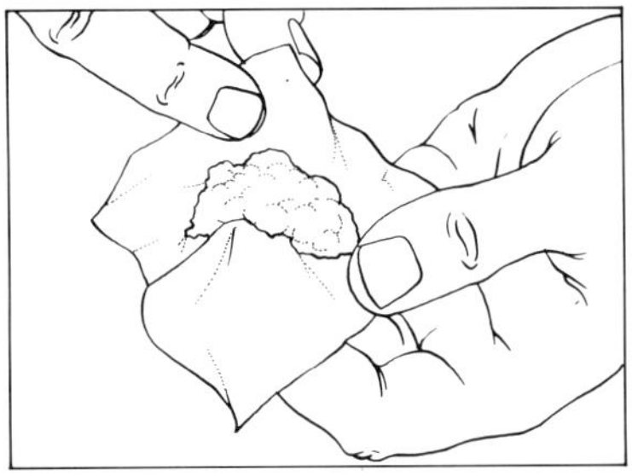

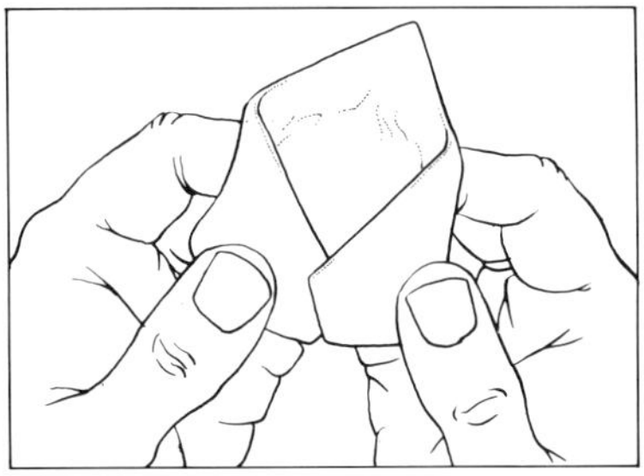

1. Dans une grande jatte, mélangez les crevettes, le porc, le sel et le poivre. Ajoutez le reste des ingrédients et mélangez soigneusement. Recouvrez la jatte de film étirable et réfrigérez au moins 20 minutes.

2. Dans une petite casserole, mélangez tous les ingrédients de la sauce aigre-douce, à l'exception de la préparation à la Maïzena. Portez à ébullition, incorporez la pâte de Maïzena et faites cuire 1 minute. Laissez refroidir et réservez.

3. Pour confectionner les raviolis chinois, déposez 1 cuillerée à soupe de garniture au centre d'un premier carré de pâte. Humectez la pâte avec un peu d'eau et rabattez les côtés du carré de façon à envelopper la garniture, puis pincez les bords au-dessus de la farce afin de le sceller.

4. Chauffez un wok à feu très vif (ou une grande poêle à frire), versez-y l'huile et, quand elle commence à fumer, déposez une poignée de raviolis dans l'huile et faites frire 3 minutes, jusqu'à ce qu'ils soient bien dorés et croustillants. Si l'huile est trop chaude, réduisez légèrement le feu. Égouttez les raviolis sur du papier absorbant. Procédez de même avec le reste de la préparation puis servez aussitôt, accompagné de sauce aigre-douce.

AUMÔNIÈRES AU PORC ET AUX CREVETTES

RÉGION : CANTON

CUIT À LA VAPEUR – RAISONNABLE – ÉLABORÉ

PRÉPARATION : 1 H – CUISSON : 1 H

De nombreuses maisons de thé de Chine méridionale proposent ces délicieux dim sum faits de pâte à wonton ou de pâte aux œufs farcie et cuite à la vapeur – plutôt que pochée et frite. La cuisson à la vapeur garantit une saveur à la fois prononcée et subtile, ainsi qu'une consistance moelleuse, légèrement caoutchouteuse. La pâte à wonton se trouve dans les épiceries chinoises, fraîche ou surgelée. Ce plat peut être préparé à l'avance et réchauffé à la vapeur au moment de servir.

POUR 4 À 6 PERSONNES

1 paquet de carrés de pâte à wonton (environ 40)

GARNITURE

100 g de châtaignes d'eau fraîches – épluchées –, ou en conserve – rincées – (page 18)
350 g de viande de porc hachée
100 g de crevettes crues décortiquées et grossièrement hachées
2 cuillerées à soupe de jambon de Parme finement haché, ou de poitrine fumée maigre
1 cuillerée à soupe de sauce de soja claire – 1 cuillerée à café de sauce de soja noire
1 cuillerée à soupe de vin de riz de Shaoxing ou de xérès sec
3 cuillerées à soupe de ciboule finement hachée
2 cuillerées à café de gingembre frais haché
2 cuillerées à café d'huile de sésame
1 blanc d'œuf battu – 1 cuillerée à café de sel
1/2 cuillerée à café de poivre gris fraîchement moulu
2 cuillerées à café de sucre en poudre

1. Hachez finement les châtaignes d'eau puis mélangez-les dans une jatte avec le reste des ingrédients de la garniture.

2. Déposez une portion de garniture sur chaque carré de pâte, relevez les bords et pressez-les contre la garniture. Tapotez l'aumônière sur un plan de travail pour aplanir le fond. Le sommet doit être grand ouvert de façon à révéler la farce.

3. Préparez un cuit-vapeur, ou placez une grille dans un wok ou une cocotte et versez-y 5 cm d'eau. Portez à ébullition, puis placez les aumônières dans une assiette et déposez celle-ci dans le cuit-vapeur ou sur la grille. Couvrez le wok ou la cocotte et faites cuire à la vapeur, à feu doux, pendant 20 minutes.

Il vous faudra peut-être procéder en plusieurs fois pour faire cuire toutes les aumônières ; pour les garder au chaud jusqu'à ce que les dernières soient cuites, recouvrez-les d'aluminium et placez-les au four, tiède mais éteint. Servez les aumônières chaudes, avec les sauces ou les condiments de votre choix (voir pages 34-36).

Poivrons farcis

Région : Fujian et Canton

Cuit à la vapeur et frit – Raisonnable – Élaboré

Préparation : 25 mn – Cuisson : 30 mn

Rouges ou verts, les poivrons farcis sont délicieux, ce qui leur vaut de figurer très fréquemment à la carte des restaurants de dim sum en Chine méridionale. Faciles à cuisiner, ils se réchauffent sans aucun problème. La brève cuisson à la poêle, juste avant de servir, couvre ces bouchées d'une croûte brune. Voilà un mets très attrayant pour un déjeuner léger.

Hors-d'œuvre ou apéritif pour 6 personnes

750 g à 1 kg de poivron rouge, jaune et/ou vert
3 cuillerées à soupe de Maïzena
1 1/2 cuillerée à soupe d'huile d'arachide

Garniture

100 g de châtaignes d'eau fraîches – épluchées –, ou en conserve – rincées – (page 18)
225 g de crevettes crues décortiquées et grossièrement hachées
225 g de viande de porc hachée
1 blanc d'œuf
2 cuillerées à café de Maïzena
2 cuillerées à café de sel
1 cuillerée à café de poivre gris fraîchement moulu
1 1/2 cuillerée à soupe de sauce de soja claire
2 cuillerées à café de sauce de soja noire
2 cuillerées à café d'huile de sésame
1 cuillerée à soupe de vin de riz de Shaoxing ou de xérès sec
1 cuillerée à café de sucre en poudre
3 cuillerées à soupe de ciboule finement hachée

1. Coupez les poivrons en deux et ensuite videz-les.
2. Hachez finement les châtaignes d'eau avant de les mélanger soigneusement dans une jatte avec les crevettes et les autres ingrédients de la farce.
3. Saupoudrez les demi-poivrons de Maïzena, puis remplissez-les de farce. Coupez chaque demi-poivron en 2 ou 4 morceaux. Déposez dans un plat – 2, si nécessaire – supportant la chaleur.
4. Préparez un cuit-vapeur ou placez une grille dans un wok. Versez-y 5 cm d'eau, puis portez à ébullition à feu vif. Déposez avec précaution le plat dans le cuit-vapeur ou sur la grille du wok.

Réduisez le feu, couvrez et faites cuire à feu doux pendant 12 minutes. La préparation peut être effectuée à l'avance jusqu'à ce stade.
5. Juste avant de servir les poivrons, chauffez un wok à feu très vif (ou une grande poêle à frire), versez-y l'huile, puis quand elle commence à fumer, faites frire les poivrons, farce en dessous, jusqu'à ce qu'ils soient dorés et bien chauds. Servez aussitôt.

NOIX CARAMÉLISÉES

RÉGION : PÉKIN
FRIT – RAISONNABLE – FACILE
PRÉPARATION : 15 MN – SÉCHAGE : 2 H – CUISSON : 25 MN

J'ai eu pour la première fois l'occasion de savourer ces friandises dans un restaurant de cuisine pékinoise à Hongkong ; j'ai aussitôt voulu apprendre à les préparer moi-même, ce qui, à ma grande surprise, s'est révélé très facile. Il faut commencer par faire blanchir les noix épluchées pour les débarrasser de toute amertume. On les roule ensuite dans du sucre, avant de les laisser sécher plusieurs heures puis de les faire frire pour que le sucre caramélise. Enfin, on roule les noix dans des graines de sésame. Le résultat se caractérise par un classique contraste de saveurs et de consistances. Servies froides ou chaudes, ces noix sont délicieuses à l'apéritif.

POUR 4 PERSONNES

225 g de noix épluchées
100 g de sucre en poudre
50 cl d'huile d'arachide (voir Les friteuses, page 40)
3 cuillerées à soupe de graines de sésame

1. Faites blanchir les noix en les plongeant 10 minutes dans une casserole d'eau bouillante, égouttez-les dans une passoire, séchez-les en les tamponnant avec du papier absorbant et étalez-les sur une plaque à pâtisserie.
2. Saupoudrez les noix de sucre, puis roulez-les dedans pour qu'elles en soient entièrement enrobées. Déposez la plaque dans un lieu frais et aéré. Laissez sécher 2 heures au moins – une nuit entière de préférence.
3. Chauffez l'huile à feu modéré dans une friteuse ou un wok. Faites frire une partie des noix 2 minutes environ jusqu'à ce que le sucre fonde et que les noix dorent. Surveillez le feu, pour ne pas laisser le caramel brûler.
4. Sortez les noix de l'huile à l'aide d'une écumoire, saupoudrez-les de graines de sésame et laissez-les refroidir sur une plaque à pâtisserie – ne les égouttez pas sur du papier absorbant car le sucre caramélisé collerait au

papier. Procédez de même avec le reste des noix. Une fois refroidies, les noix caramélisées se conservent 2 semaines environ dans un bocal de verre hermétique. Servez-les tièdes ou froides.

ŒUFS MARBRÉS AUX FEUILLES DE THÉ

TOUTES LES RÉGIONS DE CHINE
MIJOTÉ – BON MARCHÉ – FACILE
PRÉPARATION : 10 MN – RÉFRIGÉRATION : 12 H – CUISSON : 15 MN

En Chine, les œufs ne sont pas considérés comme un aliment de base, comme un plat à part entière, mais plutôt comme une garniture se prêtant à diverses variantes pleines d'imagination – dont les œufs marbrés ne sont qu'un exemple. Selon la tradition, ces œufs au thé se servent dans un assortiment de hors-d'œuvre froids. Il est préférable de les laisser une nuit entière dans le liquide de cuisson afin qu'ils absorbent bien toutes les saveurs – après refroidissement, ils se conservent jusqu'à 2 jours dans le thé, au réfrigérateur. Aussi superbes que délicieux, ces œufs marbrés seront proposés en garniture de mets froids ou à l'occasion d'un pique-nique.

HORS-D'ŒUVRE POUR 4 À 6 PERSONNES

6 œufs à température ambiante

THÉ AROMATISÉ
6 cuillerées à soupe de feuilles de thé noir (thé chinois de préférence)
3 cuillerées à soupe de sauce de soja noire
1 1/2 cuillerée à soupe de sauce de soja claire
1 cuillerée à soupe d'épice aux cinq parfums
2 cuillerées à café de poivre du Sichuan grillé et fraîchement moulu (page 27)
2 cuillerées à café de sel
3 morceaux d'écorce de cannelle chinoise ou 3 bâtons de cannelle
3 étoiles de badiane
90 cl d'eau

1. Dans une grande casserole, portez l'eau à ébullition et faites cuire les œufs 5 minutes. Retirez-les et plongez-les aussitôt dans de l'eau froide.

2. Fendillez délicatement les coquilles en les tapotant avec une grande cuiller, sous l'eau froide du robinet, jusqu'à ce que toute la coquille soit parcourue d'un réseau de craquelures. Laissez les œufs sous l'eau froide pendant au moins 10 minutes, puis égouttez-les.

3. Faites chauffer tous les ingrédients du thé aux épices dans la casserole, puis remettez-y les œufs craquelés. Laissez mijoter 10 minutes en veillant à ce que le liquide recouvre bien les œufs. Retirez la casserole du feu et laissez refroidir les œufs dans le liquide.

4. Réfrigérez les œufs dans le thé pendant une nuit entière.

5. Au moment de servir les œufs, retirez-les du liquide et écalez-les délicatement. La surface des œufs durs sera joliment marbrée. Servez ces œufs coupés en 2 ou en 4, côté marbré sur le dessus, en accompagnement ou en garniture de mets froids, voire en pique-nique.

CACAHUÈTES MARINÉES

RÉGION : PÉKIN

MARINÉ – BON MARCHÉ – FACILE

PRÉPARATION : 20 MN – MARINADE : 3 H – CUISSON : 5 MN

Introduite en Chine au XVIe siècle, la culture de l'arachide y a rapidement gagné une place importante. La plante a pour particularité d'enrichir plutôt que d'épuiser les sols, et les cacahuètes elles-mêmes possèdent d'excellentes qualités nutritives – qu'elles soient consommées telles quelles ou sous forme d'huile. Ce plat peut se préparer 1 ou 2 jours à l'avance. Servez-le très frais ou à température ambiante.

POUR 6 À 8 PERSONNES

450 g de cacahuètes décortiquées
3 cuillerées à soupe de sauce de soja claire – 3 cuillerées à soupe de sauce de soja noire
1 cuillerée à soupe d'ail finement haché – 2 cuillerées à café de sel
1 cuillerée à café de poivre gris fraîchement moulu
15 cl de vinaigre de riz blanc ou de vinaigre de cidre
10 cl de vin de riz de Shaoxing ou de xérès sec

1. Faites blanchir les cacahuètes en les plongeant 2 minutes dans une casserole d'eau bouillante, égouttez-les, laissez refroidir et retirez la membrane brune en les frottant entre les doigts.

2. Dans une jatte, mélangez les cacahuètes et tous les autres ingrédients. Laissez mariner 2 à 3 heures au moins, en remuant de temps à autre. La majeure partie de la marinade sera absorbée par les cacahuètes.

3. Servez avec des légumes macérés (page 23), à l'apéritif ou en cas de « petit creux » subit. Nous autres Chinois les dégustons une à une, avec des baguettes.

FRUITS FRAIS

TOUTES LES RÉGIONS DE CHINE

Lorsque j'étais enfant, nos repas familiaux s'achevaient généralement par une assiettée d'oranges fraîches coupées en quartiers, parfois remplacées, en été, par des tranches de melon ou de pastèque. J'ai toujours considéré que ces simples fruits frais convenaient parfaitement en conclusion d'un repas chinois : ils rafraîchissent, nettoient le palais et ajoutent une subtile note sucrée à la fin du repas. Selon moi, que la cuisine soit chinoise ou non, il s'agit du dessert le plus agréable et le plus raisonnable qui soit, l'un des plus faciles à préparer aussi.

SALADE DE FRUITS

RÉGION : CANTON

MARINÉ – BON MARCHÉ – FACILE

PRÉPARATION : 15 MN – CUISSON : SANS

La Chine méridionale bénéficie d'une grande abondance de fruits, dont les litchis, les loquats et les kumquats. Les litchis étaient si prisés à la cour impériale que sitôt cueillis ils étaient acheminés en toute hâte au palais par des cavaliers qui se relayaient sans trêve.

Certains de ces fruits s'achètent désormais en conserve. De qualité acceptable, ils doivent cependant être servis sans leur jus par trop sirupeux. Fruits frais et en conserve composent des desserts aussi agréables à voir qu'à savourer.

POUR 4 À 6 PERSONNES

2 pommes
2 oranges
175 g de melon
400 g de litchis en conserve égouttés

1. Pelez, videz et tranchez les pommes. Pelez les oranges et coupez-les en quartiers. Coupez le melon en deux, débarrassez-le de ses pépins. Coupez la chair du melon en dés de 2 à 3 cm.

2. Mélangez délicatement tous les fruits dans un grand saladier. Recouvrez soigneusement de film étirable jusqu'au moment de servir.

GELÉE D'AMANDES AUX ORANGES

RÉGION : CANTON
BON MARCHÉ – FACILE
PRÉPARATION : 10 MN – CUISSON : 5 MN

Cette recette constitue ma version d'un dessert chinois classique : j'ai remplacé l'agar-agar – extrait d'algues marines – par de la gélatine, le jus d'amandes par de l'extrait, le sirop de sucre par du jus d'orange. Le résultat est, je l'espère, tout aussi délicieux et rafraîchissant, et certainement beaucoup plus facile à réaliser.

POUR 4 PERSONNES

1 cuillerée à soupe de gélatine
30 cl d'eau
30 cl de lait
5 cuillerées à soupe de sucre en poudre
1 ½ cuillerée à café d'essence d'amandes
2 oranges
30 cl de jus d'orange frais

1. Dans un bol, faites dissoudre la gélatine dans la moitié de l'eau.
2. Portez à ébullition le reste de l'eau dans une petite casserole. Versez l'eau bouillante sur la gélatine à l'eau froide et remuez jusqu'à ce que la gélatine soit totalement dissoute. Mélangez dans une grande jatte avec le lait, le sucre et l'essence d'amandes.
3. Versez dans un plat en Pyrex ou un moule carré d'environ 18 cm de côté et 4 cm de profondeur. Réfrigérez 2 heures environ, jusqu'à ce que la gelée ait pris.
4. Épluchez les oranges, en retirant les membranes blanches, et détachez les quartiers. Lorsque la gelée est prête, coupez-la en dés de 2 à 3 cm. Placez des quartiers d'orange dans des coupelles, ajoutez quelques dés de gelée aux amandes et arrosez d'un peu de jus d'orange.

PÊCHES AU SIROP

RÉGIONS : PÉKIN ET SICHUAN
MIJOTÉ – BON MARCHÉ – FACILE
PRÉPARATION : 5 MN – CUISSON : 35 MN

Toute liste des fruits « classiques » de Chine – par opposition aux fruits dits « exotiques » introduits sous la dynastie Tang (618-907) – se devrait de commencer par la pêche, qui occupe depuis les temps les plus reculés une place éminente dans le folklore, la tradition religieuse, la littérature et l'estime populaire. Dans cette recette, les pêches sont pochées dans un sirop de sucre qu'on fait réduire pour lui donner une consistance de miel. Ce dessert simple et léger se sert tiède ou froid.

POUR 4 PERSONNES

2 grosses pêches fermes
4 cuillerées à soupe de sucre chinois jaune ou de sucre semoule
15 cl d'eau

1. Faites blanchir les pêches en les plongeant quelques secondes dans une casserole d'eau bouillante. Retirez-les avec une écumoire puis épluchez-les et coupez-les en deux. Jetez les noyaux.
2. Dans une petite casserole, mélangez l'eau et le sucre, puis faites bouillir jusqu'à ce que le sucre soit fondu. Ajoutez alors les demi-pêches, réduisez le feu et faites mijoter 15 minutes environ, jusqu'à ce que les pêches soient tendres. Retirez délicatement les pêches avec une écumoire.
3. Faites réduire le liquide de moitié, à feu vif : vous obtiendrez ainsi un sirop. Nappez les pêches de sirop chaud et servez aussitôt, ou laissez refroidir le sirop, nappez-en les pêches et réfrigérez jusqu'au moment de servir.

Pêches au sirop

POIRES À LA VAPEUR

RÉGION : PÉKIN
CUIT À LA VAPEUR – BON MARCHÉ – FACILE
PRÉPARATION : 10 MN – CUISSON : 30 MN

La poire est un fruit du nord de la Chine ; elle consomme fraîche ou cuisinée dans des soupes, frite ou cuite à la vapeur – cette dernière méthode évite tout dessèchement. La tradition chinoise veut que l'on serve ces poires chaudes, mais elles sont tout aussi délicieuses froides.

POUR 4 PERSONNES

4 poires fermes
3 cuillerées à soupe de sucre chinois jaune ou de sucre semoule
10 cl d'eau
2 morceaux d'écorce de cannelle chinoise ou 2 bâtons de cannelle

1. Épluchez les poires, coupez-les en deux, videz-les.
2. Dans une petite casserole, mélangez le sucre et l'eau, et faites bouillir jusqu'à ce que le sucre soit entièrement fondu. Laissez légèrement refroidir.
3. Mettez les poires, l'eau sucrée et la cannelle dans un plat creux supportant la chaleur. Préparez un cuit-vapeur ou placez une grille dans un wok. Versez-y 5 cm d'eau, puis portez à ébullition à feu vif. Déposez avec précaution le plat dans le cuit-vapeur ou sur la grille du wok. Réduisez le feu, couvrez et faites cuire à feu doux 15 à 25 minutes, selon la maturité des fruits, jusqu'à ce que les poires soient bien tendres.
4. Lorsque les poires sont cuites, versez le liquide et la cannelle dans une petite casserole et faites réduire en sirop, à gros bouillon.
5. Retirez et jetez la cannelle, nappez les poires de sirop et servez aussitôt. Si vous préférez, laissez refroidir, couvrez d'un film étirable et réfrigérez jusqu'au moment de servir.

BISCUITS AUX NOIX

RÉGION : CANTON
CUIT AU FOUR – BON MARCHÉ – FACILE
PRÉPARATION : 20 MN – CUISSON : 25 MN

Bien que la cuisson au four ne soit pas très habituelle en Chine, les biscuits de toutes sortes sont assez appréciés dans le sud du pays. Les plus connus sont les biscuits aux amandes, mais les biscuits aux noix sont tout aussi délicieux. On les déguste seuls ou accompagnés de fruits frais.

POUR 12 BISCUITS

12 cerneaux de noix
50 g de saindoux
100 g de farine
2 cuillerées à café de levure chimique
100 g de sucre en poudre
2 œufs battus

1. Faites blanchir les noix en les plongeant environ 5 minutes dans une casserole d'eau bouillante. Égouttez-les dans une passoire, puis essuyez-les en les tamponnant avec du papier absorbant. Réservez.

2. Préchauffez le four à 200 °C (thermostat 6).

3. Dans une grande jatte, mélangez soigneusement le saindoux, la farine et la levure, puis incorporez le sucre et la valeur d'un œuf pour obtenir une pâte épaisse.

4. Divisez la préparation en 12 boulettes et aplatissez celles-ci pour former des disques de pâte d'environ 5 cm de diamètre. Disposez-les sur une plaque à pâtisserie anti-adhérente ou badigeonnée d'une cuillerée d'huile.

5. Enfoncez un cerneau de noix au sommet de chaque biscuit. À l'aide d'un pinceau, badigeonnez les biscuits avec le reste d'œuf.

6. Faites cuire au four pendant 20 minutes, puis laissez-les refroidir hors du four sur une grille. Une fois refroidis, les biscuits se conservent environ 1 semaine dans un bocal hermétique.

BEIGNETS DE POMME ET DE BANANE CARAMÉLISÉS

RÉGION : PÉKIN

FRIT – BON MARCHÉ – ÉLABORÉ

PRÉPARATION : 45 MN – MARINADE : 20 MN – CUISSON : 30 MN

Les pommes et les bananes se consomment dans tout le pays. Ce dessert exige une certaine dextérité, qui vient avec la pratique.

POUR 4 PERSONNES

2 grosses pommes
2 bananes bien fermes

PÂTE À FRIRE
75 g de farine – 4 cuillerées à soupe de Maïzena
2 cuillerées à café de levure chimique
20 cl d'eau
1 cuillerée à café d'huile de sésame
30 cl d'huile d'arachide (voir Les friteuses, page 40) – 2 cuillerées à café d'huile de sésame
175 g de sucre en poudre – 2 cuillerées à soupe de graines de sésame blanches

1. Épluchez et videz les pommes puis coupez-les en 8. Épluchez les bananes, coupez-les en deux dans la longueur, puis débitez les demi-bananes en morceaux de 4 cm de long.
2. Dans un saladier, mélangez les ingrédients de la pâte et réservez.
3. Dans une friteuse ou un wok, mélangez l'huile d'arachide et les 2 cuillerées d'huile de sésame ; chauffez à feu moyen.
4. Plongez des morceaux de fruit dans la pâte à l'aide d'une écumoire ; laissez s'égoutter l'excédent de pâte, puis faites frire environ 2 minutes de façon que les beignets soient légèrement dorés. Retirez-les avec une écumoire et égouttez-les sur du papier absorbant.
5. Avant de servir, préparez un bol d'eau glacée et de glaçons. Chauffez de nouveau l'huile à feu moyen, puis replongez-y les fruits 2 minutes. Égouttez-les.
6. Dans une casserole, chauffez le sucre, les graines de sésame et 2 cuillerées à soupe de l'huile de friture, jusqu'à ce que le sucre commence à caraméliser – veillez à ne pas le faire brûler. Enrobez-y délicatement quelques morceaux de fruit.
7. Sortez-les et plongez-les brièvement dans l'eau glacée pour faire durcir le caramel. Servez aussitôt.

Beignets de pomme et de banane caramélisés

INDEX

Dépôt légal : 4022 - mars 1996

N° d'édition : 34308

ISBN : 2.01.236.159.5

23.27.6159.0/01

Imprimé en Grande-Bretagne par BPC Paulton Books Ltd, Paulton